# 카오스의 글쓰기
### L'écriture du désastre

모리스 블랑쇼 Maurice Blanchot, 1907~2003 | 젊은 시절 몇 년간 저널리스트로 활동한 것 이외에는 평생 모든 공식 활동으로부터 물러나 글쓰기에 전념하였다. 작가이자 사상가로서 철학·문학비평·소설의 영역에서 방대한 양의 글을 남겼다. 문학의 영역에서는 말라르메를 전후로 하는 거의 모든 전위적 문학의 흐름에 대해 깊고 독창적인 성찰을 보여 주었고, 또한 후기에는 철학적 시론과 픽션의 경계를 뛰어넘는 독특한 스타일의 문학작품을 창조했다. 철학의 영역에서 그는 존재의 한계·부재에 대한 급진적 사유를 대변하고 있으며, 한 세대 이후의 여러 사상가들에게 큰 영향을 주는 동시에 그들과 적지 않은 점에서 여러 문제들을 공유하였다. 주요 저서로 『토마 알 수 없는 자』, 『죽음의 선고』, 『원하던 순간에』, 『문학의 공간』, 『도래할 책』, 『무한한 대화』, 『우정』, 『저 너머로의 발걸음』, 『카오스의 글쓰기』, 『나의 죽음의 순간』 등이 있다.

옮긴이 박준상 | 프랑스 파리 8대학 철학과에서 박사학위를 받았으며, 현재 숭실대 철학과 교수로 있다. 저서로 『빈 중심: 예술과 타자에 대하여』, 『바깥에서: 모리스 블랑쇼의 문학과 철학』이, 역서로 『카오스의 글쓰기』, 『무위無爲의 공동체』, 『기다림 망각』, 『밝힐 수 없는 공동체/마주한 공동체』가, 논문으로 「원음악原音樂: 예술의 동근원」, 「몸의 음악: 예술에서의 모방과 반모방에 대한 물음」, 「불협화음」 등이 있다.

*L'écriture du désastre* by Maurice Blanchot

Copyright © Éditions Gallimard 1980
All Rights Reserved.
Korean translation copyright © 2012 by Greenbee Publishing Company
This translation of *L'écriture du désastre* is published by arrangement with Éditions Gallimard through Shinwon Agency Co.

### 카오스의 글쓰기 (모리스 블랑쇼 선집 08)

**발행일** 초판1쇄 2012년 12월 20일 · 초판4쇄 2025년 7월 4일
**지은이** 모리스 블랑쇼 · **옮긴이** 박준상
**펴낸곳** (주)그린비출판사 · **펴낸이** 유재건 · **주소** 서울시 서대문구 이화여대2길 10, 1층
**편집** 이진희, 민승환, 성채현, 문혜림 · **디자인** 심민경, 조예빈
**독자사업** 류경희 · **경영관리** 장혜숙
**전화** 02-702-2717 · **팩스** 02-703-0272 · **이메일** editor@greenbee.co.kr · **신고번호** 제2017-000094호

ISBN 978-89-7682-388-5 04100   978-89-7682-320-5 (세트)

이 도서의 국립중앙도서관 출판예정도서목록(CIP)은 서지정보유통지원시스템(http://seoji.nl.go.kr)과 국가자료종합목록구축시스템(http://kolis-net.nl.go.kr)에서 이용하실 수 있습니다. (CIP제어번호: CIP2012005682)

이 책의 한국어판 저작권은 신원에이전시를 통해 저작권자와 독점계약한 (주)그린비 출판사에 있습니다.
저작권법에 의해 한국 내에서 보호를 받는 저작물이므로 무단전재와 무단복제를 금합니다.
책값은 뒤표지에 있습니다. 잘못 만들어진 책은 구입처에서 바꿔 드립니다.

철학과 예술이 있는 삶 **그린비출판사**

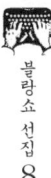

블랑쇼 선집
8

# 카오스의 글쓰기

L'écriture du désastre

모리스 블랑쇼 지음 박준상 옮김

그린비

Maurice Blanchot, Selected Works

# 『모리스 블랑쇼 선집』을 간행하며

모리스 블랑쇼는 철학자이자 작가로서 이 시대에 하나의 사상적 흐름을 형성하였다. 그는 말라르메의 시학의 영향 아래에서 현대 철학과 문학의 흐름을 창조적·비판적으로 이어가는 '바깥의 사유'를 전개시켰다는 점에서 전통에 위치한 사상적 매듭인 동시에, 다음 세대의 (푸코·들뢰즈·데리다로부터 낭시·라쿠-라바르트·아감벤에 이르기까지의) 뛰어난 철학자들에게 끊임없이 영감을 주어 온 사상적 원천이다. 이는 그의 사유를 한때의 유행이 아니라 지속적으로 참고해야 할 준거점으로 받아들여야 한다는 요구가 부당하지 않은 하나의 근거가 될 수 있을 것이다. 그러나 블랑쇼가 진정으로 중요한 이유는, 삶이 사상보다 중요하다는 단순하지만 명백한 사실에 비추어 볼 때, 다른 데에 있다.

그는 종종 '소크라테스 이전의 사상가'라고 불리어 왔다. 그 사실은 그의 사유가 아카데미의 학문적 역사와 배경을 넘어서서 자신의 삶의 체험을 바탕으로 여러 삶의 양상을 직접적으로 표현한다는 것을 의미한다. 우리는 그의 언어가 궁극적으로 우리의 학문적·지적 호기심이 아니라 우리 각자에게, 우리 각자의 삶에 호소하고 있다는 사실을 경험하게 될 것이다. 그의 언어는 우리가 반복하고 추종해야 할 종류의 것이 아니라, 몸으로 받아들여야 할 종류의 것, 익명의 몸과 마음으로 느껴야 할 비인칭의 언어 또는 공동의 언어이다. 따라서 블랑쇼를 읽는다는 것은, 그가 생전에 원했던 대로 '모리스 블랑쇼'라는 개인의 이름(동시에 사회에서 받아들이고 칭송하는 이름, 나아가 역사적 이름)을 지워지게 하는 동시에 어떤 공동의 '우리'에 참여하는 것이며, 나아가 그 귀결점은 또 다른 공동의 언어로 열리고 그것을 생성하게 하는 데에 있다. 아마 거기에 모리스 블랑쇼를 읽는 가장 중요한 이유가 있으며, 결국 거기에 독자의 마지막 몫이 남아 있을 것이다.

『모리스 블랑쇼 선집』 간행위원회

# '카오스'라는 번역어에 대하여

이 책을 번역하는 과정에서 최초로 부딪혔었고 마지막까지 고심거리로 남아 있었던 문제는 제목에도 들어가 있는 단어 'désastre'의 번역어를 선택하는 것이었다. 이 책을 읽을 분들께도 그 단어가 일반적 번역어인 '재난'이나 '재앙'으로 옮겨지지 않은 점이 의문으로 남을 것이라고 생각된다.

이 프랑스어 'désastre'의 번역어로 사전상의 통례적 번역어인 '재난'(또는 '재앙')을 선택하지 않은 첫번째이자 가장 중요하고 결정적인 이유는, 그렇게 선택했을 경우 본문 전체에서 많은 문장들이 지나칠 정도로, 즉 한국어가 허용할 수 있는 구문의 기준을 넘어서서 어색하게 변해 버린다는 데에 있다. 이렇게 몇 개의 예들만 제시해 볼 수 있을 것이다. "재난은 분리되어 있으며 가장 멀리 분리되어 있는 것이다." "재난이 별에서 떨어져 나와 분리되어 있다는 것." "재난이 몸을 갖는 대신 의미를 갖는 데에서 오는 위험." "재난은 [······] 욕망으로부터 돌아설 것이다."*

---

* 또한 이러한 예들을 들 수 있을 것이다. "재난이 깨어 있다." "파열 가운데 언제나 파열되는 '재난'은 우리에게 이렇게 말하는 것처럼 보인다." "재난 그 자체가 종속되어 있는 것

그러한 예들을 더 많이 열거할 수 있을 것이다. 옮긴이의 눈에는 '재난'이라는 번역어를 택했을 때 적지 않은 문장들이 받아들이기 힘들 정도로 생경하고 모호하게 나타났고, 마찬가지로 옮긴이의 눈에는 그러한 문제를 해소하기 위해 '재난'이라는 단어를 고수한 채 각각의 문장을 어느 정도 매끄럽게 윤색하는 해결책도 미봉책에 불과할 뿐만 아니라 실행 불가능하다는 결론이 거부할 수 없는 것으로 주어졌다. 반면 'désastre'를, 사전상의 번역어는 아니지만 그 프랑스어 단어를 분석해 보면 분명히 나타나는 의미를 담고 있는 단어 '카오스'로 새겼을 경우, 문장들이 보다 더──최소한 어느 정도는 '보다 더'──자연스럽고 보다 더 접근 용이하며 보다 더 분명한 의미 맥락 내에서 나타났다.

'카오스'로 'désastre'를 옮기기로 결정한 두번째 이유는, 이 단어 '카오스'가 저자 자신이 'désastre'라는 단어에 부여한 의미에 상당히 잘──적어도 '재난'이라는 단어보다는 더 적절하게──부합한다는 데에 있다. 다시 말해 '카오스'가 저자 자신이 'désastre'라는 표현으로 암시하고 나타내고자 했던 바를 보다 더 분명하게 드러내 주기 때문이다.

이 책에서 블랑쇼의 이러한 말을 찾을 수 있다. "물론 '카오스 désastre'는 어원학으로부터 이해될 수 있다. 여기에서 많은 단상들이 어원학의 흔적을 담고 있다"(197~198).[*] 이러한 언급은 이 책에서 'désastre'라는 단어가 일반적 맥락이 아니라 어원학적 맥락에서 쓰이고 있다는 사

---

같은 그 천체의 공간." "재난은 별들이 만들어 놓는 피난처 바깥으로 불러 나며 신성한 자연을 거부한다."

[*] 이후로 이 책에서 인용된 문장들의 출처를 밝힐 경우 괄호 안에 이 책의 페이지수들만을 표기한다.

실을 밝혀 주고 있는데, 그 단어를 어원학적으로 이렇게 분석해 볼 수 있을 것이다. 그 단어는 'astre(별, 천체)'에 부정 접두어 'dés(dis)'가 결합되어 구성되었고, 'astre'의 어원은 그리스어 'astron(우주, 천체)'이다. 따라서 그 단어를 분해해서 어원에 따라 읽는다면, 그것은 별들의 궤도 이탈 또는 천체의 변이變異·이변異變을 의미한다. 사실 바로 그러한 의미에서, 그러한 의미 맥락 내에서 블랑쇼는 'désastre'를 사용하고 있으며, 이를 우리는 여러 문장들에서 확인할 수 있다. "카오스가 별에서 떨어져 나와 분리되어 있다는 것(높은 곳에서 발생한 우연과의 관계가 끊어졌을 때, 길을 잃어버렸음을 알려 주는 천체의 기울음)을 의미한다면, 그것은 재난의désastreuse 필연성에서 비롯된 전락轉落의 신호이다"(24).* 말하자면 'désastre'는 별들의 운행 질서로부터 벗어나 있는, 천체의 안정성 바깥의 공간을 가리킨다. "한 줄기 햇빛이 낮이 아니라 별들로부터 벗어난 밤을, 무수한 밤을 증명하는 한계 없는 공간"(29). "[……] 다만 삶의 강렬함이 스쳐 지나갈 것이고, 너를 천체astre의 공간 밖으로, 너 자신을 찾아봐야 소용없는 현전하지 않는 시간 속으로 넘겨줄 것이다"(99).

물론 이 책에서 블랑쇼는 마르틴 하이데거의 어원학주의를 단호히 비판하고 있고, 그의 어원학의 오류들을 지적하고 있으며, 나아가 이는 이 책의 중요한 주제들 가운데 하나를 이루고 있다. 그러나 하이데거에 대한 그의 그러한 이의제기의 의도는 어원학의 한계와 남용을 지적하는 데에

---

* 이 문장에서 우리는 'désastre'의 일반적 번역어인 '재난'이라는 용어를 썼는데, 단어들이나 문장들의 전후 관계(이 문장에서는 '전락'이라는 단어가 있다)에 따라 필요한 경우 몇 군데 그렇게 하지 않을 수 없었다.

있을 뿐이며, 결코 어원학 자체를 폐기시키자는 데에 있지 않다. 물론 궁극적으로 블랑쇼는 'désastre'라는 단어뿐만이 아니라 모든 단어를 '지워지게' 만들고 파편화시키는 언어적 움직임에, 어원학적 정의定意뿐만 아니라 모든 종류의 정의를 초과해서 작동하는 보이지 않고 읽히지 않는, 이미지적인 것의 움직임에 주목하지만, 그러한 움직임 자체도 이러저런 방식으로 정의된 의미들과 전적으로 무관하게 이어질 수는 없다. 블랑쇼의 의도는 어원학 자체를 거부하고 나아가 부정하는 데에 있지 않으며, 다만 어원학이 과도하게 힘을 받는 데에 따라, 언어가 만들어 내는 그 역동적 움직임을 가로막고 정지시키게 되는 한계 지점을 가리키는 데에 있다. 물론 블랑쇼가 그 지점을 끊임없이 보여 주고 있기는 할지라도, 앞에서 살펴본 대로, 그 자신이 'désastre'를 어원학의 관점에서 포착함으로써 스스로를 이 책에서 전개될 사유의 출발점에 갖다놓고 있다.

'Désastre'가 의미하는 바는, 원인과 결과를 갖고 있고 한정된 시공간 내에서 일어나는 어떤 구체적 사건으로서의 재난이 아니라, 설사 그러한 사건에서 드러날 수 없는 것은 아닐지라도 근본적으로는 그러한 사건의 유무와 무관한, 또는 그 이전의 인간 존재(실존)의 조건이다. 다시 말해 'désastre'는 집단적 유類의 인간이든 개인으로서의 인간이든 인간이 자신이 어떠한 능력을 갖고 있든지, 자신이 소유한 가장 중요하고 탁월한 능력이 지성의 능력이든 의지의 능력이든 감각·감정의 능력이든, 그 능력을 통해 질서화하거나 내면화할 수 없는, 존재의 잉여를 가리킨다. 따라서 그것은 블랑쇼가 자신의 사유를 개진하기 시작했던 시기에서부터 사용해 왔던 오래된 단어 '바깥dehors'——인간·주체의 바깥, 좁게는 관념·의식의 바깥, 인간의 모든 능력에 포섭되지 않는 존재의 초과, 즉 인간의 어떠한 능력과도 일치하지 못하거나 조화하지 못하는 부재로서의 존재——과 공명한다. 카오스와의 접촉은 바깥과의 접촉과 다르지 않다. "카오스가 사유에 들어오는 한에서, 그것은 재난이 아닌 사유, 바깥의 사유 가운데 있다. 우리는 바깥에 접근할 수 없지만, 바깥이 갑자기 우리에게 떨어지면서 언제나 머리를 이미 치고 지나갔던 것이다"(31).

따라서 더욱이 카오스는, 근본적으로 본다면, 불행, 나아가 중대한 불행을 가져오는 어떤 특별한 사건으로서의 재난을 가리키지 않는다. "카오스가 다만 재난을 가져오는 불행한 것만이 아님을 기억해야만 한다" (173). 만일 카오스가 어떤 사건에 개입한다면, 그 사건은 특별한 어떤 사건이 아니라, 또는 그러한 사건 이전에 우리 모두가 의식의 발효 이전에 들어가 있을 수밖에 없는 사건 아닌 사건(드러나지 않는 사건), 결코 의식화되지 않고 의식으로 규정할 수 없는 끊임없는 죽어감일 것이다. 이 책의 아마 가장 중요한 부분일 세 개의 '하나의 원초적 장면?' 가운데 첫번째 것(132~133)에서 일고여덟 살 정도 된 한 아이(이 아이는 특별한 아이가 전혀 아니고 아무 아이이다)가 자신도 모르게 자신을 죽이고* 어른이 되어 가듯이, 우리는 기억과 망각의 반복을 통해, 정확히 말해 기억·망각 이전의 망각과 함께, 의식에 표상되지 않는, 죽어감과 다르지 않은 살아감 (또는 살아감과 다르지 않은 죽어감)에 들어가 있다. 그 죽어감-살아감이

---

* 아이의 그 죽음과 관련해 블랑쇼는 세르주 르클레르Serge Leclaire의 '사람들은 한 어린 아이를 살해한다'라는 테제와 그의 저작 『사람들은 한 어린아이를 살해한다』(S. Leclaire, *On tue un enfant*, Seuil, 1975)를 참조하는데, 르클레르의 그 테제와 저작은 이 책 전체에서 가장 중요한 준거점들 가운데 하나가 된다. 르클레르와 블랑쇼가 주목하는, 한 어린 아이에 대한 살해라는 주제와 관련해 이 책의 옮긴이 해제(「한 어린아이」) 참조.

사실상 익명적으로, '나'의 의식에 포착되지 않은 채 반복된다는 사건 자체에 카오스가 개입한다(물론 불행과 연관되어 있는 소위 '재난'에 카오스가 개입하지 않는 것은 아니지만, 카오스는 그러한 종류의 모든 '재난' 이전의 익명적 죽어감에 이미 기입되어 있다). '재난'이라는 단어가 일반적으로 함의하고 있는 불행이라는 것은 행복이라는 것과 마찬가지로 자아의 관점을 중심으로, 즉 비-익명적 관점으로 어떤 사건이나 어떤 현상을 바라볼 때 발생하는 감정을 거쳐 귀결되는 판단이다. 반면 '카오스'라는 단어는 가치 판단 이전의 중립적인 것을 가리키고 있는 것처럼 보이며, 그러한 한에서 자아의 모든 관념화·의식화(표상화) 이전 또는 이후에 의식 바깥으로 침투(침입)하는, 자아가 의식적으로 긍정할 수도 부정할 수도 없는, 긍정과 부정 이전의——블랑쇼의 또 하나의 중요한 용어인——'중성적인 것 le neutre'에 부합한다.

(여기서 우리는 불행 또는 행복이 우리에게 중요하지 않다고 말하고자 하는 것이 아니라, 다만 우리가 흔히 말하는 불행 또는 행복이 우리의 모든 가치 판단 이전의 익명적 '있음l'il y a'으로부터 파생되어 나온 것일 뿐이라는 점을 지적하고자 한다. 방금 언급했던 '하나의 원초적 장면?'과 마찬가지로 블랑쇼의 자전적 이야기로 간주되는 아름다운 이야기 『나의 죽음의 순간』*L'Instant de ma mort*<sup>*</sup>에서 아군의 폭격 덕분에 나치의 총구로부터 벗어났던 화자는 총

---

\* 그 두 이야기가 블랑쇼의 자전적 이야기들이라는 사실을 필립 라쿠-라바르트Philippe Lacoue-Labarthe는 라디오 방송 프랑스 퀼튀르France Culture에서 마련한 블랑쇼 추모 대담(2003년 2월 25일)에 참석해서 밝혔다. 아리스티드 비앙쉬Aristide Bianchi와 레오니드 칼라모브Leonid Kharlamov가 라쿠-라바르트의 블랑쇼론(Ph. Lacoue-Labarthe, *Agonie terminée, agonie interminable-sur Maurice Blanchot*, Galilée, 2011)에 붙인 서

살형이 집행되려 했던 그 순간을 이렇게 기억한다. "죽은——불사不死의. 아마도 법열l'extase. 차라리 고통받는 인간성에 대한 공감의 감정, 불사의 존재도 영원한 존재도 아니라는 데에서 비롯된 행복."* 또한 첫번째 '하나의 원초적 장면?'에서 자신 안의 어린아이를 살해해야만 했던 그 아이에 대해 화자[아마도 블랑쇼 자신]는 이렇게 말한다. **"이 장면(그 끝나지 않음)에서 기다리지 않았던 것은 그 아이를 즉시 잠식해 나가는 행복의 감정, 그 아이가 오직 눈물로만, 끝없이 흐르는 눈물로만 증명할 수 있을 휩쓸고 지나가는 환희이다"**(133). 그 두 화자가 말하는 '죽음 앞에서의 행복'이라 불리는 것은 자아의 어떤 가치 판단에 근거하고 있지 않으며, 자아의 남성적이고 초연한 태도에서 비롯되지도 않는다. 그것은 다만 삶-죽음의 익명적인 흐름에, 즉 카오스의 움직임에 자신을 정확히 여는 행위 아닌 행위——그것을 블랑쇼는 여기서 '참을성 patience'이라고 부른다——로부터 유래한 익명적인 것이다.)

'카오스désastre'는 인간이, 잉여나 바깥이 없는 존재 전체의 질서를 구성하거나 의식화·내면화할 수 없다는 불가능성을, 그러한 존재 전체의 중심에 놓여 있을 수 없다는 한계를 가리키는 표현이다. 그것은 존재의 전체성의 불가능성을, 즉 인간과 존재 사이의 궁극적 불일치 또는 부조화(어긋남)를, '코스모스적 질서ordre cosmique'의 총체적 완성의 불가능성을 말한다. "만약 천체와의 결별이 어떤 사건처럼 실현될 수만 있다면, [……] 코스모스의 질서(즉 세계, 거기서 아무리 무질서가 분명하게 군림할

---

문 참조. 이 책(pp.9~10)에서 그들은 라쿠-라바르트의 그 라디오 대담의 일부를 길게 인용했다.

* M. Blanchot, *L'Instant de ma mort*, Fata Morgana, 1994, p.11.

지라도 조정調整해 주는 질서가 언제나 지배한다)로부터 빠져나올 수만 있다면, 연기된 채 임박해 오면서 카오스의 사유가 […] 주어질는지도 모른다"(106~107). "카오스의 경험되지 않은 경험"은 "코스모스적인 것이 물러"나는 것에 대한 경험과 다르지 않다(141). "망각의 지워지는 흔적들은, 카오스로 인해 실재적인 것이 불가능한 것이 되고 욕망이 욕망할 수 없는 것이 되는 곳에서, **코스모스의 질서로부터 예외적으로 벗어나게 된다**"(122).\*
블랑쇼가 'désastre'라는 표현을 들어 가리키고자 하는 방향은 천체의 질서가 더 이상 유지되지 않는 공간, 즉 코스모스의 한계나 잉여로서의 존재, 즉 반反-코스모스, 카오스라고 말할 수 있다.\*\*

마르틴 하이데거는 자신이 말하는 '세계Welt'를 그리스어 '코스모스 κόσμος'와 라틴어 '문두스mundus'에 결부시켜 그 의미 맥락을 추적하고 있는데\*\*\*, 그 사실을 블랑쇼가 눈여겨보았는지 확실하지 않다. 물론 우리로서는 하이데거가 코스모스-문두스-세계의 연관관계를 정확히 밝힌 그 대목을 블랑쇼가 참조했다고 확신할 수는 없지만, 「바깥, 밤」(『문학의 공간』\*\*\*\*)에서부터 후기의 대표 작품들 가운데 하나인 이 책에 이르기까지, 나아가 자신의 사유의 종국까지 블랑쇼가 '바깥', '중성적인 것', '파편적인

---

\* 에마뉘엘 레비나스Emmanuel Levinas 역시 블랑쇼가 말하는 'désastre'를 반-코스모스로 정의한다. 그것은 레비나스에 의하면 "죽음도 불행도 의미하지 않고, 고정된 존재론으로부터, **모든 코스모스의 존재로부터 떨어져 나와서 별을 준거점으로 삼을 수 없는 존재, 반反-천체**dés-astre"(E. Levinas, *Éthique et infini*, Fayard, 1982, p.49 인용자 강조)이다.
\*\* 한마디 덧붙이자면, '카오스'로 옮겨 놓을 수 있는 프랑스어 'chaos'는 블랑쇼의 사유를 떠받치는 용어들 가운데 하나가 아니고 단순히 혼돈이라는 일반적 의미로 쓰일뿐더러, 그의 전 저작에서 거의 나타나지 않는다.
\*\*\* 마르틴 하이데거, 『형이상학의 근본개념들』, 이기상·강태성 옮김, 까치, 2001, 296쪽.
\*\*\*\* 모리스 블랑쇼, 『문학의 공간』, 이달승 옮김, 그린비, 2010.

것' 또는 '카오스'에 대해 말하면서 내세운 가장 기본적인 전략들 가운데 하나가 하이데거적 세계와 세계-내-존재의 바깥(바깥, 즉 세계의 바깥)을, 그 반-코스모스적 공간을 조명하는 데에 있다는 사실은 분명하다——하이데거적 세계의 반대를, 즉 반-코스모스적 공간을 가리키기 위해 '카오스'라는 번역어가 선택된 것이다.

그 카오스적 공간을 그려 내기 위해 블랑쇼는 하이데거의 후기 사상을 견인했던 어원학을 이 책에서 다각도로 여러 차례 분석하면서 비판하고 있다. 하이데거가 '**알레테이아**alètheia', '**에어아이크나스**Ereignis'와 같은 '근본적' 단어들에 대한 어원 분석에 몰두한 데에는, 가장 순수한 진리(가장 고유한 진리)가 현재 망각(은폐) 가운데 있지만, 한 단어의 어원이 갖는 가장 오래된 의미를 밝힘으로써 그 망각된 본질적 진리를 우리의 기억에 되돌려 놓을 수 있다(탈은폐)는, 그에게 고유한 관점이 깔려 있다. 그러나 하이데거의 그러한 어원학으로의 경도는 다음과 같은 점에서 철학의 전통(또는 전통적 철학)으로 회귀하려는 움직임처럼 보인다.

말하자면 그가 어쨌든 언어(즉 **로고스**logos)를 우리로 하여금 존재에 응답하게 하는 최종심급으로 간주하게 됨에 따라, 『존재와 시간』 시기에 전개된 초기 사상에서와는 달리, 지식에, 즉 언어라는 매개를 통한 의미 규정에, 따라서 로고스의 힘에 과도한 중요성을 부여하게 되었다는 것이다. 『존재와 시간』에서 하이데거는 모든 종류의 언어적 해석에 실존론적 해석Auslegung이 앞선다고 지적하면서* 주지주의主知主義(지식의 우위, 관

---

*"이리하여 발언[언어에 의해 진술된 것]은 자신이 존재론적으로 이해하는 해석[Auslegung]에서 유래함을 부인할 수 없다"(마르틴 하이데거, 『존재와 시간』, 이기상 옮김, 까치, 1998,

념론)의 전통을 대변할 수 있는 '존재는 존재의 의미이다'라는 명제를 거부했던 반면, 자신의 후기 사상에 이르러 어원학에 자신을 맡겨 버림으로써 존재·역사와 현존재를 가로지르는 어떤 최초이자 최후의 의미를 긍정하기에 이르게 되는 것이다. 그러나 언어적 의미 규정을, 즉 단어들에 대한 언어적 정의定義를 지나치게 중시하는 것은 사실상 과거의 모든 관념론의 감추어진 특성이었고, 바로 그것을 포기하지 못함으로써 지금도 우리는 설사 반관념론을 표방한다 할지라도 여전히 관념론의 테두리 내에 머무를 수밖에 없게 된다. 사실 블랑쇼도 하이데거가 어원학을 과도하게 중요시한 것을 지식의 궁극적 우위를 긍정하는 것과 다르지 않다고 보는데, 어원학이 문헌학적 연구를 중심으로 형성되는 지식의 한 형태일 수밖에 없기 때문이다. 헤라클레이토스에게서와 마찬가지로 하이데거에게서도 "**아-레테이아** a-lêthéia는 **레게인** legein [말하다]에 의해 가로막혀 있었던 것이다"(166).

하이데거가 자신의의 후기 철학에서, 블랑쇼가 본 대로, 어원학에 크게 의존하게 됨에 따라 지식에 자신의 사유를 상당 부분 의뢰했던 것이 사실이라 할지라도, 그가 '지식 중심주의'에 빠졌다고는, 존재자들의 의미들을 명제들로 규정함으로써 존재자들을 통제하고 지배하려는 이론적 경향에 매몰되었다고는 말할 수 없다(물론 블랑쇼도 그렇다고는 보지 않는다). '언어는 존재의 집이다'라는 그의 후기 사유를 대변하는 명제들 가운

---

158쪽/M. Heidegger, *Sein und Zeit*, Max Niemeyer, 1963, 제10판, p.158 참조). 이기상은 'Auslegung'을 '해석'이라고 번역했는데, 이 실존론적·해석학적 해석이 언어로 서술된 명제적 진술에 선행함을 옮긴이주에서 다시 강조한다(위의 『존재와 시간』, 국역본, 옮긴이주, 583~584쪽 참조).

데 하나가 우리로 하여금 그렇게 말할 수 없게 만든다. '언어는 존재의 집이다', 말하자면 언어를 통해 가장 고유한 것이 존재에 도래하며, 인간은 언어의 도움으로 가장 고유한 것 가운데 거주할 수 있다는 것이다. 그 가능성은 존재자들을 이해하고 규정하며 포착하고 관리할 수 있는 가능성이 아니라 현존재의 존재 가능성 또는 거주 가능성이다. 하이데거가 자신의 어원학주의에 따라, 즉 지식을 중시하는 하나의 입장에 따라 어떻게 자신이 『존재와 시간』에서부터 끊임없이 추구해 왔던 그 현존재의 존재 가능성(본래적 실존의 가능성)에 응답할 수 있는지 추론해 보기는 쉽지 않다. 그러나 우리는 적어도 이렇게 말할 수 있다. 하이데거는 자신의 어원학주의를 통해 자신의 민족어인 독일어에 대해 과도한 가치를 부여하는 데에로 나아가고——이는 헤르더Herder로부터 이어져 오는, 독일인들에게 고유한 성향이다——, 궁극적으로 문화의 테두리 내에 포섭될 수 없는 '존재'를 문화적·역사적·사회적으로 한정된, 동일성의 공간인 민족에게, 민족의 운명에 의탁해 두는 데에 이르게 된다.

블랑쇼가 부각시키는 바깥의 경험 또는 카오스의 경험은, 그의 모든 글쓰기에서 반복적으로 표명되어 왔듯이, 이 세계에서도, 또한 근원적이거나 이상적理想的이거나 초월적 세계에서도 거주할 수 없다는 불가능성의 경험이다. 그가 거주 가능성을 즉시 그 불가능성과 연결시켜 놓고 있다면, 그 이유는 '냉소적으로' 우리에게 애초부터 모든 거주 가능성을 포기하라고 권유하기 위해서가 아니다. (지식의 가능성과 마찬가지로 거주 가능성도 포기할 수 있는 종류의 것이 아닌데, 블랑쇼든 누구든 어느 누구도 그것들을 포기하라고 권유할 수는 없다. 우리는 아마 우리 자신도 모르게 어느 시점에서 그 두 가능성의 한계에 이르게 될 뿐이고, 어느 시점에서 두 가능성의 바깥으로 '추방을 선고받을' 뿐이다.) 말하자면 우리가 설사 지식의 가능성을 극단까지 추구한다 할지라도 존재는 '나'의 의식 내부에서 총체화될 수도 총체적으로 완성될 수도 없으며, 또한 설사 어떠한 방법으로든 거주 가능성의 극단까지 이른다 할지라도 '내'가 공간과 조화(지식에 의한 관념적·의식적 일치가 아닌 어떤 '공명')를 이룸으로써 탈자태의 정서적 차원에서 고양되어 존재의 가장 본질적인 것 속에 융합될 수 없다는 것이다. '내'가 존재와 공속하는, 존재의 상관항인 현존재가 아니라, 존재에 뚫린, 영원히 메울 수 없는 빈 구멍이라는 것이다. '나'의 최초이자 최후의 부재(탄생에서의 부재, 또한 '어린아이'의 끊임없는 죽어감, 또한 죽음에서의 부재)를, 세계 내에서도 그 너머에서도, 지식·인식·관념·언어에 의존해서도, 탈자태의 법열과 같은 근원적 감정을 통해서도 '나'의 본래성이라는 것은 궁극적으로 영원히 확보되지 않는다라는 것이다. 그러나 왜 그 사실을 부각시켜야만 하는가? 왜 그래야만 하는가? 여기서 결론을 대신해서 옮긴 이 자신도 품고 있는 그 의문을 독자들께 물음으로 남겨 둔다.

박준상

Maurice Blanchot, *L'écriture du désastre*
C · O · N · T · E · N · T · S

『모리스 블랑쇼 선집』을 간행하며 • 4

'카오스'라는 번역어에 대하여 • 6

카오스의 글쓰기 • 22

옮긴이 해제: 한 어린아이 • 242

모리스 블랑쇼 연보 • 320

모리스 블랑쇼 저작목록 • 326

| 일러두기 |

1 이 책은 Maurice Blanchot, *L'écriture du désastre*, Éditions Gallimard, 1980의 완역이다.
2 옮긴이의 주석은 [옮긴이]라고 표기하여 구분하였다.
3 본문 가운데 옮긴이의 부연은 대괄호([ ]) 안에 적었다.
4 단행본·정기간행물에는 겹낫표(『 』)를, 논문·단편·시 등에는 낫표(「 」)를 사용했다.
5 외국 인명이나 지명, 작품명은 2002년 국립국어원에서 펴낸 외래어표기법을 따랐다.

카오스의 글쓰기

❖ 카오스는 모든 것을 그대로 놔두면서 붕괴시킨다. 카오스는 이러저런 사람에게 침해를 가하지 않으며, '나'는 그 위협 아래에 있지 않다. 카오스가 제쳐 놓여 남아 있는 채로 나를 위협하는 한에서, 그것은 내 안에서 내 밖의 것을, 수동적으로 타자가 되는 나와 다른 어떤 자를 위협한다. 카오스가 가져오는 침해는 없다. 카오스가 위협하는 자는 침해당할 거리 밖에 있으며, 우리는 그 위협이 가까이 있는지 멀리 있는지 말할 수 없을 것이다——위협의 무한이 어쨌든 모든 한계를 무너뜨리는 것이다. 우리는 카오스를 미래에 가져다 놓지 못한 채 그 코앞에 놓여 있다. 차라리 카오스는 언제나 이미 지나가 버린 것이지만, 우리는 그 코앞에 또는 그 위협 아래에 놓여 있다. 만약 카오스가 도래하지 않은 것, 모든 도래를 가로막는 것이 아니라면, 우리가 말할 수 있는 모든 정식화定式化된 명제들이 미래에 개입할 수 있을는지도 모른다. 카오스를 사유한다는 것(만일 그것이 가능하다면, 또한 그것은, 우리가 카오스가 사유에 포착된다고 예상하는 한, 불가능하다), 그것은 카오스를 사유하기 위한 미래를 이제 더 이상 확보하지 못한다는 것이다.

카오스는 분리되어 있으며, 가장 멀리 분리되어 있는 것이다.

카오스가 갑자기 발생할 때, 그것이 도래해 있는 것은 아니다. 카오스는 임박해 있을 뿐이다. 그러나 우리가 체험된 시간의 규칙에 따라 이해하는 미래가 카오스에 속해 있기 때문에, 카오스는 언제나 이미 미래를 제거해 버렸거나 막아 버렸던 것이다. 카오스가 완성되는 시간도 공간도 없는 것과 마찬가지로, 카오스를 위한 미래도 없다.

❖ 그는 카오스가 있다고 믿지 않으며, 우리가 살아가고 있든 죽어가고 있든, 우리는 그것이 있다고 믿을 수 없다. 카오스에 합당한 어떠한 믿음도 없다. 동시에 그에 따르는 카오스에 대한 무사無私의, 일종의 무관심. 밤, 하얀 밤──따라서 카오스, 어둠이 부족한 그 밤, 그렇다고 빛이 밝혀 주지도 않는 그 밤.

❖ 원이, 정확하게 그어진 한 직선 위에 펼쳐져 중심을 영원히 상실한 하나의 원을 다시 형성한다.

❖ '가짜' 단일성單一性, unité, 단일성의 시뮬라크르simulacre는 단일성에 대한 가능하지도 않은 정면 고발보다 더 용이하게 단일성을 위태롭게 만든다.

❖ 글을 쓴다는 것, 그것은 책 속에서 각각의 사람에게는 읽을 수 있는 것이 되지만 자기 자신에게는 해독할 수 없는 것이 되는가? (자베스Jabès가 우리에게 거의 그렇게 말하지 않았는가?)

❖ 카오스가 별에서 떨어져 나와 분리되어 있다는 것(높은 곳에서 발생한 우연과의 관계가 끊어졌을 때, 길을 잃어버렸음을 알려 주는 천체의 기욺)을 의미한다면, 그것은 재난의désastreuse 필연성에서 비롯된 전락轉落의 신호이다. 법은 카오스, 최고 또는 극단의 법, 법전에 올릴 수 없는 법의 초과, 즉 우리가 연루되어 있지 않은 채 향해 나아가기로 예정되어 있는 지점인가? 카오스는 우리를 쳐다보고 고려하지 않으며, 시선이 없는 무한정적인 것, 실패를 겪는다 할지라도, 완전하고 단순한 상실에 따라서도 가늠할 수 없는 것이다.

아무것도 충분히 카오스에 부합하지 않는다. 이는, 완전한 붕괴를 가져오는 파괴가 카오스에 부합하지 않는 것처럼, 마찬가지로 전체성의 관념이 카오스의 한계를 설정할 수 없다는 것을 말한다. 다시 말해 침해당하고 파괴된 모든 것들, 부재로 돌아간 신神들과 인간들, 모든 것의 자리를 대신하는 무無, 이 모두는 너무 지나치거나 너무 모자라다. 카오스는 대大 카오스가 아니며, 아마 죽음을 헛된 것으로 만들 것이다. 카오스는, 우리가 죽어가면서 죽음에 설정해 놓는 공간화된 간격을 분명 메울 것이지만 그 간격에 포개지지 않는다. 죽어가면서 자주 (의심의 여지없이 오류에 따라) 우리는 죽는다면 카오스에 빠져 버리게 되지 않고 거기로부터 벗어나리라는 감정을 갖게 된다—그로부터 자살이 풀어 내놓는 환상이 생겨나게 된다(그러나 그 환상을 의식한다고 그것이 사라지지 않으며 그것으로부터 돌아서게 되지 않는다). 그 검은색을—더 짙게 만들면서—연하게 만들어야만 하는 카오스는 우리를 어떤 수동성의 관념에 노출시킨다. 우리는 카오스와 연관되면서 수동적이지만, 카오스는 아마 수동성passivité 자체이며, 그 점에서 지나가 버린 passé 것, 언제나 과거로 지나가 버린 것이다.

❖ 카오스는 모든 것을 배려한다.

❖ 카오스: 광기가 되어 버린 사유가 아니며, 아마 자체의 광기를 언제나 간직하고 있는 사유도 아닐 것이다.

❖ 카오스는 우리에게서 죽음에 대한 사유라는 이 피난처를 앗아 가면서, 우리를 파국이나 비극에 이르지 못하게 막으면서, 우리를 모든 의지와 더불어 내적 움직임에 대해 무관심하도록 만들면서 우리에게 '너는 카오스를 인식하기 위해 무엇을 했는가'라는 물음과 함께 유희를 벌이는 것 또한 용납하지 않는다.

❖ 카오스는 망각 곁으로 놓여 있다. 기억 없는 망각, 흔적을 남기지 않았던 것의 부동의 물러남——아마도 기억될 수 없는 것. 망각을 통해 기억하기, 또다시 바깥.

❖ "너는 인식하기 위해 고통스러워했는가?" 그렇게 니체Nietzsche는 우리에게 물었지만, 우리는 고통이라는 단어에 대해 오해하지 말아야 한다. 고통은 겪음, 모든 시각, 모든 인식으로부터 물러나 있는 전적으로 수동적인 것이 표명하는 '아니다'(수동적인 것의 '발걸음'*)이다. 그

---

\* [옮긴이] 여기서 저자는 'pas'라는 단어로 두 가지를, 즉 '아니다'와 '발걸음'(사실 그 단어

카오스의 글쓰기 • 25

러나 인식이 카오스에 대한 인식이 아니라 카오스로서의 인식이자 카오스에 의한 인식이기에 우리를 인도하지도 이탈시키지도 않는 것이라면, 그것은 알려지지 않은 것에 대한 무지無知 앞에 놓여 있는, 따라서 끊임없이 망각하고 있는 우리에게 접촉하지는 않으면서 우리를 엄습한다.

❖ 카오스, 밑바닥의 미세한 것에 대한 염려, 우연성이라는 최고주권 souveraineté. 이는, 망각이 부정적이지 않다는 것을, 또는 부정적인 것이 긍정(부정된 긍정) 이후에 오지 않으며, 가장 오래된 것과, 한 번도 주어지지 않은 채 세월의 깊은 바닥으로부터 도래하는 것과 연관되어 있다는 점을 우리에게 다시 알려 준다.

❖ 카오스에 연루되어 우리가 너무 늦게 죽는다는 것은 사실이다. 그러나 그 사실로 인해, 우리는 죽어가는 것을 그만두지 않으며, 그 사실로 인해, 언제나 너무 늦을 수밖에 없는 시간에서 벗어나 우리는, 회귀하는 카오스와의 관계 이외에 어떠한 관계도 없이, 때맞지 않은 죽음

---

는 두 가지 모두를 의미한다)을 나타내고 있다. 이는 일종의 언어 유희인데, 이 책에서 여러 번 발견된다. 우리는 여기서 다음과 같은 설명을 덧붙일 수 있을 것이다.
프랑스어에서 부정의 부사 'pas'가 있고, 그리고 발걸음을 의미하는 남성 명사 'pas'가 있다. 그러나 원래 전자는 후자로부터 파생되어 나왔다. 즉 그것은 또 다른 부정부사 'ne'와 결합하여 프랑스에서 부정의 의미를 문장에 가져오지만, 원래 그 안에 '한 걸음도', '하나도(Je n'irai pas: 한 걸음도 안 가겠다)'라는 의미를 내포한다. 어원적으로 부정부사 'pas'가 남성 명사 'le pas(발걸음)'로부터 유래하는 것이다. 그러나 전자는 그 어원적 의미를 상실했고 단지 'ne'의 보어로 쓰이며, 단독으로도 부정을 나타낸다.

을 견디도록 권유받게 된다.

❖ 결코 실망한 적이 없이, 실망하지 않았기 때문이 아니라 언제나 충분하지 못하게 실망했기에.

❖ 나는 카오스가 절대absolu라고 말하지 않을 것이다. 반대로 그것은 절대를 뒤흔들어 놓는다. 그것은 왔다 가며, 유목遊牧이 가져온 동요인데, 그러나, 알아챌 수는 없지만 강렬한 갑작스런 바깥의 출현과 함께, 결단의 영역 그 너머에서 우리에게 드러나는 거부할 수 없는, 또는 예상치 못한 어떤 결말을 가져온다.

❖ 마치 우리가 카오스의 감시 아래에서 살아가는 것처럼, 읽는다는 것, 쓴다는 것. 정념passion의 밖으로 벗어나 수동성에서 노출되어. 망각의 고조.
　말할 자는 네가 아닐 것이다. 설사 망각이나 침묵에 따라서일지라도 카오스가 네 안에서 말하도록 내버려 두라.

❖ 설사 우리가 ~의 위협 아래에 있을 때라 할지라도, 카오스는 이미 위험을 통과해 넘어가 버렸다. 카오스의 특성은, 우리가 그 위협 아래에서만 그 안에 놓여 있게 된다는 데에, 또한 그 자체로 위험을 통과해 넘어가 버린다는 데에 있다.

❖ 사유한다는 것, 그것은 카오스를 배후의 사유로 지목해 명명하는

것(부르는 것)이다.

　나는 어떻게 내가 결국 거기에 이르게 되었는지 알지 못하지만, 이럴 수 있다. 내가, 사유와 거리를 유지하게 만드는 사유에 이르게 된 것일 수 있다. 왜냐하면 사유는 그것을, 즉 거리를 가져오기 때문이다. 그러나 (끝에서의, 가장자리에서의 이 사유의 형태로) 사유의 끝으로 간다는 것, 그것은 오직 사유를 변형시킴으로써만 가능하지 않은가? 그로부터 이러한 명령이 내려온다. 사유를 변형시키지 말 것, 네가 할 수 있다면 사유를 반복할 것.

❖ 카오스는 선물이다. 카오스가 카오스를 준다. 이는 마치 카오스가 존재와 비-존재를 무시하고 더 멀리 나아가는 것과 같다. 카오스는 도래하는 것(도래하는 것 가운데 고유한 것)이 아니다──그것은 도래하지 않으며, 그에 따라 나는 그 사유에 결국 도달하지조차 못한다. 알지 못한 채, 어떤 지식에 대한 전유 없이 그렇게 되는 경우를 제외한다면 그렇다. 또는 그것은 도래하지 않은 것의, 도래하지 않고 존재 밖에서 마치 일탈에 따라오는 그러한 것의 도래인가? 사후死後의 카오스는?

❖ 사유하지 않기. 그것은 사유의 돌발적인 유출流出 속에서, 제어되지 않은 채, 초과를 통해 이루어진다.

❖ 그는 자신에게 이렇게 말하곤 했다. 너는 네 자신을 죽일 수 없을 거야. 네 자살은 너보다 앞서 갈 거야. 또는 그가 죽음에 부적격하게 된 채

죽어갈 거야.

❖ 한 줄기 햇빛이 낮이 아니라 별들로부터 벗어난 밤을, 무수한 밤을 증명하는 한계 없는 공간.

❖ "어떠한 리듬이 인간들을 붙들어 놓고 있는지 알라"(아르킬로코스 Archilochos). 리듬 또는 언어. 프로메테우스: "이 리듬 속에 나는 사로잡혀 있다." 다양하게 변하는 천체의 배치 형태. 도대체 리듬이란 무엇인가? 리듬이라는 수수께끼가 갖고 있는 위험.

❖ "인간 그리고 자기 자신까지 꿈꾸는 어느 누구의 정신에, 다른 아무것도 아니고 오직, 존재의 알아볼 수 있는 기호들인, 존재의 순수한 리듬의 모티프들에 대한 정확한 계산만이 있지 않고서는"(말라르메 Mallarmé).

❖ 카오스는 암담함 속에 있지 않다. 만약 카오스가 어느 누구와 관계를 맺고 있다면, 우리로 하여금 모든 것으로부터 벗어나게 할는지도 모르고, 우리는 카오스를 언어의 도움으로, 언어의 끝에서, 즐거운 지식을 통해 알 수 있을지도 모른다. 그러나 카오스는 알려지지 않은 것이며, 가까와짐을 통해 우리로부터 멀어지면서 사유 속에서조차 사유되지 못하도록 우리를 막는 것을 위한 알려지지 않은 이름이다. 홀로 그것은 고독을 깨뜨리며, 모든 종류의 사유를 넘어서고, 바깥에 대한 침묵의 강렬하고 재앙 같은 긍정인, 카오스에 대한 사유에 노출된다.

❖ 회한으로부터도, 노스탤지어로부터도 비롯되지 않는 어떤 비종교적인 반복, 욕망되지 않는 회귀. 따라서 카오스는 반복, 즉 극단의 단수성單數性, singularité에 대한 긍정이 아닌가? 카오스 또는 입증할 수 없는 것, 고유하지 않은 것.

❖ 만일 고독이 고독 자체를 깨뜨려 홀로 있는 자를 다수로 배가하는 바깥으로 노출시키지 않는다면, 어떠한 고독도 없을 것이다.

❖ 부동의 망각(기억할 수 없는 것에 대한 기억). 거기에서 황폐화시키지 않는 카오스가, 때맞지 않은 회귀가 아니라면 어떠한 것도 포기하지도 드러내지도 않고 내버려 두는 수동성 속에서 그려진다. 카오스, 그것을 아마 우리는 마치 모든 단어들이 표현하는 하나의 전체가 있는 것처럼 그것들의 어미들을 변화시키면서, 환희를 가져오는 여러 다른 명칭들을 통해 알고 있을 것이다.

❖ **고요, 홀로코스트에서 불타 버린 것, 정오의 전멸 ──카오스의 고요.**

❖ 그는 배제되지 않았다. 그러나 마치 어디에도 들어갈 수 없는 어떤 자와 같다.

❖ 수동성의 온화함이 스며들고, 그에 따라 그는 어떤 예감 같은 것 ──카오스에 대한 기억, 그것은 예측할 수 없는 것이 가장 온화하게 침입하는 것이다──을 갖고 있다. 우리는 카오스와 같은 시간을

공유하고 있지 않다. 바로 거기에 카오스가 갖는 차이가 있으며, 그 차이를 통해 카오스는 우애 같은 우호 속에서 위협한다. 카오스는 언제나 그 이상의 과잉이며, 끝을 보지 못하는 상실 속에서만 표시되는 초과이다.

❖ 카오스가 사유에 들어오는 한에서, 그것은 재난이 아닌 사유, 바깥의 사유 가운데 있다. 우리는 바깥에 접근할 수 없지만, 바깥이 갑자기 우리에게 떨어지면서 언제나 머리를 이미 치고 지나갔던 것이다.

　카오스, 줄어들어 비연장非延長, désétendue이 되어 버리는 그것, 파괴를 강제로 요구하지 않는 비연장. 카오스는 회귀하며, 언제나 카오스 이후의 카오스, 황폐화시키지 않는 침묵의 회귀이다. 그렇게 회귀하면서 카오스는 자신을 은폐시킨다. 은폐, 카오스가 가져오는 효과.

❖ "하지만, 내 눈에는, 오직 온화함 속에서만 위대함이 있다"(S.W.).* 나는 차라리 온화함에 의지하지 않고서는 아무런 극단적인 것도 없다고 말할 것이다. 초과의 온화함에 따르는 광기, 온화한 광기.

　사유한다는 것, 스스로 지워진다는 것: 온화함 속에서의 카오스.

❖ "오직 한 권의 책만이 폭발한다"(말라르메).

❖ 체험되지 않는 카오스, 경험의 모든 가능성을 벗어나 있는 그

---

* [옮긴이] 시몬 베유Simone Weil를 가리킨다.

것——글쓰기의 한계. 반복해 다시 말해야 한다. 그려진 카오스. 이는 글쓰기의 힘 자체인 카오스가 글쓰기와 양립할 수 없다는 것을 의미하지 않는다. 또는 그것은 글쓰기 밖에 놓여 있다. 즉 텍스트의-밖.

❖ **어둠의 카오스가 빛을 가져온다.**

❖ 명칭이 익명의 움직임에 헛되이 다시 붙들리기는 하지만, 결국 언제나 덧붙여진-명칭sur-nom으로 변할 위험이 있다는 사실(동일화·통일화·고정화되어 현재의 한 시점에서 멈추게 된다는 사실)로부터 명칭을 부여하는 데에서 비롯된 공포——명칭이 갖는 영예——가 발생한다. 주석자들은, 너는 바로 이렇지, 바로 이것이 네가 생각하는 것이지——비난, 찬양——라고 말한다. 그러나 언제나 가로막혀 있는, 카오스가 기다리고 있는, 글쓰기를 통한 사유, 그것은 이제 명칭 속에서 가시화되지만, 결국 덧붙여진 명칭에 붙들린 것이고, 마치 다시 살아나 보존되는 것 같지만 결국 그 자체를 찬양이나 비난(둘은 같은 것이다)에 넘겨주게, 즉 덧붙여진-삶sur-vie을 약속받게 된다. 명칭들의 납골당. 결코 비어 있지 않은 머리들.

❖ 파편적인fragmentaire 것은 불안정한 것(고정되지 않는 것) 그 이상이며, 동요를, 혼란을 가져올 것을 약속한다.

❖ 슐라이어마허Schleiermacher: 하나의 작품을 만들면서, 나는 내 자신을 만들기를, 또한 나 자신을 정식화하기를 포기하는데, 외부의 어떤

것 안에서 나 자신을 완성하고, 인간성의 익명적 연속성 내에 나 자신을 기입시키는 것이다――그로부터 예술작품 그리고 죽음과의 만남 사이의 관계가 비롯된다. 말하자면 그 두 경우 모두에서 우리는 위험한 문턱에, 우리가 갑자기 **돌아서게 되는** 하나의 결정적 지점에 다가가는 것이다. 마찬가지로 프리드리히 슐레겔Friedrich Schlegel: 죽음 속에 용해되어 없어지는 것에 대한 열망. "인간은 도처에서 가장 높은 곳에 있으며, 신적인 것보다도 더 높이 있다." 인간, 즉 한계로의 이행. 쓰자마자, 또한 아무리 적게 쓸지라도――가장 적은 것이 다만 지나친 것이 된다――, 우리가, 돌아서는 것이 문제가 되는 한계――위험한 문턱――에 우리 자신이 접근하고 있다는 사실을 알게 되는 것이 여전히 가능하다.

노발리스Novalis에게, 정신은 동요하지, 불안정하지 않고, 휴식 (모순이 없는 중성적인 지점) 가운데 있으며, 무겁고 육중하고, 신은 "무한한 고밀도의 어떤 금속으로 이루어져 있어서, 모든 존재들 가운데 가장 육중하고 가장 물질적이다." "불사의 예술가"는, 영혼과 몸이 서로 무감각하게 되는 영도零度의 지점을 완성하기 위해 노력해야만 한다. 무감각apathie이라고 사드Sade는 말했었다.

❖ 단어들 앞에서의 무기력, 또한 그것은, 의미라는 단어들의 힘 속에서, 또한 구문構文 또는 체계의 연속성에 따라 (체계가 어쨌든 미리 완성되고 현재가 고정되어 완결되었다는 조건하에서) 이루어지는 단어들의 구성 속에서 부서져 버려 공간화된 단어들에 대한 욕망일 것이다. 한 번도 지금의 것인 적이 없는 광기, 유예되는 무-이성無-理性, non-raison,

'그는 내일 미칠 것이다'라는 사실, 우리는 그러한 광기에 대해 폭넓게, 무겁게 또는 가볍게 사유하기 위해 그것을 이용해서는 안 된다.

❖ 수다스러운 산문: 어린아이의 재잘댐, 반면 침 흘리는 사람, 백치, 더 이상 자제하지 못하고 늘어져서 눈물을 쏟아 내는 사람, 그 또한 힘을 박탈당한 채로 한 마디 말도 못하고 있으며, 그는, 설사 지배력을 넘어서 행해지더라도 결국 자제하는 글쓰기보다는 흐르고 흘러나오는 말에 더 가까이 다가가 있다. 그러한 의미에서 씌어진 침묵만이 있으며, 찢김 속에서의 삼감이, 상세한 설명을 불가능하게 만드는 깊이 파인 상처가 있다.

❖ 권력=그룹의 우두머리, 그것은 지배자로부터 나온다. **마흐트** Macht(권력)는 가능한 것을 이루기 위한 수단과 기계, 가능한 것의 작용이다. 착란에 빠진 욕망하는 기계는 작용하지 않는 것을 헛되이 작동시키려고 한다. 무-력無-力, le non-pouvoir은 착란 속에 있지 않지만, 바깥에 들어가 있기에 상궤를, 선로를 이미 벗어나 있다. (무-력에 대해 말하기 위해) 우리는 권력을 사용하지 않다는 조건하에서 권력을 갖고 있다고 말하는 것으로는 충분하지 않다. 왜냐하면 권력을 사용하지 않다는 조건하에서 권력을 갖고 있다는 것이 바로 신성함에 대한 정의이기 때문이다. 즉 개입하지 않는 것, 장악하지 않는 것, 그것이 미리 먼저 나타나는 카오스의 기호라는 것을 예감하지 못한다면, 그것만으로는 충분하지 않다. 오직 카오스만이 지배에 대해 거리를 설정한다. 나는 카오스가 보내는 신호를 받아들일 줄 아는 (예를 들어)

한 정신분석학자에게 기대를 걸고 싶다. 그 신호는, 이미지적인 것을 권력으로부터 벗어나 있는 것으로 받아들인다는 조건하에서, 이미지적인 것 위에 행사되는 힘이다. 무-력無-力이 반복되는 것이다.

❖ 항상 우리는 이렇게 말하고(생각하고) 싶은 **욕구**를 갖고 있다. 거기 내게 (매우 중요한) 어떤 것이 도래해 있다. 동시에 이는 그것이 도래의 규칙이나 중요성의 규칙이 아니라 밖으로 나가게 만들고 진로를 벗어나게 만드는 규칙에 속해 있다는 사실을 말한다. 즉 반복의 규칙에.

❖ 몇몇 '원시인들'(국가 없는 사회)에게서, 우두머리는 말에 대한 자신의 지배력을 증명해야만 한다. 침묵하지 말 것. 그렇지만 동시에 우두머리의 말은 들으라고 하는 것이 아니다—어느 누구도 우두머리의 말에 주의를 기울이지 않거나, 차라리 사람들은 부주의한 체한다. 사실 우두머리는 삶의 전통적 기준들을 축성祝聖하듯이 반복하면서 아무것도 말하지 않는다. 어떠한 원시 사회의 요구에, 외관상 권력의 장소에서 나오는 이 비어 있는 말이 응답하고 있는가? 바로 우두머리가 내놓는 담론이 비어 있는데, 왜냐하면 그는 권력과 분리되어 있기 때문이다—바로 그 사회 자체가 권력의 장소인 것이다. 우두머리는 기본적인 말 내에서, 즉 폭력과 대치되는 지점에서 움직여야만 한다. 말에 대한 우두머리의 **의무**, 즉 비어 있는(비어 있지 않은, 전통적인, 전수되는) 말을 항시적으로 유출시켜야만 한다는 것, 그것이 종족에 대한 그의 의무이자 무한한 빚이고, 말할 수 있는 인간은 권력의 인간이 되

는 것이 금지되어 있다는 사실을 보증해 준다.

❖ 물음이 있으며, 이는 의심의 여지가 없다. 물음이 있지만, 대답하고자 하는 아무런 욕망이 없다. 물음이 있는데, 말해질 수 있는 아무것도 없으며, 다만 말해야만 할 아무것도 아닌 것만이 있다. 물음을 던지는 것은 모든 물음의 가능성을 넘어선 고발한다는 것이다.

❖ 게임을 비판하거나 거부하는 자는 이미 게임 속으로 들어가 있다.

❖ 어떻게 우리가, '네가 어떻게도 알지 못하는 것은 어떻게도 너를 번민에 빠뜨릴 수 없을 것이다'라고 장담할 수 있는가? 나는 내가 모르는 것의 중심에 있지 않으며, 번민 속에는 나의 무지를 덮어 주는 그 고유의 지식이 있다.

❖ 욕망: 전부가 전부 그 이상이 되고 전부로 남을 수 있도록 하라.

❖ 쓴다는 것은 적어도 이러한 의의를 갖고 있다. 실수들을 다하게 하는 것. 말한다는 것은, 어떤 진리를 믿게 하면서 실수들을 널리 알리고 곳곳에 알린다.
  읽는다는 것: 쓰지 않는다는 것. 그러나 그것은 읽기가 금지된 상태에서 쓴다는 것이다.
  쓴다는 것: 쓰기를 거부한다는 것 ─ 거부에 따라 쓴다는 것, 그에 따라, 마치 그에게 덧붙여진 삶을 살아가고 죽어가기를 계속하기 위

한 삶에 자신을 내주기를 강요하는 것처럼, 그에게 일종의 배제된 것이 표명되도록 몇 마디 말만을 요구하는 것으로 충분하게 된다. 결여에 따라 쓴다는 것.

❖ 위안이 없는 고독. 부동의, 그러나 다가오는 카오스.

❖ 어떻게 살아가야 한다는 **의무**가 있을 수 있는가? 보다 더 심각한 물음은 이것이다. 죽어가고 싶은 욕망은, 그 자체를 고갈시킬 **나의** 죽음으로 만족되기에는 너무나 강하리라. 그 욕망은 역설적으로, 타자들이 삶을 하나의 의무로 여기지 않은 채 살아간다는 사실을 알려 준다. 죽어가고 싶은 욕망은 살아가야 한다는 의무로부터 벗어나게 한다. 다시 말해 그것은 사람들이 의무 없이 (하지만 책임 없이는 아닌데, 책임은 삶 그 너머에 있다) 살아간다는 사실을 알게 하는 효과를 가져온다.

❖ 읽는다는 것의 고뇌. 즉 모든 텍스트가, 아무리 중요하고 아무리 즐거움을 주고 아무리 재미있다 하더라도 (또한 그러한 인상을 줄수록) 비어 있다는 것 ─ 궁극적으로는 존재하지 않는 것이다. 따라서 어떤 심연을 뛰어넘어야만 한다. 뛰어내리지 않으면, 이해하지 못한다.

❖ 비트겐슈타인Wittgenstein이 단일성에 대한 자신의 신념 그 바깥에서 간직했던 '신비주의'는, 그가 우리는 **말할** 수 없는 곳에서 **보여 줄** 수 있다는 사실을 믿었다는 데에서 유래할 것이다. 그러나 언어 없이는 아무것도 보여 줄 수 없다. 또한 입을 다무는 것, 그것은 여전히 말하

는 것이다. 침묵은 불가능하다. 그렇기 때문에 우리는 침묵을 욕망하는 것이다. 모든 현상, 모든 드러남 또는 보여 줌에, 즉 모든 나타남에 앞서는 글쓰기(또는 말함Dire*).

---

* [옮긴이] '말함le Dire'은 에마뉘엘 레비나스가 자신의 두번째 주저 『존재와는 다른 또는 본질 너머의』(E. Levinas, *Autrement qu'être ou au-delà de l'essence*, Martinus Nijhoff, 1974)에서 제출했던 개념이다. 레비나스는 같은 책에서 자신의 언어에 대한 사유를 개진시키기 위해 이 표현뿐만 아니라 또한 그것과 밀접히 연관되어 있는 두 표현, 즉 '말하여진 것le Dit'과 '철회의 말함le Dédire'을 도입했다. 블랑쇼는 『카오스의 글쓰기』에서 이 세 개념을 거의 설명하지 않은 채 원용하는데, 그것들에 대해 간략하게나마 살펴볼 이유가 된다고 하겠다.

블랑쇼의 사유는 그의 전 저작에 걸쳐 거의 굴곡 없이, 더욱이 심각한 모순 없이 일관되게 이어져 왔다고 볼 수 있지만, 그 방향과 풍경을 근본적으로 바꾸어 놓은 관점이 있다면, 그것은 레비나스의 윤리적 관점일 것이다. 레비나스의 강한 영향 아래에서 1960년대 말 『무한한 대화』 *L'Entretien infini*를 기점으로 블랑쇼의 모든 작품들에 '타자'와 '타인'이라는 표현들이 자주 등장하게 되고, 나아가 윤리적, 나아가 정치적 주제들이 그의 사유의 지향점을 결정하게 된다. '말함', '말하여진 것', '철회의 말함'이라는, 레비나스 고유의 윤리학을 뒷받침해 주는 언어철학적 개념들을 블랑쇼가 수용한 것에서 우리는 다시 한 번 그의 사유의 윤리적 · 정치적 전회를 확인할 수 있다.

언어는 존재자를 가리키고 그 의미를 규정하는 재현의 질서 속에 들어가 있다. 그렇게 본다면 언어는 개념들의 집합이라고 볼 수 있다. 레비나스의 표현인 '말하여진 것'은 우리가 일반적으로 이해하는 개념으로 여겨질 수 있다. 그것은 존재자를 재현(표상)시킨다―존재자의 '무엇임'을 동일화한다. 그것은 먼저 "개체들을 동일화하는 명사들의 체계", "실체들을, 사태들을, 관계들을 실사實詞들을 통해, 또는 실사들에서 파생된 품사들을 통해 지시하는, 즉 동일성들을 지시하는―간단히 말해 지시하는―, 모든 존재자들을 배가시키는 기호들의 체계"이다(E. Levinas, *Autrement qu'être ou au-delà de l'essence*, p.51). 그러나 말하여진 것은 단순히 개념과 동일시될 수는 없다. 왜냐하면 그것은 존재자의 '무엇임'뿐만이 아니라 또한 존재자의 '어떻게'를 드러나게, 즉 존재자의 존재를 반향résonnance하게 하기 때문이다. 그것은 또한 "실체들이, 존재의 양태, 시간화temporalisation의 양태로 흩어져 가는 술어명제들에서의 동사"이다(같은 곳). 즉 말하여진 것은 존재자의 존재를 펼쳐지게 하는데, 이는 말하여진 것이 존재자의 표상화 작용을 넘어서서, 우리를 존재자와의 비대상적인 관계에 가져다 놓는다는 것을 의미한다. "언어는 나아가 동사의 울기이다. 언어가 감각적 삶―시간화와 존재의 본질―을 이끌

❖ 쓰지 않는다는 것 ─ 거기에 이르기 전에 얼마나 먼 길이 놓여 있는가. 그리고 그것은 자신할 수 없는 것이며, 하나의 보상도, 하나의 징벌도 아니다. 다만 불확실성과 필연성 속에서 써야만 할 뿐이다. 쓰지 않

어 가고 있다면, 그것은 이미 동사로서이다. 체험된 감각─존재와 시간─은 이미 동사 내에서 이해되고 있다"(같은 책, p.44). 이는 말하여진 것이 우리를 존재자에게로 데려가 준다는, 즉 우리로 하여금 존재자를 감각하고 느끼게 해준다는 것을, 우리의 감각적 삶을 전개시킨다는 것을 의미한다.
그러나 그러한 말하여진 것은 이미 말함을, 또한 '무엇임'도 '어떻게'도 아닌 '누구'를 전제하고서만 전개될 수 있다. 하나의 말이나 하나의 문장은 어떤 것을 규정하고 이해 가능한 것으로 만드는 동시에 느끼게 해주지만, 그 느낌은 '어느 누구'에 대한 느낌과 분리될 수 없다. 하나의 말, 하나의 문장, 하나의 명제, 나아가 한 권의 책은 존재자들의 여러 의미를 규정하고, 듣거나 읽는 우리를 그 존재자들에게 결부시켜 놓지만, 더 나아가 우리를 '어느 누구'에게로 결부시켜 놓는다는 것이다. 우리는 우리에게 주어진 언어를 통해 '누구'와 만나게 되어 있는데, 이는 그 언어가 그 '누구'의 흔적을 보이지 않게 간접적으로─근본적으로는 보이지 않게 간접적으로─간직해 놓고 있기 때문이다. 언어가 그 자체에 담고 있는 동시에 그 자체의 실현을 통해 보이지 않게 드러내는 그 '누구'의 흔적, 그것을 레비나스는 '말함'이라고 부른다. "그 누구 le qui 또는 내가 엮어 들어가 있는 말함의 책략은 말하여진 것이 간직하는 흔적 가운데 간파된다. […⋯] 말함을 흡수하는 말하여진 것은, 말함의 주인이 아니며, 비록 언어가 남용된다고 할지라도, 말함을 거슬러 왜곡하면서, 우리 앞에 말함이 드러나게 한다. 말함의 책략의 결말은 말하여진 것으로서의 언어에 귀속되지 않는다. […⋯] 말함은 말하여진 것에서 멈추지 않으면서 의미를 주고, 자아에 근거하지 않으며, 의식의 탈은폐와 동일시되지 않는다"(같은 책). (그러나 언어에 어떤 인간이 드러난다는 그러한 레비나스의 관점은 그에게만 고유한 것은 아니다. 그 관점은 차이점들이 없지 않음에도 불구하고, 거슬러 올라가 본다면, '유형 Type', 즉 "누구도 아닌 형상 Figure"을 말하는 말라르메의 관점(『리하르트 바그너─한 프랑스 시인의 몽상』)과 만나며, 또한 '스타일 style'을 말하는 모리스 메를로-퐁티의 관점(『간접적인 언어와 침묵의 목소리』)과, 결국 '그 누구 On' 또는 '그 Il'를 말하는 블랑쇼의 관점과 만난다.)
말하여진 것을 말함으로 환원시키는 것, 그것이 레비나스에게서 철회의 말함이다. "모든 것이 논증되어 드러나는 말하여진 것이 간직하는 흔적으로부터 이 그 이하의 것으로 거슬러 올라가는 것이 문제가 된다. 말함에로 거슬러 올라감이 묘사될 수 없는 것이 묘사되는 현상학적 환원이다"(E. Levinas, *Autrement qu'être ou au-delà de l'essence*, p.69). 이 철회의 말함을 통해 사실상 레비나스는 말하여진 것의 수준에서 전개될 수밖에 없었

는다는 것, 즉 글쓰기가 가져오는 효과, 그것은 마치 수동성의 표식과 같고 불행의 자원과 같다. 쓰지 않기 위해, 쓰면서 내가 어쨌든 쓰지 않기 위해 얼마만큼의 노력이 필요한가──그리고 나를 양도하는 궁극적 순간에, 절망 속에서가 아니라 마치 뜻밖의 일인 것처럼, 결국 나는 쓰기를 멈춘다. 거기에 카오스가 베푸는 호의가 있다. 만족되지 않고 만족이 없는, 하지만 부정적인 것도 없는 욕망. '쓰지 않는다는 것'에 부정적인 아무것도 없으며, 다만 지배력으로부터, 최고주권으로부터 벗어난 강도intensité만이, 전적으로 수동적인 것에 사로잡혀 있는 강박만이 있다.

---

던 자신의 담론 전체가 진리가 아님을, 가령 '삼각형의 내각의 합은 180도이다' 또는 '해는 동쪽에서 뜬다'와 같은 자명한 진리가 아님을 다시 분명하게 선언한다. 레비나스는 말하여진 것(명제 논리)으로서의 자신의 담론이 진리가 아니라는 점을 인정할 뿐만 아니라 공언하며, 이는 사실상 자신의 담론을 붕괴시키는 몸짓과 다르지 않다. 그러나 붕괴된 그의 담론은 순백의 침묵(아무것도 말하지 않은 것과 동일한 단순한 언어의 부재)으로 되돌아갈 수 없고 어떤 초과의 효과를 가져온다. 말하여진 것이 말함으로, 즉 레비나스 자신이 증명할 수 없고 자신의 의지에 따라 좌지우지할 수 없는, 이미 독자들이라는 타인들만이 명제들 너머에서 확인해 줄 수 있는 언어적 틈새로 되돌아가는 것이다. 그 철회의 말함의 책략은, 타자의 얼굴이 언어에 대해 초월적이고 언어로 증명될 수 없다는 점을 끊임없이 표방해 온 레비나스 철학의 내적 모순으로부터, 또한 그 모순에 대한 자크 데리다의 예리한 비판(J. Derrida, "Violence et métaphysique", *L'Écriture et la différence*, Seuil, 1967)으로부터 요구되었던 것으로 보인다. 레비나스는 언어를 넘어서 있는 타자에 대해 언어로 정의하고 설명하고 규정해 왔던 것이다. 그러나 언어 자체가 단어들과 명제들만을 생산해 내지 않으며, 그것들을 거쳐서 언어를 사용하고 유통하는 자들 안에서 또는 그들 사이에서, 즉 누구도──말하는 자뿐만 아니라 듣는 자도, 쓰는 자뿐만 아니라 읽는 자도──홀로 열 수 없는 공동의 틈새에서 들리지 않고 보이지 않지만 순간적으로 현전하는 것으로 파열되면서 전환된다. 이를 블랑쇼는 『카오스의 글쓰기』에서 '파편화fragmentation'라고 부르는데, 명제들을 통해서뿐만 아니라 파편화를 통해서도 증명될 수 없지만, 바로 파편화를 통해 순간적으로 실행되고 살아나는 타자는 단지 스스로 '말할 뿐이다'.

❖ 착오 없이 소멸되는 것: 수동성의 표식.

❖ 쓰기를 원하는 것, 얼마나 부조리한가. 쓴다는 것, 그것은 힘의 상실과도 같은 의지의 시효 소멸, 카덴차*의 강하降下이다. 또다시 카오스.

❖ 쓰지 않는다는 것. 그것을 위해 부주의하고 방심하고 있는 것으로 충분하지 않다. 아마 최고주권 밖의 어떤 욕망의 강도――즉, 매몰되면서 이루어지는 바깥과의 관계가, 바깥이 주는 친밀감 속에 놓여 있게 만드는 수동성이 요구될 것이다.
 그는 쓰지 않기 위해 자신의 모든 에너지를 쏟아 붓는다. 쓰면서, 실패에 따라, 실패에 따르는 강도 속에서 쓰기 위하여.

❖ 고뇌의 드러나지 않음. 고뇌하면서 너는 고뇌하지 않으리라.

❖ 카오스, 그것을 우리는 급박성 속에서 호의를 베푸는 것으로, 무-력無-力을 기다리고 있는 것으로 맞이하지 않는다면 맞이할 수 없다.

❖ 말들이 무기가, 행동의 수단이, 구원의 가능성이 되는 것이 끝나기를. 동요에 자신을 내맡기기.
 쓸 때, 쓰지 않는다는 것, 그것은 중요하지 않다. 따라서 글쓰기

---

* [옮긴이] 일반적으로 리듬·박자·운율을 의미하며, 특별히 콘체르토와 같은 음악에서 종지부의 한 형태를 가리킨다.

는——이루어지든, 이루어지지 않든——변한다. 그것이 카오스의 글쓰기이다.

❖ 실패에 굴복하지 말 것. 실패에 굴복한다는 것은 성공하지 못해 회한悔恨에 사로잡힌다는 것이리라.

❖ 심각한 것 그 너머에, 게임이 있다. 그러나 게임 그 너머에서, 게임을 끝내는 것을, 즉 우리가 거절할 수 없는 공짜를 찾고자 하면서, 언제나 이미 추락해 있는 나는 그 우연히 주어지는 것 아래로 다시 추락하는 것이다.

  침묵 속에서 낮과 밤이 지나간다. 바로 그것이 말parole, 그것이다.

❖ 집착 없음, 집착 없음을 포함해서 모든 것에 집착하지 않은 채로.

❖ 자아의 한 간계奸計: 어떤 선험적 또는 정식화된 나를 보존하기 위해 경험적 나를 희생시키는 것, 자신의 영혼(또는 비-지非-知, le non-savoir를 포함하는 지식)을 구원하기 위해 자신을 무화시키는 것.

❖ 쓰지 않는다는 것은 '쓰기를 원치 않는다'와 무관할 것이며, 보다 더 애매한 점이 있지만, '내'가 스스로를 상실하는 형태로 노스탤지어에 사로잡히면서 힘을 추구하는 방식을 사실상 여전히 보여 주고 있는 '나는 쓸 수 없다'와도 무관할 것이다. 힘을 상실한 채 쓰지 않는다는 것, 그것은 글쓰기를 통한 이행을 전제한다.

❖ 힘의 최소한은 어디에 있는가? 말 속에, 글쓰기 속에? 내가 살아갈 때, 내가 죽어갈 때? 또는 죽어가는 것이 나를 죽도록 내버려 두지 않을 때.

❖ 그것은 너를 힘으로부터 멀어지게 하는 어떤 윤리적 염려인가? 힘은 묶고, 무-력無-力은 푼다. 자주 무-력은 욕망할 수 없는 것이 가져오는 강도에 의해 유지된다.

❖ 확신이 없는 채, 그는 의심하지 않는다. 그에게는 의심할 만한 발판이 없는 것이다.

❖ 카오스의 사유가, 사유를 소진시키지 않는다면, 그 사유는 그 자체가 우리의 삶에 가져올 수 있는 결과에 대해 우리로 하여금 염려하지 않게 한다. 그 사유는 실패와 성공에 대한 모든 관념을 밀쳐놓는다. 그 사유에서 보통의 침묵, 말이 없는 침묵은 바로 타자가 입을 다물면서 스스로를 표명하는 별도의 침묵으로, 간격 속에 놓여 있는 침묵으로 바뀐다.

❖ 물러나고 전진하지 않는 것. 거기에 예술이 있으리라. 오직 스스로 배제됨으로써만 창조하는 이삭 루리아Issac Louria의 신神의 방식에 따르는 예술이 있으리라.

❖ 쓴다는 것은 분명 중요성을 갖지 않는다. 쓴다는 것이 중요한 것이 아니다. 바로 그 사실로부터 글쓰기와의 관계가 결정된다.

❖ 카오스에 대해 던지는 물음은 이미 카오스에 속해 있다. 그것은 질문이 아니고 기원祈願이자 요구이며 도움을 요청하는 것이다. 평안의, 구원의 관념이 여전히 긍정될 수 없게 하기 위해 카오스가 카오스에게 호소한다. 잔해를 만들어 내면서, 두려움을 유지시키면서.
 카오스: 때맞지 않는 것.

❖ 타자는 마치 내가 그를 저버려서는 안 되는 것처럼, 나로 하여금 어떤 대치될 수 없는 단수성을 믿게 하면서, 나를 '단일성unité'에 노출시키지만, 동시에 내가 유일한 자가 되는 것을 막는다. 나는 없어서는 안 되는 자가 아니며, 타자는 내 안에 있는 아무나 구조를 요청할 자로 부른다──나는 유일하지 않은 자, 언제나 대체된 자이다. 타자 역시 동일자에게 자신을 내어 주기는 하지만, 언제나 다른 자이다. 타자는 이 사람도 저 사람도 아니지만 매번 단 하나뿐인 사람이며, 그에게 나는 자아의 상실을 비롯해 모든 것을 빚지고 있다.
 내가 감당하고 있는 책임은 나의 것이 아니며, 나를 나 이상이 되게 만든다.

❖ '참아 봐.' 간단한 말. 그 말은 많은 것을 요구했다. 나는 의지의 영역뿐만 아니라 또한 참을 수 있는 힘을 이미 박탈당한 채 참았다. 즉 내가 참을 **수 있다면**, 참으면서 내 안의 자제하는 이 '내'가 소진되지 않았기 때문이다. 참으면서 나는 '전적으로 수동적인 것이 표명하는 아니다le pas du tout à fait passif['전적으로 수동적인 것의 발걸음]'*라는 어떤 수동성으로, 따라서 수동적인 것이 단순히 능동적인 것과 대립되

는 수준의 삶을 저버린 데에서 비롯된 어떤 수동성으로 점점 열려 간다. 마찬가지로 우리는 무기력(무기력은 그 결과로 필연적으로 따라 나오는 생생한 자발성을, 순수하게 자율적인 능동성을 순순히 받아들이기 마련이다) 바깥으로 떨어지게 되는 것이다. '참아 봐.' 이를 누가 말하는가? 이를 말하는 자도 아무도 없고, 이를 듣는 자도 아무도 없다. 참을성은 권유될 수 있는 것도, 명령될 수 있는 것도 아니다. 그것은 이제 더 이상 내가 아닌 어떤 나로 하여금 카오스의 무한정성을, 즉 어떠한 현재에도 기억할 수 없는 것을 책임지게 하는, 죽어간다는 것의 수동성이다.

❖ 참을성을 통해 나는 카오스와 타자의 관계를 감당하게 되지만, 그 관계 내에서 내가 타자를 떠맡도록 허락받는 것도, 타자를 겪어 낼 수 있게 나로 남아 있도록 허락받는 것도 아니다. 참을성을 통해 나와 참을성 있는 어떤 나와의 관계는 모두 중단되는 것이다.

❖ 영원히 흩어져 가고 조각나는 기이한 숨막히는 텅 빈 밤이──타자가 그 부재, 그 영원한 먼 거리로 인해 그와 관계하면서 그를 침해해 들어오도록──그를 떼어 놓고 밀쳐 내는 또 다른 밤에, 기억될 수 없는 카오스의 임박해 오는 침묵이 자아를 박탈당한 익명적인 그를 자기 상실로 이끌었던 이후로, 참을성의 정념이, 즉 현재 없는 어떤 시간──부재의 시간, 시간의 부재──의 수동성이 임시적 단수성에 귀

---

\* [옮긴이] 25쪽의 각주 참조.

속된 그의 유일한 정체성을 이루어야만 했다.

❖ 글쓰기와 수동성 사이에 관계가 있다면, 그 이유는 둘 모두가 주체의 지워짐, 주체의 소진消盡을 전제하기 때문이다. 즉 어떤 시간의 변화를 전제하기 때문이다. 즉 완성되지 않은 어떤 것이 존재와 비존재 사이에서 언제나 이미 돌발적으로 발생해 있는 것처럼 도래한다는 사실을 전제하기 때문이다——중성적인 것의 무위無爲, désœuvrement, 파편적인 것의 침묵의 파열.

❖ 수동성: 우리는 그것을 뒤집어져 방향을 바꾸는 어떤 언어로만 떠올릴 수 있다. 이전에 나는 고통에 호소했다. 내가 겪어 낼 수 없는 그대로의 고통, 그에 따라, 무-력 속에서, 지배력을 상실하고 일인칭 주체의 위치를 박탈당한, 자리를 잃은 면박당한 자아는 고통을 겪어 낼 수 있는 자아로서 상실될 수 있었다. 고통이 있고, 있겠지만, 이제 더 이상 고통당하는 '내'가 없다. 고통은 현전하지 않으며, 현재에 이르지 못하고(더욱이 체험되지 못하고), 고통에 시작도 끝도 없는 것처럼 현재도 없다. 시간이 급진적으로 방향을 바꾸었던 것이다. 현재 없는 시간, 자아 없는 나, 경험——인식의 한 형태——이 드러내거나 감출 수 없을 아무것도 아닌 것.

그러나 고통이라는 단어는 지나치게 모호하다. 그 모호성은 결코 사라지지 않을 것인데, 우리는 수동성에 대해 말하면서 수동성을, 설사 그 표시가 흩어져 가는 밤 속에 나타났다 없어진다 하더라도, 규정해서 나타나게 하기 때문이다. 수동성에 대해 말한다는 것은 매우 어럽다——또한 그만큼 더 중요하다. 왜냐하면 그것은 세계에 속해 있지 않고, 우리는 완전히 수동적인 어떠한 것도 알지 못하기 때문이다(만약 그러한 어떤 것을 알게 된다면, 우리는 불가피하게 그것을 변형시키게 될 것이다). 능동성에 대립되는 수동성, 우리는 언제나 그렇게 제한된 장에서 생각한다. 겪는다는 것subir, 겪음subissement ——갑작스럽게 subitement라는 단어의 자매어인 이 말,* 똑같이 으스러진 말——, 정신병적이라고 말하는 어떤 상태에서 비롯된 무기력한 부동성不動性, 정념과 괴로움을 겪는 것, 맹목적인 복종, 신비함 속에서 기다리면서 밤을 맞아들이는 것, 따라서 헐벗음, 자기가 자기 자신으로부터 뿌리 뽑히는 것, 집착 없음을 포함해 어떠한 것에도 집착하지 않게 만드는 집착 없음, 또는 자기 밖으로의 (주도권도 없이, 동의하지도 않고 겪는) 추락——인간성의 감추어진 한 단면을 보여 주는 이러한 모든 상황들은 설사 그것들 가운데 몇몇이 인식 가능한 것의 한계에 놓여 있을지라도, 우리가 이 신뢰할 수 없는 단어인 수동성을 발음해 보면서 납득하도록 애쓰는 것에 대해 거의 아무것도 말해 주지 않는다.

❖ (아마 우리가 정적주의quiétisme를 통해 알고 있는 것에 따라 형상화된) 수동적 정적靜寂 속에 놓여 있는 수동성이 있으며, 이어서 목적 없이, 주도권을 갖지 못하고 끝없이 범한 실수의 고르지 못한-고른 멈추지 않는 들뜬 움직임 가운데 있는 수동적인 것을 제어하는, 불안정 그 너

---

* [옮긴이] '겪는다는 것subir', '갑작스럽게subitement'와 저자가 만든 말인 것처럼 보이는 이 단어 subissement의 라틴어 어원은 subire, 즉 '밑으로 sub' '가다 ire'이다.

머에 있는 수동성이 있다.

❖ 수동성에 대한 담론은 수동성을 필연적으로 왜곡시키는데, 그렇다 할지라도 그러한 담론 자체를 불충분하게 만드는 특징들 가운데 어떤 것들을 다시 포착할 수 있다. 다만 담론이 능동적인 것만이, 그 자체에 일관성을 보장하는 규칙들에 따라 펼쳐지고 전개되는 것만이 아니다. 다만 담론이 종합적이어서, 말의 어떤 단일성에 부응하면서, 공시적 公時的 통합체에 고정되어 언제나 시간 자체에 대한 기억일 수밖에 없는 어떤 시간에 부응하는 것만이 아니다――능동성, 전개, 일관성, 단일성, 전체의 현전, 이 모든 특성들은 수동성에 대해 말해 주는 바가 없지만, 그 이상의 어떤 점이 있다. 말하자면 수동성에 대한 담론은 수동성을 나타나게 하고 현전하게 하며 재현-표상하는데, 반면 아마(아마) 수동성은 힘을 박탈당하고 단일성으로부터 멀어진 인간의 이 '비인간적인' 부분일 것이다. 즉 신호화되거나 표시화되지 않으며, 흩어지고 빠져나가서, 우리가 (설사 잠정적으로라도) 수동성에 대해 말할 수 있는 것 그 밑으로 언제나 떨어지면서 나타나지도 드러나지도 않는 그 부분일 것이다.

 그 결과, 만일 우리가 수동성에 대해 무엇인가를 말해야 한다고 느낀다면, 그 일이 인간에게 중요해지는 한에서 (그렇다고 인간이 그 일을 중요한 것으로 여기도록 해서는 안 된다) 그렇다. 또한 수동성이 그것에 대해 말할 수 있는(수동성을 시험하고 겪을 우리의 힘과 같은) 우리의 힘을 벗어나서 우리의 이성, 우리의 말, 우리의 경험을 단절시키는 것으로 대두되거나 주어지는 한에서 그렇다.

❖ 기이한 것은, 수동성이 한 번도 충분히 수동적인 적이 없다는 것이다. 바로 그 점에서 우리는 어떤 무한에 대해 말할 수 있을 것이다. 아마 단순히 수동성이 모든 정식화로부터 벗어나기 때문이겠지만, 수동성 안에 그것을 그 자체의 이하로 언제나 들어가게 내모는 어떤 요구——수동성이 아니라 수동성에 대한 요구, 넘어설 수 없는 것을 향해 있는 과거의 움직임——같은 것이 있는 것처럼 보인다.

수동성passivité, 정념passion, 과거passé, 부정/발걸음pas(부정인 동시에 걸음의 흔적이나 움직임*), 이 의미론적 유희는 의미를 미끄러지게 하는데, 그러나 우리를 만족시킬 대답 같은, 믿을 수 있는 것은 아무것도 없다.

❖ 거부refus가 수동성의 최초 단계라고 말할 수 있다. 그러나 거부가 의도적이자 자발적이며, 설사 부정적이라 할지라도 하나의 결정을 표명하고 있다면, 아직 그것은, 기껏해야 거부하는 자아로 남아 있는 의식의 힘과 뚜렷이 단절되지 않는다. 거부가 절대로, 즉 일종의 무조건적인 것으로 향해 나아간다는 것은 사실이다. "**그렇게 (하지) 않고 싶습니다**Je préférais ne pas (le faire)"라는 필경사 바틀비Bartleby의 단호한 말은 거부라는 것의 핵심을 느끼게 해준다. 그것은 거절 그 이상이고, 모든 결정에 앞서는, 결정된 필요가 없었던 자제自制, 차라리 어떤 기권, 무엇인가를 말하려는 것의 (결코 언명되지도, 결코 해명되지도 않은) 포기——어떤 말함의 권위——이며, 자아를 **비우는 것으로** 받

---

* [옮긴이] 이 책 25쪽의 각주 참조.

아들여지는 자기 부정, 동일성의 유기遺棄, 단순히 거부에 집착하지 않고 소멸로, 존재의 상실로, 사유로 열리는 자기 거부이다. '나는 그렇게 하지 않을 것이다Je ne le ferai pas'는 강력한 모순을 야기하면서 어떤 강력한 결심을 여전히 의미했을 것이다. "……**않고 싶습니다**Je préférais ne pas"는 변증법이 개입할 여지를 남겨 두지 않으면서 참을성의 무한으로 들어간다. 말하자면 우리는 존재 밖으로, 부동으로 남아 있는 파괴된 인간들이 한결같이 느린 발걸음으로 걸어가면서 오고 가는 바깥의 장으로 떨어졌던 것이다.

❖ 수동성에 척도가 없다. 다시 말해 그것은 존재를, 존재 끝에 놓인 존재를 넘어선다——그것은 한 번도 존재한 적이 없었던 지나간 어떤 과거의 수동성이다. 즉 과거의 한 사건이 아니라, 기억될 수 없는 과거(『하느님』Le Très-Haut)로——그 과거는 자체가 회귀하는 것으로 체험될지도 모를 현재의 시간을 회귀에 따라 흩트려 놓으면서 되돌아온다——암시되고 납득된 카오스이다.

❖ 수동성. 우리는 수동성이 요구되는 상황들을 떠올려 볼 수 있을 것이다. 불행, 집단수용소에 갇힌 상태에서 종국에 으스러지는 것, 주인이 없는데도 노예가 되는 예속, 욕구 그 밑바닥으로 떨어지는 것, 죽음이라는 치명적 결말에 주의를 기울일 수 없는 죽어감, 모든 경우에 우리는, 설사 왜곡된 어떤 근사치의 지식을 통해서라 할지라도, 공통된 특성들을 알고 있다. 익명성, 자기 상실, 모든 최고주권의, 그러나 마찬가지로 모든 종속 관계의 상실, 거주의 상실, 장소 없이 범하는 실수,

현전의 불가능성, 흩어짐(분리).

❖ 나(동일자)와 타인의 관계에서, 타인은 멀리 있는 자, 낯선 자이다. 그러나 내가 관계를 뒤집는다면, 타인은 마치 내가 타인인 것처럼 나와 관계한다. 그에 따라 그는 나로 하여금 나의 동일성으로부터 빠져나오게 만들며, 또한 으스러지기까지 나를 압박해 들어오고, 전적으로 가까이 들어오는 데에 따르는 압력을 통해 나로부터 일인칭으로 존재하는 특권을 빼앗으며. 나 자신에게서 뿌리 뽑힌 나를, 자기가 박탈된 수동성 (타자성 자체, 단일성을 갖지 못한 타자) 속에, 예속된 자 또는 환자로 남겨 둘 뿐이다.

❖ 수동성에 따르는 참을성 속에서 나는 아무나 대체할 수 있는 자이며, 원래 없어서는 안 되는 자가 아니지만, 그렇다고 다른 무엇을 위해, 다른 무엇에 의해 응답할 일을 면제받은 자는 아니다. 말하자면 나는 빌려 온 단수성, 만남의 단수성 ——사실상 (레비나스Levinas)가 말하는 대로) **볼모**otage의 단수성 가운데 있다. 볼모는 스스로 하지 않았던 어떤 약속의 보증인, 동의하지 않고 선택되지 않은 보증인이며, 자신의 자리를 확보하고 있지 못한 대체될 수 없는 자이다. 바로 타자, 언제나 나에게서 내 자신을 빼앗아 갔던 타자에 의해 나는 동일자이다. 타자, 만일 그가 내게 도움을 요청한다면, 이는 마치 맨 처음으로 온 자나 인간들 가운데 최후의 인간이 아닌, 내가 아닌, 즉 어떠한 점에서도 나 스스로 되기를 원할지도 모를 유일한 자가 아닌 어느 누구에게 도움을 요청하는 것과 같다. 바로 그 점에서 그는 나의 죽어감 그 자체에

호소하면서 수동성 속에 나의 위치를 지정한다.

 (내가 감당하고 있는 책임은 나의 것이 아니며, 내가 나일 수 없게 만든다.)

❖ 수동성에 따르는 참을성 속에서 나는 자아로부터 빠져나오며, 그에 따라 이 바깥에서, 비-존재가 규정되지도 못하고 존재가 결여된 곳에서 참을성이 강요되는 시간은, 시간의 부재의 시간 또는 현전이 배제된 회귀의 시간은, 죽어가는 자의 시간은 지주支柱를 찾지 못하며, 그 자체를 지탱하고 감당할 어떤 자도 찾지 못한다. 만일 그렇다면 깨져 나가 무한히 흩어져 가는 언어 이외의, 즉 파편적인 언어 이외의 다른 언어에 의해 과연 그 시간이 표식으로(그 시간을 현전하게 하지 않고, 이름으로 규정하는 말에 묶이지 않게 하는 표식으로) 남을 수 있는가? 그러나 경험할 수 없는 파편적인 그것은 마찬가지로 우리를 벗어난다. 침묵이 그것을 대신할 수 없으며, 더 이상 말할 줄 모르면서 입을 다물 줄도 모르는 것의 묵언默言이 가까스로 그럴 수 있을 것이다.

❖ 타자의 죽음: 이중의 죽음, 왜냐하면 타자는 이미 죽음 가운데 있고, 죽음에 대한 강박처럼 나를 짓누르기 때문이다.

❖ **나의 타인과의** 관계에서 타인은 내가 이를 수 없는 자, 분리되어 있는 자, 하느님le Très-Haut이며, 나의 힘을 벗어나 있는 자, 따라서 힘없는 자, 낯선 자이고, 헐벗은 자이다. 그러나 **타인의 나와의** 관계에서 모든 것이 뒤집어지는 것처럼 보인다. 말하자면 멀리 있는 자는 가까운

자가 되고, 그 가까움은 나를 침해하고 짓누르며, 마치 (타인에 대한 나의 초월성을 가늠하는) 분리작용이 내 안에서 일어나는 것처럼, 나를 나로부터 분리시키고, 나의 정체성을 박탈하며, 나를 주도권도 현재도 없는 수동성 속에 내버려 둔다. 그에 따라 타인은 차라리 집요한 자, 월등한 자, 나아가 박해자가, 나에게 압력을 가하고 나를 괴롭히고 파멸로 이끄는 자가 된다. 그는 나에게 반대하는 것만큼이나 의무를 떠맡기는데, 나로 하여금 자신이 저지른 범죄를 책임지게 하고, 나의 것일 수 없는 척도 없는 책임——왜냐하면 그것은 '대속substitution'까지 요구할 것이기 때문이다——을 떠맡게 한다. 그러한 관점에 따라 타인의 나와의 관계가 만일 우리를 정상과 비정상이 같은 의미를 갖게 되는, 세계——존재——의 밖으로 때 이르게 떨어지게 만든다면, 그 관계는 사도마조히즘의 형태로 나타나게 될 것이다.

레비나스의 표현대로 타자가 동일자를 대체하고 동일자가 타자를 대속하는 한, 바로 나——나 없는 나——안에서 이제부터 초월성의(어떤 초월성의) 특징들이 표시된다는 사실은 여전히 변함이 없다. 그 사실로부터 이러한 고도의 모순에, 지고한 의미가 있는 이러한 역설에 이르게 된다. 즉 수동성이 나를 무위無爲에 내버려 두고 파괴하는 곳에서, 동시에 나는 자신을 초과할 뿐만 아니라 스스로 맡으려고 시도할 수 없는 책임(왜냐하면 나는 아무것도 할 수 없고 더 이상 나로 존재하지 않기 때문이다)에 강제로 묶인다는 것이다. 바로 그 책임을 떠맡고 있는 수동성이 **말함**Dire일 것이다. 왜냐하면 모든 말하여진 것dit 이전에, 또한 존재 밖에서 (존재 안에서라면 단순한 대립관계와 상관관계를 통해 수동성이 있고 능동성이 있으며, 무기력과 역동성이, 비자발적인 것과 자발적인 것이 있다) 말함은 내어 주고, 불가능한 것에 응답하고 불가능한 것을 책임지면서 응답을 주기 때문이다.

그러나 역설로 인해 애매성이 사라지지 않는다. 타인이 나를 급진적 자기 상실에 이르기까지 짓밟을 때, 자아를 박탈당한 내가 가장 수동적인 수동성을 (체험할 수 없는 채) 감당해야 하는 시련에 놓여 있다면, 내가 여전히 상대해야 하는 자는 타인인가? 오히려 주인으로서의 '나'가, 이기주의적 힘의 절대가, 가차 없는 박해에 이르기까지 힘을 쓰고 있는 압도하는 지배자가 아닌가? 달리 말해 내 안의 익명적 정념인 가장 오래 견지해야 하는 참을성으로 나를 열리게 하는 박해, 나는 내 자신의 동의 바깥에서 그 박해를 떠맡으면서 책임져야 할 뿐만 아니라 지식으로 되돌아오면서(가능하다면 되돌아오면서—왜냐하면 그러한 회귀가 없을 수도 있기 때문이다) 아는, 자신이 타인이 아니라 절대적인 '나'에, 이기적인 전능한 힘, 살기 돋친 의지에 노출되어 있다는 사실을 아는 자아로 되돌아오면서, 또한 거부와 저항과 전투를 통해 그 박해에 응답해야만 한다. 물론 그에 따라 그 살기 돋친 의지는 나를 그 자체의 게임으로 이끌며 나를 그 자체의 공모자로 만든다. 바로 그렇기 때문에 적어도 두 가지 언어 또는 두 가지 요구가 언제나 있어야만 한다. 하나는 부정성 négativité을 임무로 수행해야만 한다는 변증법적 요구이고, 다른 하나는 중성적인 것 le neutre이 존재 그리고 비-존재와 뚜렷한 대조를 이루고 있는 비변증법적 요구이다. 마찬가지로 말하는 자유의 주체이어야만 하는 동시에, 죽음이 가로질러 가고 있으며 자신을 드러내지 않는 수동적이고 참을성 있는 환자처럼 사라져 가야만 한다.

❖ 연약함, 그것은 눈물 없이 우는 것, 하소연하는 목소리의 웅얼거림 또는 말없이 말하는 희미한 소리이며, 외현 外現, apparence이 근절되고 고갈되어 가는 데에 있다. 연약함은, 죽어감의 수동성에 대해 아무것도 할 수 없는 모든 폭력(설사 그것이 압제적인 최고주권이라 할지라도)으로부터 벗어나 있다.

❖ 우리는 말의 상실 —— 임박해 있고 기억될 수 없는 어떤 카오스—— 위에서 말한다. 그러나 아무것도 결국 말하지 않기 위해서가 아니라 말한다는 것이 말(했거나 해야 하거나 철회하면서 해야 할 à dédire 말) 속에서 멈추지 않기 위해, 그 카오스에 대해 일종의 예변법 豫辨法에 따라 철회하면서 말한다는 사실을 미리 납득시킬 수 있는 한에서만 우리는 아무것도 말하지 않는 것이다. 즉 우리는 어떤 것(말의 상실, 눈물 없이 우는 것, 죽어감의 보이지 않는 수동성 ——**인간의 연약함**——에서 불완전하게 표명되는 항복 降伏)이 말해지지 않으면서 말하여진다는 사실을 예감하게 하는 것이다.

❖ 타인이, 내가 그에게 진 빚으로 남아 있는 영원한 호소 이외에 다른 의의를 갖고 있지 않다는 것, 타인이 나 이외의 다른 어느 누구도 응답할 수 없는 끝없는 구조 요청이라는 것은 나를 대체될 수 없는 자로 만들어 놓지 않고, 더욱이 유일한 자로 만들어 놓지 않지만, 헌신의 무한한 움직임 속(거기서 나는 임시적으로 단수적인 자, 단일성의 시뮬라크르일 뿐이다)에서 나를 사라지게 만든다. 다시 말해 특별한 어느 누구에게 전해지지 않고, 나의 결단을 바라지 않으며, 나를 탈개체화시키

기까지 나를 넘어서는 요구로부터, 나는 (스스로 가치 있기 위해서든, 존재하기 위해서든) 어떠한 정당성도 끌어낼 수 없다.

❖ 그치지 않는 것을 중단시키는 것, 그것이 파편적 글쓰기에 고유한 것이다. 말하자면 그 중단은 그치지 않는 그것과 같은 의미를 갖고 있으며, 양자 모두는 수동성의 작용에 따라 나온다. 힘도, 주도권도, 최초의 어떤 결단도 지배적이지 않은 곳에서, 죽어간다는 것은 살아간다는 것, 즉 우리가 기다리면서 ─다가오는 것이 아니라 언제나 와 있지만 현전할 수 없는 어떤 불행을 기다림─견뎌 내는 어떤 현재 없는 시간의 카오스와 뒤섞여 있고 삶 자체로부터 벗어나 있는 수동적 삶인 것이다. 그러한 의미에서 미래와 과거는 무차별성에 내맡겨져 있다. 왜냐하면 둘 모두에 현재가 없기 때문이다. 그로부터 파괴된(파괴 없이 파괴된) 인간들은 마치 외현으로 나타나지 않는 것처럼 (설사 우리가 그들을 볼 때라도) 보이지 않는다는 사실이, 또한 그들은 바로 타인들의 목소리를 통해서 ─그들이 의식하지 않고 감당하는 침묵하는 불행을 책임지도록 타인들에게 강요함으로써, 어쨌든 타인들을 기소하고 소환하는 언제나 다른 어떤 목소리를 통해서─ 말한다는 사실이 비롯된다.

❖ 그렇다면 마치 그는 이렇게 말하는 것 같다. '모두에게 행복이 찾아올 수 있기를. 그러나 그렇게 염원하면서 내가 행복으로부터 제외된다는 조건하에서.'

❖ 만일 타인이 나의 적이(헤겔에게서 때때로 타인은 나의 적 ─ 하지만 호의적인 적 ─ 이며, 특히 사르트르의 초기 철학에서 그렇다) 아니라면, 어떻게 타인이 나로부터 나의 동일성을 뿌리째 뽑아 가는 자, 또한 자신의 위치 ─ 가까운 자의 위치 ─ 가 주는 압력으로 내게 상처를 입히고 나를 지치게 하며, 나를 괴롭히면서 뒤쫓는 자가 될 수 있는가. 타인은 자아 없는 나로 하여금 그렇게 괴롭히는 것에 대해, 내가 폐위되면서 그렇게 지쳐 가는 것에 대해 책임지게 하는 것이다. 그렇다면 책임진다는 것은 극단적으로 겪어 낸다는 것subissement*이다. 즉 내가 응답하면서 책임져야만 하는 그것이다. 반면 나는 응답을 받지 못한 채 있으며, 자아를 박탈당한 채 다만 빌려 온 자아의 시뮬라크르 또는 동일자의 '대리인tenant lieu'으로서만, 즉 법규에 따라 위임받은 대리인으로서만 있을 뿐이다. 책임, 그것은 무고함에도 불구하고 유죄를 선고받는 것이며, 나로 하여금 다른 모든 타격들을 보다 더 잘 느끼게 하는 이전부터 언제나 받아 왔던 타격일 것이다. 그것은 창조 또는 탄생에서 비롯된 외상外傷이다. 만일 피조물이라는 것이 "자신의 상황과 관련해 타자의 호의에 빚지고 있는 자"라면, 나는 나의 탄생 이전의 책임에 따라 책임지는 자로 창조된다. 그만큼 책임은 나의 동의와 나의 자유 외부에 놓여 있으며, 어쩌다 숙명처럼 되어 버린 어떤 호의 덕분에 내가 모두의 불행인 타인의 불행에 눈뜨게 된 것이다. 레비나스는 타인이 거북하다고 말하지만, 이는 또다시 사르트르적인 관점을 보여 주지 않는가? 다시 말해 존재의 결핍이 아니라 존재의 과잉

---

* [옮긴이] 47쪽 각주 참조.

이, 내가 포기하기를 원하지만 무관심할 수 없는(무관심할 수 없는데, 왜냐하면 무관심 속에서조차, 자신의 자리를 붙들고 있도록, 자신의 보좌관lieu-tenant 그 이상이 되도록 나를 몰아가는 자는 여전히 타자이기 때문이다) 잉여가 우리에게 가져오는 구토la nausée를 보여 주지 않는가?

❖ 아마 이러한 하나의 응답이 있을 수 있을 것이다. 타인이 내가 자아 없이 헐벗은 데에 이르기까지 나를 의문에 부친다면, 이는 타인 그 자신이 절대적 헐벗음이기, 내 안의 자아를 형벌supplice에 처하라고 부인하는 탄원supplication이기 때문이다.

❖ 연관 없는 자, 그는 (어떤 사람[나]과 타자가 전체를 이룰 수도, 같은 시간 안에 서로 묶여 있을 수도, 즉 동시간적일 수도 없다는 의미에서) 먼저 나에 대한 타인이며, 이어서 나에 대한 타자로서의 나, 내 안에서 나와 일치하지 않는 그것이다. 나의 영원한 부재, 어떠한 의식도 포착할 수 없고 작용도 효과도 없으며 수동적 시간 자체인 그것, 나를, 아무것도 분유分有하지 못하지만 모두에게 공동으로 속한 자로 만드는 죽어간다는 것이다.

❖ 타인, 나는 그를 설사 무한히 받아들인다 할지라도 받아들일 수 없다. 거기에 모사謨事, intrigue의 새롭고 어려운 특징이 있다. 가까운 자인 타인은 내가 감당할 수 없는 관계를 이루며, 그 관계의 다가옴은 죽음 자체, 치명적인 근접상황이다. (신神을 보는 자는 죽는다. 즉 '죽어간다는 것'은 보이지 않는 것을 보는 하나의 방법, 말할 수 없는 것을 말하는

하나의 방법 ──어쨌든 필연적으로 진리를 갖지 못한 신dieu이 되어 버린 신 자체Dieu로 하여금 수동성을 따르게 만드는 비밀 누설 ──이다.)

❖ 만일 타자가 접근하면서 나를 기진맥진하게 만들기까지 독촉하는 와중에 내가 타자를 맞아들일 수 없다면, 바로 위태로운 **연약함**(이 '모든 것에도 불구하고 기어코'에 불행하게도 따르고자 하는 가소롭고 광기 어린 나, 타자와 마주한 나의 어떤 부분)에 따라 나는 괴저壞疽에 걸려 썩어 들어가면서 완전히 소외된 나와 나 자신의 이 또 다른 관계 안으로 들어가도록 부름을 받고 있는 것이다(마찬가지로 최초 몇 세기 동안 유대인들은 바로 로마 성벽 아래의 문둥병자들과 걸인들 사이에서 메시아를 발견할 수 있으리라고 생각했다).

❖ 타인이 멀리 있는 자(절대적으로 먼 곳으로부터 와서 그 흔적을, 영원과 기억될 수 없는 과거의 흔적을 간직하고 있는 얼굴)인 한, 오직 타인이 나에게 지시하는 얼굴과의 관계만이, 부재하는 자의 흔적을 통해, 존재 **너머에** 위치한다 ──따라서 그 관계는 나 자신이나 자기성自己性, ipséité에 귀속되지 않는다(레비나스는 "나 자신에 의해 정의될 수 없는 어떤 제삼자가 존재 너머에 있다"라고 썼다). 그러나 타인이 더 이상 멀리 있는 자가 아니라 나를 자신의 급진적 수동성으로 열리게 만들 만큼 나를 짓누르는 가까운 자일 때, 이번에는 기소되어 박해받는 상처 입은 노출된 주체성이, 차이에 내맡겨진 감수성으로서의 주체성이 존재 밖으로 떨어지며, 타인에게 넘겨주는 선물 자체 ──기호의 증여 ──를 통해 그 자체 한정 없이 희생됨으로써 존재 그 너머를 의미

한다. 타인 그리고 얼굴과 마찬가지로 그 주체성은 질서를 교란시키고 존재와의 단절점을 이루는 수수께끼이다. 다시 말해 그것은 예외적인 것의 예외성이고, 현상 밖에, 경험 밖에 놓여 있다.

❖ 수동성과 물음. 아마도 수동성이 물음의 끝에 놓여 있을 것이다. 그러나 수동성은 여전히 물음의 영역 내에 속해 있는가? 카오스는 의문에 부쳐질 수 있는가? 대답·물음··긍정·부정이 아마도 개입하겠지만 어떠한 결론도 가져오지 않는 그러한 언어를 어디에서 찾을 것인가? 모든 표식에, 금지의 표식과 마찬가지로 예언의 표식에 붙들리지 않는 말함이 어디에 있는가?

❖ 레비나스가 언어를 접촉이라고 정의할 때, 그는 언어를 직접성 immédiateté이라고 정의하는 것이며, 그것은 중대한 결과들을 가져온다. 직접성이 절대적 현전을, 모든 것을 뒤흔들고 모든 것을 뒤집는 그것을 가리키는 것이다. 직접성은 부재하지 않지만 접근해 오지도 않는 무한을 가리키고, 하나의 요구가 아니며, 신비한 융합 속으로 우리를 납치해 간다. 직접성이 다만 모든 매개로부터 벗어나는 데에 있는 것만은 아니다. 또한 그것은 더 이상 말할 수 없는 현전의 무한인데, 왜냐하면――윤리적이든 존재론적이든――관계 자체가 어둠 없는 하룻밤에 단번에 소멸되기 때문이다. 즉 거기서 관계의 항들도, 관계도, 저 너머도 더 이상 없는 것이다――거기서 신 자체도 무화되어 버린다.

또한 직접적인 것이 과거라는 견딜 수 없는 역설을 받아들일 수 있어야만 할 것이다. 그에 따라 우리는 카오스를 말할 수 있다. 직접적인 것에 대해 더 이상 우리가 생각할 수 없는 것과 마찬가지로, 절대적 수동의 과거에 대해 우리는 생각할 수 없는 것이다. 어떤 망각된 불행을 우리가 우리 자신 안에서 참아 낸다는 것은, 절대적 수동의 과거가 무의식적으로 이어져 왔다는 표식인 것이다. 우리가 참을 때, 우리는 우리 자신에게 현재 침투하지는 않지만 우리를 기억되지 않는 한 과거로 되돌려 보내는 어떤 무한한 불행과 관계하고 있다. 즉 우리의 불행 또한 불행으로서의 타인과.

❖ 책임, 이 진부한 단어, 가장 손쉬운 도덕(정치적 도덕)이 우리에게 하나의 의무로 만들어 놓은 개념, 그것을 레비나스가 새롭게 한 대로, 그가 (여러 관점에서 영원의 철학*으로 남은) 어떤 또 다른 철학을 통해 책임을 (모든 의미 너머에서) 의미하기까지 열어 놓은 대로 받아들이도록 해야만 할 것이다. 책임자, 일반적으로 이 말은 산문적이고 부르주아적인 관점에서 한도 내에서 행동하고 상황의 모든 요소들을 고려하고 계산하며 결정하는, 성숙하고 명철하며 자각한 인간을, 성공한 행동의 인간을 규정한다. 그러나 이제 책임 ——타인에 대한, 모두에 대

---

* 늦게 붙인 주석. 지나친 모호함이 있어서는 안 될 것이다. 우리는 보편성에 대한 요구가 잔존해 있는 '그리스적'이라 불리는 언어와 겉보기에 단절되지 않은 한에서 '영원의 철학'을 말하고 있는 것이다. 그러나 레비나스와 함께 언명되거나 차라리 표명되는 것, 그것은 어떤 과잉, 보편적인 것 그 너머, 여전히 사유되기를 **기다리고** 있으며 유대적이라고 말할 수 있는 어떤 단수성이다. 그 점에서 그것은 예언자적이다. 언제나 이미 사유된 것으로 남기 위해 언제나 똑같은 것으로 남아 있는 사유를 넘어서는 유대주의, 하지만 그 유대주의는 도래할 사유에 대한 책임을 떠맡는다. 거기에 레비나스의 또 다른 철학이 우리에게 **선물로 주고 있는** 것이, 즉 책무와 희망, 희망에 대한 책무가 있다.

한, 상호성에 기초하지 않은 나의 책임——은 자리를 옮겨 가고, 의식의 소관이 더 이상 아닌 것이 되며, 활동적 반성이 발효된 결과가 아니고, 바깥과 안에서 부과되는 어떤 의무조차 아니다. 타인에 대한 **나의** 책임은, '나'의 위치의 변화에만, 시간의 변화와 아마 언어의 변화에만 표시되는 어떤 전복을 가정한다. 나를 내가 세운 질서로부터——아마 모든 질서로부터——끄집어 내는 책임은 (내가 주인, 권력, 말하는 자유로운 주체인 한에서) 나로 하여금 나 자신으로부터 떨어져 나오게 만들고 나의 **자리**에서 타자를 발견하게 하면서, 부재를, 수동성을, 책임지는 자가 될 수 없다는 불가능성을 책임지게 만든다. 그 불가능성으로, 한도 없는 책임이 나를 탕진시키고 탈선시키면서 이미 언제나 나아가 있도록 만들어 왔던 것이다. 거기에 아무것도, 주체와 마찬가지로 주체성도, 개인의 인격과 마찬가지로 개인도 손상시키지 않은 채로는 내버려 두지 않는 역설이 있다. 만일 내가 책임을 현전의-의식(의지·결심·관심·빛 그리고 반성에 따른 행동, 아마 마찬가지로 비-의지·비동의·무상無償·비활동 그리고 의식-무의식으로부터 유래하는 어둠)과 연관시키지 않음으로써만 그것에 대해 말할 수 있다면, 책임이 더 이상 어떠한 토대도 없고 어떠한 뿌리도 고정되어 있지 않는 곳에 뿌리내리고 있다면, 그에 따라 만일 책임이 모든 기반을 가로질러 가고 있고 개인적인 어떠한 것에 의해서도 떠맡을 수 없는 것이라면, 어떻게——나 자신의 정립을 금지하고 단지 나를 이미 언제나 전제되어 있는 자로 정립시키는 (이는 나를 전적으로 수동적인 것에 넘겨준다) 관계에서——우리가 불가능한 것에 응답하는 것과 다른 방식으로, 일반적인 도덕의 언어가 질서 유지를 위해 가장 쉽게 사용하는 이 단어에서 표명되고 있는 수수께끼를 받아들일 수 있겠는가? 만일 책임이 나를 자아로부터, 단수적인 것을 개인적인 것으로부터, 주체적인 것을 주체로부터, 비-의식non-conscience을 모든 의식적이고 무의식적인 것으로부터 빠져나오게 만드는 그것이라면, 그에 따라 책임이 나를 이름 없는 수동성에 노출시켜서 나를 오직 그 수동성에 의해서만 무한한 요구에 응답하는 데에까지 이르게 만든다면, 물론 나는 그것을 책임이라 부를 수 있을 테지만, 나는 신을 책임지는 자로 자신을 인식한다는 사실이 책임(의무를 지지 않은 채로 있어야만 한다는 의무)을 벗어던지는 은유적 방법에 불과하다는 사실을 깨달으면서 단어의 오용에 따라 부적당하게 그렇게 하는 것이다. 마찬가지로 죽어감(모든 죽어감)에 대해 책임진다고 자임하면서 나는 어떠한 윤리에도, 어떠한 경험에도, 어떠한 실천이 되었든——다만 살아가는 것에 역행하는 실천만을, 즉 비-실천의 실천만을, 즉(아마도) 씌어지는 어떤 말의 실천만을 제외하고——실천에도 호소할 수 없는 것이다.

 그러나, 우리의 이성과 뚜렷이 대립되지만, 그렇다고 우리로 하여금 어떤 비합리적인 것의 안일함으로 나아가게 하지 않는 이 단어 책임이, 마치 언제나 고유하지 못한 우리의 죽음과 같은 타자의 죽음에, 모든 죽음에 우리가 관계하고 있는 것 같다는 부당함과 유사한 부당함에도 불구하고 우리가 오직 마지못해서만, 삶을 거슬러서만 말할 수 있는 알려지지 않은 어떤 언어로부터 나온다는 것은 여전히 사실이다. 따라서, 우리에게 카오스를 이해하지도 견뎌 내지도 못했을지라도 카오스로 돌아서기를 권유하는 이 이해할 수 없는 단어(카오스적인 무거움 간직한 단어)를 납득하기 위해, 우리는 언제나 명령으로 표명해야 하지만 아직 한 번도 쓰여지지 않은 어떤 언어를 향해 돌아서야만 한다. 그로부터 결코 타인을 가볍게 해주지 않는(나를 그로부터 가볍게 해주지도 않는) 책임이 그 자체로 카오스적이며, 타인에게 빚지고 있는 말과 관련해 우리를 묵언黙言 가운데 남아 있게 만든다는 사실이 비롯된다.

또한 가장 먼 것의 가까움에, 가장 가벼운 것의 압력에, 접촉되지 않은 것의 접촉에, 나는 바로 **우정**에 의해서만, 흔적을 남기지 않고 과거로 지나가 버린, 상호성이 배제되어 있기에 어떠한 것도 분유分有할 수 없는 어떤 우정에 의해서만, 모르는 자의 비-현전에 대한 수동성의 응답에 의해서만 응답할 수 있다.

❖ 수동성은——또 다른 언어, 비변증법적인 요구의 언어에 주어진 그것은——하나의 임무이며, 마찬가지로 부정성négativité도 하나의 임무이다. 변증법이 우리에게 가능한 모든 것들을 완성시키기를 요구할 때, 조금만 우리가 (세계에서의 힘과 지배력에 의해 시간에 협력하면서) 시간을 자신의 전 시간을 갖도록 내버려 둘 줄 안다면 그렇다. 이 이중의 임무의 말에 따라, 현재 없는 어떤 시간 **그리고** (현전을 만족시키기 위해) 시간의 모든 가능성들을 끝까지 추구할 수 있는 역사 사이의 애매성 속에서 살아가고 죽어간다는 필연성이 있는 것이다. 다시 말해 뒤돌아보지 않는 결단 그리고 어쩔 수 없는 광기(그것은 사유된 내용일 수 없는 광기인데, 그것을 사유가 포괄할 수 없을뿐더러, 의식도 무의식도 그 위상을 지정해서 규정할 수 없기 때문이다)가 필연적인 것이다. 그로부터 윤리와 더불어 윤리의 조정 기능(정의正義와 책임)에 호소하

려는 시도가 나오지만, 이번에는 윤리가 광기 어리게 될 때(이때 윤리는 반드시 그래야만 한다), 도대체 윤리는, 우리의 행동에 어떠한 권리도, 어떠한 자리도, 어떠한 구원의 가능성도 남겨 두지 않는다는 사실을 보여 주는 징표인 통행증 이외에 어떠한 것을 우리에게 가져다주는가? 윤리는 오직 이중의 참을성이 지속되는 것을 허락할 뿐이다. 왜냐하면 참을성도 이중적이기, 그것 또한 세계에서의 참을성이자 세계가 아닌 곳에서의 참을성이기 때문이다.

❖ 주체성이라는 단어를 사용한다는 것은 책임이라는 단어를 사용한다는 것만큼이나 수수께끼이다──나아가 보다 더 논란의 여지가 있는데, 왜냐하면 그 단어는 우리가 갖고 있는 정신적 부분을 살려 내기 위해 선택된 것 같은 명칭이기 때문이다. 그러나 주체가 육화시키는 특권을, 몸, 나의 감각적 몸이 나의 것으로 체험하게 만드는 이 사적인 현전을 잃어버리지 않으면서 주체의 밑바닥으로 내려가기 위해서가 아니라면, 왜 주체성이라는 단어가 필요한가? 그러나 만일 소위 '주체성'이 **나의 자리**를 대신하는 타자를 가리킨다면, 그것은 객관적이지 않은 만큼 주관적이지도 않고, 타자는 내면성이 없으며, 익명이 타자의 이름이고, 바깥이 타자의 사유이며, 관련되어 있지 않다는 사실이 바로 그가 침해를 가져온다는 사실이고, 또한 회귀가 그의 시간이다. 만일 그의 삶이 극단을, 즉 몸 안의 누구의 것도 아닌 것을 몸으로 선물함으로써 맞아들여야만 하는 것이라면, 죽어감의 수동성에, 마찬가지로 중성 中性, neutralité에 그의 삶이 놓여 있기 때문이다.

❖ 수동성은 단순한 수용성이 아니며, 마찬가지로 모든 형태에 맞도록 **준비된**, 무형태·무활성無活性의 질료에 있지 않다. 죽어감의 수동적 격동poussée(죽어간다는 것, 침묵의 강도, 맞아들일 수 없는 것, 말없이 기입되는 것, 과거의 몸, 어느 누구의 것도 아닌 몸, 간극 내의 몸, 즉 존재의 유예, 현재에 의미를 갖지 않으며 이야기할 수 없는 원시原始의 이야기라고만 떠올릴 수 있는 절분切分, 시간의 절단으로서의 절분)에 있다. 수동적인 것은 이야기가 아닌 것, 인용을 비껴 가고 기억이 기억할 수 없는 것 ─사유로서의 망각, 다시 말해 이미 언제나 기억 밖으로 떨어져 있기에 망각될 수 없는 것 ─이다.

❖ 나는 한계의 궁극을 갖고 있지 않은 것을 카오스라고 부른다. 말하자면 궁극적인 것을 카오스 속으로 가져오는 것을.

❖ 카오스는 나 자신을 물음 가운데 던져 놓지 않으며, 오히려 물음을 거두어들이고, 물음을 사라지게 만드는데, 물음과 함께 '내'가 외현으로 나타나지 않는 카오스 속으로 사라져 버리는 것이다. 사라져 간다는 그 사실은 하나의 사실이, 하나의 사건이 분명 아니다. 그것은 도래하지 않는데, 왜냐하면 ─가정 자체가 관건이라면─ 그 경험을 겪어낼 '내'가 존재하지 않기 때문이기도 하지만, 언제나 카오스가 발생 그 이후에 발생하는 것이라면, 또한 카오스에 대한 경험이 있을 수 없기 때문이다.

❖ 타자가 나와 관계하면서 내 안의 모르는 자가 나 대신 자신에게 응

답하도록 할 때, 바로 그 응답이, 선택될 수 없고 현실태로 체험될 수 없는 기억될 수 없는 우정일 것이다. 다시 말해 주체 없는 수동성에서 봉헌된 부분의, 자기 밖에서 죽어감의, 나르시스적이지 않은 고통과 향락 속에서 어느 누구에게도 속해 있지 않은 몸의 응답인 것이다.

❖ 우정은 하나의 선물이, 하나의 약속, 하나의 종에 고유한 관대함이 아니다. 공통의 척도로 잴 수 없는, 나와 타자의 관계, 즉 우정은, 절연되어 있고 접근 불가능하기에 연관되어 있는 바깥에 있다. 욕망, 순수하지 못한 순수한 욕망은 거리를 뛰어넘으라는 부름 가운데, 분리를 통해 공동으로 죽어가도록 부르는 것 가운데 있다.

만일 우정이 끊임없이 죽어감으로써만 들을 수 있고 들리게 할 수 있는 응답이라면, 죽음은 갑자기 무력한 것이 되어 버린다.

❖ 침묵을 지킨다는 것. 침묵은 지켜지지 않으며, 침묵을 지킨다고 자부하는 작품을 무시한다──침묵은 아무런 기다릴 것이 없는 기다림이 요구하는 것이며, 설사 총체성의 담론이라고 여겨질지라도 순간 방출되어 소진될, 떨어져 나와 끊임없이 파편화될 언어가 요구하는 것이다.

❖ 어떻게 수동적인 과거와 관계에, 그 자체 의식의 빛에 현전할 수 없는(무의식의 어둠에 부재할 수도 없는) 관계에 놓일 수 있는가?

❖ 자아-주체를 포기한다는 것은 의지적인 포기가 아니며, 따라서 비

의지적 단념도 아니다. 주체가 부재하게 될 때, 주체의 부재 또는 주체 자체인 죽어간다는 것은 실존의 모든 문장을 전복시키고, 시간을 시간의 질서로부터 빠져나오게 만들며, 삶을, 우정에서 결코 밝혀 드러나지 않고 알려지지 않은 부분에 노출시켜 수동성으로 열리게 한다.

❖ 연약함은 오직 인간만의 것일 수밖에 없을 것이다. 설사 연약함이 인간 안의 비인간적인 부분이고, 무-력無-力의 중대함에서, 또한 짓누르지 않고 사유하지 않는 우정 ─사유하는 비-사유, 사유되도록 내버려 두지 않는 사유의 그 유보─ 의 염려하지 않지 않는 가벼움에서 드러난다 할지라도 그렇다.

수동성은 동의하지도 거부하지도 않는다. 그렇다도 아니다도 아니며 의향을 갖고 있지 않고, 오직 수동성에만 중성적인 것le neutre의 무한정성이, 시간에 저항하지 않으면서 시간을 견뎌 내는 통제되지 않은 참을성이 부합할 것이다. 수동성의 조건은 어떤 무조건이다. 수동성은 어떠한 보호 아래에도 있을 수 없다는, 어떠한 파괴를 통해서도 침해될 수 없다는, 주도권을 잡지도 못하지만 굴복하지도 않는다는 어떤 무조건적인 것이다──그 조건하에서 아무것도 시작되지 commence 못한다. 또한 다시 시작한다recommencement는 이미 언제나 말하여진 (묵언의) 말을 우리가 듣는 곳에서, 우리는 어둠 없는 밤으로 다가가는 것이다. 수동성은 환원될 수 없는 것-양립될 수 없는 것, 인간성(인간속人間屬)과 양립될 수 없는 것이다. 불행에서조차 폭로되지 않는 인간의 연약함은, 우리가 죽어갔던 기억될 수 없는 과거에 매 순간 우리가 속해 있다는 사실로부터 우리를 전율하게 한다──그에 따라 우리는 언제나 무한히 파괴된 자들로서 파괴될 수 없는 자들인 것이다. 우리가 파괴된다는 사실의 무한, 그것이 수동성의 척도이다.

❖ 레비나스는 주체의 주체성 subjectivité du sujet에 대해 말한다. 우리가 그 단어를 보존하기를 원한다면——왜 그래야 하는가? 또한 왜 그러지 말아야 하는가?——, 아마도, 상처 입은 자리인, 어느 누구도 주인일 수 없고 말할 수 없는 이미 죽은 죽어가는 몸에 든 멍인, **주체 없는 주체성** subjectivité sans sujet에 대해 말해야 할 것이다. 거기에 나, 나의 몸이 있다. 단 하나의 치명적 욕망——죽어감에 대한 욕망, 고유하지 못하게 죽어간다는 사실을 넘어서지지 못한 채 다만 그 사실을 통과해 가는 욕망——이 움직이게 만드는 그것이 있다.

고독 또는 비-내면성 non-intériorité, 바깥으로의 노출, 울타리 밖에서 흩어짐, 자신을 닫아두고 굳건히 유지한다는 것의 불가능성——유형 지을 수 없는, 어떠한 속屬에도 속해 있지 않은 인간, 아무것도 대리하지 않는 대리인.

❖ 응답한다는 것: 물음에 대한 응답이, 물음을 더 커지게, 지속되게 만들고, 물음을 잠재우는 것이 아니라 오히려 물음에 새로운 섬광을 가져오고 칼 같은 어조를 부여하는 그러한 응답——물음을 가능하게 하는 응답——이 있다. 질문을 던지는 응답이 있는 것이다. 또한 결국에는 질문하지 않는 그러한 응답이 절대의 거리에 있을 것이다. 어떠한 물음도 적당한 것이 될 수 없을 것이고, 우리로 하여금 받더라도 무엇을 해야 할지 모르게 만드는 응답이 거기에 있을 것이다. 오직 그 응답

을 주는 우정만이 그 응답을 받을 수 있다.

    수수께끼(비밀)에——하나의 물음을 가져올 여지조차 없는 곳에서——틀림없이 물음이 부재하지만, 그 물음의 부재가 응답이 될 수도 없다. (지하에 숨어 있는 말.)

❖ **개념의 참을성**. 시작하기를 포기하기, 지식이 한 번도 새로운 것이었던 적이 없지만, 언제나 세월의 경과 그 너머에서, 오래되었다는 사실과는 무관하게 노쇠해 있다는 것을 알기. 이어서 지나치게 빨리 끝내지 않아야만 한다는 것을, 끝이 언제나 시기상조라는 것을 알기, 끝은, 유한이 무한의 접힌 부분일 뿐이라는 사실을 우리가 예감하지 못한 채, 우리 자신을 단 한 번에 결정적으로 맡겨버린 유한을 재촉한 결과라는 것을 알기.

❖ 응답하지 말 것, 또는 응답을 전해 받지 말 것, 그것이 규칙이다. 다시 말해 응답으로는 물음들을 멈추게 만들기에 충분하지 않은 것이다. 그러나 응답이 응답의 부재일 때, 이번에는 물음이 물음의 부재(억눌린 물음)가 되며, 말은 지나가서 한 번도 말해지지 않은 과거로, 모든 말의 과거로 회귀한다. 바로 그 점에서 카오스는 설사 명명된다 할지라도 언어 안에 형상화되지 않는 것이다.

❖ **보나벤투라** Bonaventura: "여러 번 반복해서 사람들은 나를 교회로부터 내쫓았는데, 내가 거기서 웃었기 때문이었고, 또 나를 사창가로부터 내쫓았는데, 내가 거기서 기도하기를 원했기 때문이었다." 자살:

"나는 내 뒤에 아무것도 남겨두지 않으며, 나는 도전하고자 하는 마음으로 가득차서 너를, 신神——또는 무無——을 만나러 간다……."
"삶이란 무가 입고 다니는 방울 달린 조끼일 뿐이다. 모든 것이 무이다……. 그렇게 무에서 시간이 멈추는 데에 따라 광인들은 영원을 듣지만, 사실 그것은 완벽한 무, 또한 절대적 죽음이다. 왜냐하면 오히려 삶이 끝나지 않는 죽음으로부터만 태어나기 때문이다(만일 우리가 그러한 생각을 마음 깊이 고려해 본다면, 그에 따라 우리는 즉시 광인들의 집에 이르게 될 것이지만, 나의 경우 그들을 단지 어릿광대들로 여길 뿐이다……)."

피히테Fichte: "자연 속에서 모든 죽음은 동시에 탄생이며, 바로 정확히 죽음 속에서 삶은 그 절정에 도달하게 된다." 또한 노발리스: "죽음으로 결론이 난 어떤 결합은, 우리에게 밤의 동반자를 내어 주는 결혼이다." 그러나 보나벤투라는 결코 죽음이 초월성의 희망과 관계한다고 생각하지 않는다. "신이여, 찬양 받으시라! 한 번의 죽음이 있고, 이후에 어떠한 영원도 없다."

❖ 참을성 가운데 극단적으로 임박해 오는 것이 있다. 참을성이 '나는 더 이상 시간이 없어'라고 말하는 것이다(또는 참을성 가운데 남겨진 시간은 시간의 부재, 시작 이전의 시간——어느 누구가 아무도 모르게 자신도 모르게 죽어가는, 말을 남기지 않고 어떠한 흔적도 남기지 않으면서, 따라서 죽지 않으면서, 즉 참을성 있게 비현상적으로 죽어가는, 비-현현非-顯現, non-apparition의 시간——이다).

❖ **보나벤투라**: "무 속에서 나 자신과 함께 나를 본다……. 시간과 함께 모든 다양한 것이 사라져 갔고, 거대하고 무서운 영원히 공허한 권태만이 군림했다. 나 밖에서 나는 나를 무화시키려 했지만, 나는 남아 있었고, 나 자신을 죽지 않을 자로 느꼈다."

❖ 자주 잘못 인용되거나 손쉽게 번역된 노발리스의 단언이 있다. 진정으로 철학적인 행위는 자기 자신을 죽이는 것(자기의 죽어감, 죽어가는 자기, **젤프스트모르트** Selbstmord가 아니라 **젤프스트퇴퉁** Selfsttötung, 동일자로부터 타자로의 죽음의 움직임)이다. 동일자의 죽음의 움직임으로서의 자살은 결코 계획될 수 없는데, 자살이라는 사건은 모든 계획과 아마 모든 사유나 모든 진리로부터 벗어나서 어떤 순환 속에서 완성되기 때문이다——그렇기에 그 사건은 증명될 수 없고 나아가 인식될 수 없는 것으로 느껴지며, 그것에 붙이는 모든 이유가 아무리 정당할지라도 합당하지 않아 보이는 것이다. 자신을 살해하는 것, 그것은 모두에게, 즉 자기 자신에게 금지된 공간 안에 자리 잡는 것이다. 말하자면 인간이 **비밀스럽고 비현상적인 것**과 관계한다는 것이 '자살'의 언제나 감추어져 있는 본질인데, 자살에서 죽음이 걸려 있기 때문이라기보다는, 거기에서 죽어간다는 것——수동성 자체——이 행동으로 변하고, 현상 밖으로 빠져나가는 행위로 드러나기 때문이다. 자살에 이끌리는 자는 보이지 않는 것에, 얼굴 없는 비밀에 이끌리는 것이다.

자신을 죽일 이유들이 있으며, 자살이라는 행위는 비이성적이지 않지만, 그 행위는 그것을 완성시켰다고 믿는 자를 이성으로부터(마찬가지로 그 이면인 비합리적인 것으로부터) 결정적으로 벗어난, 의지와 아마 **욕망**과도 무관한 공간 안에 가두어 둔다. 그에 따라 자신을 살해하는 자는, 설사 스펙터클을 추구한다 할지라도 드러난 모든 것으로부터 빠져나가고 있으며, 타자와의 관계와 더불어 자신과의 모든 관계가 끊어진 채 비관계가, 역설적이고 결정적인 장중한 차이가 군림하는, (보들레르Baudelaire가 말하는) '불길한 불투명성opacité maléfique'의 지역으로 들어간다. 이는 필연성 없이 마치 우연에 따라, 모든 자유로운 결정 이전에, 압력——그 압력은 그 자체가 주는 매혹을 충분히 막아 낼 수 있게 하는(심지어는 겪어 낼 수 있게 하는), 자기 안의 어떠한 수동적인 것도 없애 버린다——아래에서 벌어진다.

❖ 사유에 대해 이렇게 말해야만 한다. 그것은 어떠한 결정된 것 앞에서도 멈출 수 없으며, 따라서 어떠한 한정된 것도 사유할 수 없다는 불가능성이고, 또한 현전하는 모든 사유에 대한 영속적인 중성화인 동시에 모든 사유의 부재에 대한 거부이다. 동요하게 된다는 것(역설적인 동등성)은, 이중의 요구에 내맡겨진——그 자체가 최고주권에 따라 참을성이 있어야만 하고, 또한 (즉) 모든 최고주권 밖에서 수동적이어야만 하는——사유가 가져온 위기이다.

❖ **참을성, 언제나 때늦은 끈기.**

❖ 나는 수동적인 사유가 아니라, 사유의 어떤 수동적인 것에, 사유에서 언제나 이미 지나가 버린 어떤 것에 호소할 것이다. 그것은 사유 속에서 현전할 수, 현전 안으로 들어갈 수 없고, 더욱이 표상되거나 표상

을 위한 토대로서 정립되지 않는다. 그것에 대해 다른 아무것도 말할 수 없지만, 다만 그것이 사유의 모든 현전을 금지시키고, 사유를 현전으로(존재로) 이끌어 가는 모든 힘의 행사를 금지시킨다고, 그렇다고 사유를 현전 밖에서 유보되고 철회되도록 묶어 주지는 않은 채 타자, 타자의 사유, 사유로서의 타자 가까이 ——멀어짐의 가까움——에 놓아둔다고 말해야 한다.

❖ 모든 것이 말해졌을 때 남아 있는 말해야 할 것이 카오스, 즉 말의 붕괴, 글쓰기에 의한 몰락, 웅얼거리는 웅성거림, 다시 말해 남김없이 남아 있는 것(파편적인 것)이다.

❖ 수동적인 것은 발생하지 않지만, 선로로부터 떨어져 나와 우회하는 전환점에 들어가 있다. 그것은 언제나 이미 지나가 버린 채 현재 없이 회귀하는 것처럼 오는 시간의 뒤틀림[고통]이다. 그 시간은 이야기로 풀어낼 수 없는 시대가 가져야 할 참을성 가운데 도래하지 않은 채 온다. 그 시대에 말을 상실해 전유되지 못한 어떤 언어가 중단되고, 어떤 것이 침묵 속에 멈추지만, 그 침묵 가운데 멈춘 것에 의무는 아니지만 응답해야만 한다. 거기에 표시가 제거되면서, 즉 영원하거나 쓸데없는 흔적들을 남기는 한에서 아마——한계에서——(마치 결국 그런 것처럼, 즉시 ——그렇기에 시간 전체가 있어야만 한다) 지워지면서 표시되는 글쓰기에 주어진 책임이 있다.

❖ 파편: 모든 파열과 모든 폭발 저 너머, 완전히 참을성 없는 데에 따르

는 참을성, 즉 갑작스러운 것이 점차로 조금씩 조금씩.

❖ 타자는 오직 타자와만 관계 가운데에 있다. 말하자면 타자는 무한히 나뉘어 배가되면서, 모든 미래·현재·과거 밖에서 (따라서 그러한 시간을 부정하면서) 언제나 이미 자신의 시간을 마친 어떤 시간을 긍정하면서 반복되지만, 이는 동일자의 반복이 아니다. 타자는 자신을 **전적인 타자**Tout Autre로 긍정하는 것을 받아들일 수 없을 것이다. 왜냐하면 타자성으로 인해 타자는 아무것도 생산해 내지 못한 채 작동함으로써, 모든 척도 밖에서 아무것도 아닌 어떤 것과 어떤 전체로부터 떠나 이동함으로써 휴식 가운데 있을 수 없기 때문이다. 그에 따라 어떤 명칭을 부여받지 못하는 것과 마찬가지로 법을 인정하지 못하면서, 욕망하지도 욕망되지도 않는 욕망, 즉 타자는, 살아 있는 생성인 동일하고 단순한 자기로부터 (끊임없이, 조금씩 조금씩, 그러나 매번 갑자기) 떨어져 나가는 모든 살아 있는 것에서 문제되는 죽어감——분리——의 비밀을 새겨 넣는다.

❖ 플라톤이 동굴 신화에서 우리에게 자신에 대해 가르쳐 주는 바는, 일반적인 인간들이 돌아서거나 돌아올 힘이나 권리를 박탈당한 채 있다는 것이다.

❖ 대화한다는 것, 그것은 말에 의해 **존재하는** 것 —— 현전의 현재 —— 에 관해 말한다는 것으로부터 우회한다는 것일 뿐만 아니라, 또한, 존재하는 것의 단일성을 포함해 모든 단일성 밖에서 말을 붙들면

서, 말을 차이 나고 지연되게 만들면서, 언제나 이미 와 있는 어떤 것에 의해 아직 한 번도 오지 않는 어떤 것에 응답하면서 말을 말 자체로부터 우회시키는 것이다.

❖ 플라톤의 동굴에서, 죽음을 의미하는 어떠한 단어도 없으며, 죽음을 형상화하기 불가능하다는 것을 예감하게 해줄 어떠한 꿈이나 어떠한 이미지도 없다. 거기서 죽음은 초과 가운데, 망각 가운데 있으나, 바깥으로부터 와서 갑자기 철학자의 입 안에서 나타나는데, 그를 미리부터 침묵으로 되돌려 놓거나, 가짜의 불사성 不死性과 영원한 그림자에 대한 믿음에서 비롯된 비웃음에 노출시킨다. 죽음은, 자유롭게 되어 빛에 다가갔다가 이제 되돌아와 나타나 질서를 교란하고 피난처의 평온을 깨뜨리고 그렇게 거처를 없애려는 자들을 살해해야 한다는 필연성을 가리키는 이름일 뿐이다. 죽음, 그것은 살해의 행위이다. 철학자는 최고의 폭력을 겪지만 또한 그것을 부르는 자이다. 왜냐하면 그가 간직하고 있고 되돌아와 말하는 진리는 폭력의 한 형태이기 때문이다.

❖ 아이러니한 죽음: 아마 소크라테스의 아이러니한 죽음은 죽음 속에서 그 자체 사라질 것이고, 그에 따라 죽음을 비현실적이고 또한 비밀스러운 것이 되게 만들 것이다. 또한 글쓰기의 '가능성'이 아이러니의 '가능성'과 연결되어 있다면, 우리는 요구될 수 없고 모든 지배력을 거부하는 그 두 가능성이 왜 언제나 실망을 가져다주는가를 이해할 수 있게 된다(실비안 아가신스키Sylviane Agacinski를 참조할 것).

❖ 꿈을 우리는 기억할 수 없을 것이다. 꿈이 우리에게 찾아온다면 ─ 그러나 어떻게 찾아오는가? 어떠한 밤을 거쳐서 찾아오는가? ─, 이는 오직 망각에, 검열censure이나 억압refoulement에서 비롯되지만은 않은 어떤 망각에 따라서일 뿐이다. 모든 일시적인 꿈이 욕망의 반복에 따라 지워진 기억될 수 없는 죽어간다는 것에 대한 응답의 파편일 수 있도록, 그렇게 기억 없이 꿈을 꾸면서.

꿈과 깨어남 사이에 중지가 없으며, 중단이 없다. 그러한 의미에서 이렇게 말할 수 있다. 꿈을 꾸는 자, 한 번도 너는 깨어날 수 (게다가 너 자신을 부르거나 호출할 수도) 없다.

❖ 꿈은 끝이 없으며, 깨어 있음은 시작이 없고, 양자가 서로 겹쳐지는 지점은 없다. 오직 변증법적인 말만이 어떤 진리를 위해 양자를 관계 가운데 놓아둘 뿐이다.

❖ 그가 사유하는 것과는 다르게 사유하면서, 그렇게 타자가 다가옴과 응답으로서 사유에 찾아올 수 있도록.

❖ 작가, 그의 전기: 그는 죽었고, 살았으며 죽었다.

❖ 만일 책이 최초로 진정 시작될 수 있다면, 책은 아주 오래전에 최후로 끝을 맺을 수 있었을 것이다.

❖ 우리가 새로운 것을 두려워하고 욕망한다면, 이는 새로운 것이 (정

립된) 진리에 대항해 전투를 벌이기 때문이다. 이 가장 오래된 전투에서 언제나 우리는 보다 정의로운 어떤 것을 결정할 수 있다.

❖ 그것이 거기 존재하기 이전에, 어느 누구도 그것을 기다리지 않는다. 그것이 거기 있을 때, 어느 누구도 그것을 알아보지 못한다. 말하자면 존재라는 단어를 이미 돌아서게 만들었던 카오스가 시작되지 않았던 한에서 완성되었던 것이다. 봉오리인 채로 피어난 장미.

❖ 모든 것이 어두워졌을 때, 어떤 말에 의해 드러나는 빛 없는 조명이 퍼져 나간다.

❖ 어떤 삶을 찬양하면서. 그 삶이 없었다면, 죽어감의 움직임에 따라 살아간다는 것이 주어지지 않았으리라.

❖ 카오스의 특성. 승리와 영광은 카오스와 반대되지 않지만, 정상에서 쇠락을 예감하게 되는 공통의 지점이 있음에도 불구하고 그것에 귀속되지도 않는다. 카오스는 반대되는 것을 갖고 있지 않으며, 순수한 것이 아니다. (그로부터 파괴적 계기로 환원된 변증법이라 할지라도 변증법보다 그것에 더 이질적인 것은 아무것도 없다는 점이 비롯된다.)

❖ 그는 우리에게 묻는다. 무엇을 하고, 어떻게 살며, 누가 친구들이냐고. 그는 조심스러우며, 마치 그의 물음들은 묻지 않는 것 같다. 이제 우리가 그에게 무엇을 하냐고 물을 때, 그는 미소 지으며 마치 결코 현전한 적이

없었던 것처럼 일어난다. 모든 것이 제대로 흘러가고 있는 것이다. 그는 우리를 방해하지 않는다.

❖ 죽어가는 데에서 미숙하다는 것, 또한 그것은 수업에서 배우지 못했거나 수업을 빼먹은 사람처럼 죽어가면서 죽어가는 데에서 부주의하다는 것을 의미한다.

❖ 새 것, 새로운 것은 역사 안에 자리 잡을 수 없기 때문에 가장 오래된 것이다. 우리는 비역사적인 어떤 것에, 마치 그것이 불가능한 것, 보이지 않는 것인 것처럼 응답하도록 부름을 받았다. 잔해 아래 처음부터 언제나 사라져 있었던 그것에.

❖ 우리를 전달해야 할 의무를 가진 자로 만드는 메시지가 우리가 영원히 늦도록 영원만큼 우리를 벗어난다면, 우리가 어떻게 우리 자신이 그것을 예고하는 자라는 것을 알 수 있겠는가?

우리는 우리 밖에서 달리고, 우리 자신에 앞서서 예고하는 자이다. 우리가 올 때, 우리의 시간은 이미 지나가 버렸다. 흐름, 중단된.

❖ 인용이 그 조각내는 힘에 의해 미리 텍스트를 파괴하는 것이라면, 인용이 텍스트로부터 떼어져 나온 것일 뿐만 아니라 그 이상이 되지 않을 정도로 텍스트를 고양시키는 것이라면, 텍스트도 문맥도 없이 생겨난 파편은 철저하게 인용 불가능한 것이다.

❖ 왜 유한한, 무한한, 개인적인, 비인칭적인, 지금의, 언제나 그러한 모든 불행들은, 너무나 축소되어 지도에서 거의 사라진 것 같고 그 역사는 세계의 역사 밖에 놓여 있었던 어떤 나라의 날짜 없이 날짜가 매겨진 역사적 불행을 회상하게 하고 함의해 왔는가? 왜?

❖ 그는 쓰는데 ──그는 쓰는가? ──, 왜냐하면 그가 다른 사람들의 책들에 만족하지 못하기 때문이 아니라(반대로 그는 그것들 모두가 마음에 든다), 그것들이 책들이고, 만일 누군가 쓴다면 스스로 만족할 수 없기 때문이다.

❖ 쓰기, 부정적인 것le négatif과 중성적인 것le neutre 양자가 언제나 감추어진 양자의 차이를 통해, 가장 위험스러운 양자의 그 가까움 가운데 서로에게 각각의 특수성을, 즉 하나는 작업하고 다른 하나는 무위無爲한다는 사실을 드러내 줄 수 있도록 쓰기.

❖ 오늘이라는 것은 거의 없는 것이다(그 거의 없음은 오늘 자체에 어떠한 본질도 없을 정도로 극단적이기에 오늘의 본질은 아니다). 거의 없기에 오늘은 현전에 도래하지 않을 수 있으며, 바로 지금에 놓여 있는 새로운 것이나 오래된 것 속에서 머무르지 않을 수 있다.

❖ 단순히 파괴하는 게 아니도록, 단순히 보존하는 게 아니도록, 전달하는 게 아니도록 써라. 실재하는 불가능한 것의, 모든 현실이 온전하고 손상되지 않은 채로 침몰되는 카오스의 이 부분의 매혹 아래에서 써라.

❖ 언어에 대한 믿음, 그것은 언어 내에서 있다――단어에 대한 불신, 그 경우 여전히 언어가 자신의 공간 내에서 흔들리지 않는 비판의 원칙을 발견하면서 그 자신을 불신할 것이다. 그러한 믿음과 불신으로부터 어원학에 의뢰하려는(또는 어원학을 거부하는) 태도가 나온다. 그로부터 철자 바꾸기 놀이에, 단어들을 변형시킨다는 명목하에, 하지만 헛되이 단어들을 무한히 증식시키려는 묘기 같은 전복顚覆에 의지하려는 태도가 나온다――이 모든 것은 언어를 사용하는 (언어에 의뢰하기 또한 언어를 거부하기) 동시에, 같은 시간에, 끊임없이 언어를 불신한다는 조건하에서 정당화된다. 그러나 언어가 갖고 있는 알려지지 않은 것은 알려지지 않은 채로 남아 있다.

언어에 대한 믿음-불신에 따라 우리는 어느 단어를 선택해서, 향락 가운데 그리고 밝혀져 있지 않지만 올바른 사용법을 언제나 전제하고 있는 데에서 나오는 도착의 불안 가운데, 그것을 다룬다. 언어에 대한 믿음-불신은 이미 페티시즘이다. 그러나 쓴다는 것은 언어――그것이 도착적인 것, 철자 바꾸기 놀이에 따라 나온 것일지라도――에 대한 권리를 양도하면서 돌아선다는 것――언제나 그리는 글쓰기의 우회, 잘못 찾아온 알려지지 않은 것에 대한 우정, 증명과 모든 가능한 말을 벗어나는 '실재'――이다.

자신에 거슬러서 글쓰는 자. 자기와의, 삶과의 또는 글쓰기와의 자기 모순적인, 나아가 양립 불가능한 관계 속에서 자기에 거스르거나 대립해서 쓰는 것(그것은 일화들로 채워진 전기의 소재일 뿐이다)이 관건이 아니다. **타자**가 매혹의 움직임으로 스스로 되돌아가고 우리를 되돌려 보내는 또 다른 관계 내에서 쓰는 것이 관건인 것이다. 그 매혹의 움직임에서 실재, 영광 또는 카오스라는 헛된 명칭이 생겨나지만, 그 것들은 언어로부터 분리되었던 것을 언어에 헌신하거나 언어 안으로 떨어지게 만든다. 아마도 참을성을 잃어버림에 따라 그렇게 되는 것 인데, 왜냐하면 모든 명칭 —정확히 말해, 최후의 명칭, 발음할 수 없 는 것— 은 여전히 참을성 없음이 낳은 결과일 수 있기 때문이다.

❖ 빛이 섬광을 발한다—섬광, 광명 속에서 밝히는 것이 아니라 부르 짖는 그것(눈부실 정도로 울림이나 떨림을 가져오는 흩어져감). 섬광, 들 을 수 없는 어떤 언어에서 나오는 부수어 버리는 메아리.

❖ 목적 없이 죽어간다는 것. 그것(부동의 그 움직임)에 따라 사유는 모 든 목적론 밖으로, 아마 목적론의 영역 밖으로 떨어질 것이다. 마치 누 군가 죽어가는 것처럼 목적 없이 사유한다는 것, 그것을 무구無垢하고 끈질긴 참을성이 근거 없지 않은 책임에 따라 강요한다—그로부터 언어를 배제하는 알려지지 않은 것이 거기 우리의 문 앞에서, 문턱에 서 내는 발소리가 나온다.

누군가 죽어가는 것처럼 사유한다는 것. 즉 목적 없이 힘없이, 단일 성 없이, 정확히 말해 '마치 그런 것처럼' 없이 사유한다는 것 —그에 따라 사유가 사유이게 되자마자, 말하자면 의미의 초과 가운데에서 의미를 초과하는 사유 —출구, 바깥—, 불균형 속에서의, 각 측면에 서의 사유이게 되자마자 모든 정식定式이 무화된다.

죽어가는 것처럼 사유한다는 것은 사유가 의존하는 '마치 그런 것 처럼'을 배제하는데, 그에 따라 우리가 '사유한다는 것: 죽어간다는 것'이라고 쓰면서 그 '마치 그런 것처럼'을 병렬구조에 따라 문장을 단순화시킴으로써 제거한다 할지라도, 그 '마치 그런 것처럼'은 배제되어 부재하면서라도 수수께끼를, 거의 뛰어넘을 수 없는 공간을 만들어 낸다. 사유한다는 것과 죽어간다는 것의 무관계는 마찬가지로 양자가 서로 맺는 관계들의 형태이다. 사유한다는 것은 죽어간다는 것으로 나아간다는 것이 아니고, 그것과 다른 것으로 나아간다는 것도, 더욱이 그것과 같은 것으로 나아간다는 것도 아니다. 바로 그로부터 '마치 그런 것처럼'에서 비약이 일어난다. 말하자면 '마치 그런 것처럼'은 타자도 동일자도 의미하지 않는다.

사유한다는 것과 죽어간다는 것 사이에 일종의 상승에 따르는 쇠락이 있다. 말하자면 더 우리가 (규정된) 사유의 부재 속에서 사유할수록, 더 우리는 절벽을 향해 한 걸음 한 걸음 올라가며, 이어서 수직으로 낙하하면서 머리는 종국의 날을 향해 있게 된다. 사유한다는 것은 다만 상승이거나 쇠락일 뿐이며, 자기로 되돌아가기 위해 규정된 사유 안에 멈추지 않는다──그로부터 그 현기증이, 한결같은 현기증이 발생한다. 마찬가지로 죽어간다는 것은 언제나 한결같으며, 언제나 도마 위에 놓여 있는 것(치사致死)과 같다.

❖ 정신이 그 무엇보다 항상 능동적인 것이라면, 참을성은 비非-정신에, 드러난 그대로거나 겉으로 보이는 대로의, 시체 같은, 고통받는 수동적인 몸에, 말 아래에 놓여 있는 절규에, 씌어진 것의 비정신적인 것에 있다. 그러한 의미에서 참을성은 삶의 그림자인 삶 자체, 죽어가는데도 주어지는 선물, 또는 그러는데도 하게 되는 활발한 소비이다.

❖ '이미' 또는 '언제나 이미'가 카오스의 표식, 즉 역사적인 역사의 밖이다. 다시 말해 우리——우리가 아닌 자가 누구인가?——는 그것을 겪기 전에 겪게 될 것이다. 카오스는 망아忘我, 즉 저 너머로의 발자국이 남기는 수동적인 것이다. 카오스는 그 명칭을 부적절하게 만드는 그것이며, 고유명사를 사라지게 만드는 그것이고(데리다Derrida), 명사도 동사도 아니고, 보이는 모든 것과 말하여진 모든 것을 보이지 않고 읽을 수 없게 삭제하는 어떤 잉여, 차액도 잔고도 남기지 않는 잉여이다——다시 참을성, 즉 작용할 수 없게 되어 버린 **지양**止揚, Aufhebung이 멈추었을 때의 수동적인 것. 헤겔: "하지-않음(작용의 부재)만이 오직 결백하다."

❖ 카오스는, 우리가 욕망·간계 또는 폭력에 의해——그러한 게임에 의해 우리는 삶을 걸면서 삶을 계속 유지하고자 하는데——더 이상 삶을 걸 수 없는 시간, 부정적인 것이 침묵하며, 육화되지 않고 인식되지 않는 영원한 고요(동요動搖)가 인간들의 뒤를 잇는 시간이다.

❖ **그들은 오직 죽음과만 관계하면서 죽음에 대해 생각하지 않는다.**

❖ 이렇게 씌어졌던 것을 읽는다. 죽음(유한한 삶)을 지배하는 자는 죽어 감의 무한을 분출시킨다.

❖ 언어의 수동성. 우리가 헤겔적인 언어를 약간 왜곡해서 사용한다면, 개념이 죽음을 가져오며 자연적이자 정신적인 삶의 종말이라고, 죽어

간다는 것은 삶의 어둠, 삶의 ——행동하지 않고 일하지 않으며 존재하지 않는——저 너머, 소멸 자체이자 우리를 전율하게 만드는 영원한 소멸인, 죽음 없는 삶이라고 분명히 말할 수 있다. 반면, 마치 끝 이후에 말하는 것처럼 말하면서, 언제나 이미 지나가 버렸지만 지나가고 있는 것(이행)을 말하지 않고 들으면서, 우리는 끝없이 말하기를 끝내고 있는 것이다.

❖ **타자는 언제나 타인이며, 타인은 모든 고유성과 고유의 의미로부터 벗어나, 따라서 모든 진리의 표식과 모든 인식의 빛의 기호 너머에서, 언제나 자신의 타자이다.**

❖ 죽어간다는 것, 그것은 절대적으로 말하며 끊임없이 임박해 와서 삶을 욕망 가운데 두고 지속시킨다. 언제나 이미 지나가 버린 것이 임박해 와서.

❖ 고통은 결백하기에 고통스러운 것이다. 고통은 완화되면서 죄 있는 것이 되고자 한다. 그러나 고통 속의 수동성은 모든 잘못으로부터 벗어나 있다. 틀림없이 수동적인, 구원에 대한 생각으로부터 구원받은 고통이 있다.

❖ 카오스가 끊임없이 결핍되어 있기에 카오스가 있는 것이다. 그것은 자연의 종말이자 문화의 종말이다.

❖ 카오스가 몸을 갖는 대신 의미를 갖는 데에서 오는 위험.

❖ 쓴다는 것, 무형태 안에서 어떤 부재하는 의의意義, un sens absent에 '형태를 부여하는 것'. 부재하는 의의(그것은 의의의 부재가 아니고, 결핍되거나 잠재되어 있거나 가능태인 의의도 아니다). 쓴다는 것, 그것은 아마 부재하는 의의와 같은 어떤 것을 표면으로 이끌어오는 것이며, 이미 사유의 카오스이기에 아직 사유가 아닌 수동적인 격동을 받아들이는 것이다. 사유의 참을성. 사유의 카오스와 타자 사이에 접촉이, 양자 사이에 부재하는 의의가 떨어져 나오는 지점 ─우정─ 이 있다. 부재하는 의의는 상실되지만, 그 상실 너머의 격동을 집요하게 '긍정'할 것이다. 죽어간다는 것의 격동은 그 자체와 함께 상실된다. 상실된 상실. 존재를 거쳐 가지 않는, 의의 그 밑의 의의 ─의의가 내쉬는 숨, 내쉰 의의. 그로부터 글쓰기에 대해 해설을 다는 것의 어려움이 비롯된다. 왜냐하면 해설은 부재하는 의의를 견뎌 낼 수 없고, 그에 따라 의미意味, signification를 의미해 주고 만들어 내기 때문이다.

❖ 글쓰기의 욕망, 욕망의 글쓰기. 지식의 욕망, 욕망의 지식. 이렇게 단어들을 뒤바꿔 놓음으로써 우리가 어떤 것을 말했다고 믿지 말자. 욕망과 글쓰기는 제자리에 머물러 있지 않으며, 하나가 다른 하나의 위로 지나쳐 간다. 그것들은 단어 놀이들이 아닌데, 욕망은 언제나 죽어 감의 욕망이며 어떤 염원이 아니기 때문이다. 하지만 **분쉬**Wunsch와 연관되면서, 욕망은 또한 비-욕망이며, 글쓰기를 가로지르는 무력한 힘이다. 그렇게 글쓰기는 욕망된, 욕망되지 않은 찢김이며 참을성 없

음까지 포함해 모든 것을 견뎌 낸다. 죽어가는 욕망, 죽어감의 욕망, 일치하지 않고 사이에서 모호하게 유예되는 그것들을 우리는 어둠 속에서 함께 겪어 낸다.

❖ **부재하는 의의 앞에서 깨어 있기.**

❖ 모든 파편이 파편적인 것과 연관된다는 것은──불확실성 가운데, 불확실성 때문에──확실하다. 파편적인 것, 경험될 수 없는 카오스의 '역능puissance', 즉 쾌락도 향락도 가져오지 않는 카오스의 강도는 표시된다. 다시 말해 그 모든 표시가 제거된다. 파편은 성공적으로 표시됨에 따라 언제나 왜곡될 수 있는 표식일 것이다. 모든 파편은 설사 유일한 것일지라도 반복적으로 나타나며, 또한 그 반복에 의해 사라진다. 그 때문일지라도 실수가 끝나는 출구를 가리킴으로써 성공적으로 만족스럽게 표시되는 파편은 있을 수 없는 것이다.

되돌려 보자. 반복: 회한에서도 노스텔지어도 비롯되지 않은, 종교적이지 않은 반복, 욕망되지 않은 회귀. 반복: 극단적인 것의 반복, 전반적인 붕괴, 현재의 파괴.

❖ 진리가 그 자체 결국 종속되어야만 할 심급을 더 이상 구성하지 못한 채, 지식은 오직 그 극한의 끄트머리에서만 정제되고 가벼워진다. 거짓이 아닌 비-진리는 지식을 체계 밖으로, 핵심 단어들이 더 이상 지배하지 못하고, 반복이 어떤 의미 작용이 될 수 없는(오히려 극단의 붕괴를 가져오는) 표류의 공간으로 이끈다. 그 공간에서 지식은 비-지

식으로 넘어가지 않으면서 지식 자체에 종속되지 않게 되고, 어떤 결과를 낳지도 만들어 내지도 못하며, 다만 알 수 없게 조금씩 변하고 지워진다. 즉 거기서 지식은 더 이상 지식이 아니고 다만 지식이 가져오는 효과일 뿐이다.

지식 자체로부터 언제나 벗어나는 지식의 경우, 이전의 지식이란 전혀 없으며, 그 지식은 지식으로 이어지지 않고, 따라서 지식의 현전도 있을 수 없다. 지식을 적용하려 하지 말고, 지식을 반복하려 하지 말 것. 지식을 간직하고 있고 구축하는 이론의 종말. 이론이 허구에 따라 죽음의 위험에 놓이게 된 곳에서, '허구의 이론'으로 열려 있는 공간이 있다. 당신들 이론가들, 당신들은 죽을 수밖에 없으며, 이론이 당신들 안에서 이미 죽음 자체라는 사실을 알기를. 그 사실을 알기를, 당신들의 동반자를 알아보기를. 아마 '이론화하지 않고는 당신들은 한 발자국도 앞으로 나갈 수 없다'는 것은 사실일 것이지만 그것은 진리의 심연을 향해 한 발자국 더 내딛는 것도 아닐 것이다. 그 심연으로부터 침묵의 웅성거림이, 무언無言의 강도가 올라온다.

진리의 지배가 끝날 때, 즉 진리-거짓이라는(또한 양자의 일치라는) 기준이 설사 미래의 말에 의해 정립될 것이라 하더라도 더 이상 강요될 수 없을 때, 지식은 계속 스스로를 추구하고 계속 기입되기를 추구할 것이지만, 더 이상 방향이 없는 또 다른 어떤 공간에서 그럴 것이다. 지식이 더 이상 진리의 지식이 아닐 때 관건이 되는 지식은, 무한한 참을성이라는 지식처럼, 사유를 불태우는 지식이다.

❖ 카프카가 쓰지 않으면 미칠 것 같기 때문에 쓴다는 사실을 한 친구

에게 알려 줄 때, 그는 쓴다는 것이 이미 광기, 자신의 광기이며, 일종의 의식 밖에서 깨어 있는 것, 불면의 상태에 있는 것이라는 사실을 알고 있다. 광기에 대항하는 광기인 것이다. 그러나 그는 하나의 광기에 빠짐으로써 그것을 제어할 수 있다고 믿는다. 다른 하나의 광기는 그를 두렵게 만드는데, 그것은 자신이 갖고 있는 두려움이며, 그를 가로질러 지나가고 찢어 놓으며 고양시킨다. 마치 그는 멈추지 않고 계속되는 것의 힘 전부를, 그가 공포 속에서, 그러나 어떤 영광스러운 감정을 배제하지 않은 채 말하는 견딜 수 없는 한계까지 이르는 압력을 겪어야만 하는 것 같았던 것이다. 다시 말해 영광이 재난désastre[카오스]이었던 것이다.

❖ '해야만 한다'와 '너는 해야만 한다'를 구별하는 것을 받아들이기. 다시 말해 '해야만 한다'이지, '너는 해야만 한다'가 아니다──왜냐하면 아마 두번째 정식이 어떤 너에게 호소하고, 첫번째 것은 법 밖에서의, 합법성이 없는 어떤 긍정을, 필연적이지 않은 어떤 필연성을 나타내기 때문일 것이다. 그렇다 할지라도 그것은 어떤 긍정을 나타내는가? 어떤 폭력을 보여 주는가? 나는 수동적인 '해야 한다'를, 참을성속에서 해져 버린 어떤 것을 찾고 있는 것이다.

❖ 어떤 것이 나에게 오래전부터 해온, 의미 밖에서의 이 무한한 모험에 들어가기를 강요하고 있는데, 반면 나는 카오스 한복판에서 카오스를 마치 도래하지 않을 것인 양 계속 찾고 있고 계속 기다리고 있지만, 그것은 나의 기다리는 참을성 가운데 있다.

❖ 각자가 자신의 사적私的인 광기를 갖고 있을 것이라 가정해 보자. 진리 없는 지식은, 그 '사적인' 광기와 유비되는 강력한 어떤 단수성이 벌이는 작업 가운데, 또는 그 단수성을 듣는 가운데 개입할 것이다. 모든 사적인 것은——적어도 우리가 광기를 통해 소통하려고 하는 한에서——광기에 들어가 있기 때문이다.

❖ 만일 딜레마가 미칠 것이냐 죽을 것이냐라는 데에 있다면, 대답은 없지 않을 것이다. 미친다는 것이 치명적일 것이다.

❖ **그의 꿈속에서, 아무것도 없다. 꿈꾸고자 하는 욕망 이외에 아무것도 없다.**

❖ 내가 니체에 이어서——'해야만 한다'와 '자칫 할 뻔하다' 사이에서 단어 놀이를 하면서——'해야만 한다'라고 말할 때, 마찬가지로 나는 '부족하다', '추락하다', '어긋나다'라고 말하고 있는 것이다. '부족하다', '추락하다', '어긋나다'에 전락轉落의 시작이 있다. 즉 법은 추락하면서 명령하고, 그에 따라 법으로서 다시 안전하게 빠져나가는 것이다.

❖ 그는 한 권의 책을, 하나의 씌어진 것, 하나의 텍스트를 읽을 수 있는데——항상 그렇지는, 항상 그렇지는 않은데, 그렇다면 그는 그럴 수 있는가?——, 왜냐하면 그가 글쓰기와 모종의 관계를 상실하면서 유지하고 있기 때문이다. 이는 그가 그에게 쓰고 싶은 욕구——욕망 없는 글쓰기는 참을성의, 글쓰기의 수동성의 소관이다——를 불러일으

키는 것을 가장 자발적으로 읽는다는 것을 말하지 않는다. 오히려 그가, 글쓰기를 파괴하면서 불태우고 그 폭력을 더 붉게 타오르게 만드는 것을, 또는 보다 더 단순하고 보다 더 불가사의하게, 기억될 수 없는 수동적인 것과, 익명성과, 절대적으로 드러나지 않는 것, 인간의 연약함과 관계있는 것을 읽는다는 것을 말한다.

❖ 결코 글쓰기를, 단순화시키는 해설의 변덕에 내맡겨져 언제나 이미 붙잡혀 억류되거나 내쳐진 글쓰기를 공략할 수 없는 것으로 만들려고 하지 말 것.

❖ 법의 의도: 수인囚人들이 스스로 자신들의 감옥을 짓게 하는 것. 그것이 개념의 계기이고 체계의 표식이다.

❖ 헤겔적 체계 내에서(즉 모든 체계 내에서), 죽음은 쉼 없이 활동하고 있으며, 아무것도 죽지 않고 죽을 수 없다. 체계 이후에 남아 있는 것은, 나머지 없는 잔금은 반복되어 새롭게 된, 죽어감의 격동이다.

❖ '몸'이라는 단어, 그 단어가 가져오는 위험이 있다. 얼마나 또 쉽게 그것은 우리가 의식과 무의식에 오염되지 않은 채 이미 의의 밖에 놓여 있다는 환상을 가져다주는가. 자연적인 것의, 자연의 은밀한 회귀. 몸은 어디에도 귀속되어 있지 않고, 죽을 수밖에 없지만 죽지 않으며, 비현실적이며 이미지적이고 파편화되어 있다. 몸의 참을성, 그것은 이미, 여전히 사유이다.

❖ 나는 사드를 좋아한다고 말하는 것은 사드와 어떠한 관계도 없다. 사드를 좋아할 수도 참아 낼 수도 없으며, 그가 쓴 것은 절대적으로 우리를 돌아서게 만들면서 절대적으로 우리를 끌어당긴다. 돌아서게 만듦의 끌어당김.

우리는 그를 폐기시켰고,―그때부터 빛나지 않는―별을 해방시켰다. 그는 어둠을 내달리고, 카오스의 천체astre가, 그가 원했던 대로, 그에게 명성을 가져다주었던 이름이 씌어 있지 않은 무덤 속으로 사라졌다.

그러나 사드의 아이러니(붕괴의 힘)가 있는 것은 분명 사실이다. 그 아이러니를 간파하지 못하는 자는 체계에 따르는 여느 한 작가를 읽게 될 뿐이다. 그에게서 심각하게 말하여진 아무것도 없거나, 그의 심각함은 심각함을 조롱하는 데에 있다. 마찬가지로 그에게서 **정념** passion은 냉정하고 비밀스러운, 중성中性의 순간을, 무감각을, 무한한 수동성을 **통과해 간다**passe. 이는―소크라테스적이지 않은―거대한 아이러니이다. 말하자면 가장된 무지―(더 이상 아무것도 적절하지 않은) 몰상식의 포화상태, 모든 것이 말해지고 다시 말해지지만 결국 침묵하는 곳에서 생겨나는 거대한 은폐―이다.

❖ 결코 '이것 또는 저것'이라는 단순한 논리도 아니고, 변증법적이거나 강박적으로 언제나 서로 긍정하는 데에서 끝나는 '둘 모두'(위험스럽지 않은 모순대립)라는 것도 아니다. 모든 이분법, 모든 이원주의(둘의 대립, 또는―설사 둘 모두가 불가능하기에 '둘 모두' 괜찮다는 것일지라도―둘 모두가 가능하다는 것)는 사유를 교환이 편리한 곳으로

이끈다. 계산이 이루어질 것이다. 에로스 타나토스, 이 두 힘의 경우도 마찬가지이다. 하나가 지배할 것이다. 분할은 충분하지 못하며, 완성되지 못한 변증법이다. 죽음을 향한 그 충동pulsion은 없으며, 죽음의 격동은 단일성으로부터 뽑혀 나오는 것이다. 날뛰는 다수多數.

❖ 파편에 대한 물음으로 되돌아가 보자. 파편은 결코 단일하지 않지만, 외부에 한계를 갖고 있지 않다──파편이 떨어지는 바깥은 경계를 이루고 있지 않으며, 동시에 파편은 내부의 한계를 갖고 있지 않다(자기에게 갇혀 있는 고슴도치가 아니다). 파편은 최소한의 어떤 것인데, 그것이 짧은 순간에 나타나기 때문이 아니라(그것은 임종의 순간처럼 늘어날 수 있다), 파열되기까지 수축되고 협착되기 때문이다. 말하자면 그물코들이 터졌던 것이다(그물코들이 부족하지 않은 것이다). 충만함도 없고, 공허도 없다.

❖ 글쓰기는 이미 (여전히) 폭력이다. 거기서 파열된, 깨어진, 조각난 그것. 찢긴 것이 각각의 파편에서 찢겨 나간다. 예리한 단수성, 뾰족한 끝이 거기에 있다. 그러나 그러한 전투는 참을성을 위한 논쟁이다. 이름은 닳아 떨어지고, 파편은 파편화되고 와해된다. 수동성으로부터 참을성으로 넘어간다. 내기가 끝에 이르는 것이다.

❖ 무너져 가는 것, 추락의 욕망, 추락으로 이끄는, 격동이라는 욕망, 그리고 우리는 언제나 여럿에서 떨어져 내리는 것이다. 다중多重의 추락. 그 가운데 각자는, 자기 자신인, 그리고 자기 자신의 붕괴──흩어

짐 ― 로부터 나타난 타자를 붙잡는다. 그러나 그렇게 붙잡는 것은 낙하하는 것과 같다. 갑작스럽게 새어 나가 버리는 것, 죽음 밖에서의 죽음.

❖ 헤겔을 읽지 않아야만 우리는 그를 '읽을' 수 있을 것이다. 헤겔을 읽는 것, 읽지 않는 것, 그를 이해하는 것, 오해하는 것, 거부하는 것, 그렇게 하는 것이 모두 헤겔의 결정에 달려 있거나, 그 모든 경우 그렇게 할 수 있는 자리가 없다. 그렇게 할 수 있는 자리가 없다는 사실이 가져오는 강도에 따라, 하나의 자리도 있을 수 없다는 불가능성 속에서, 우리는 헤겔을 완성된 의미라는 사기를 칠 수 있도록 살아 있게 만드는 어떤 죽음 ― 독서의 죽음, 글쓰기의 죽음 ― 을 준비한다. (헤겔이 사기꾼이라는 것, 그 사실이 그를 극복할 수 없게 만든다. 자신의 심각함에 빠져 미쳐 버린 자, 진리의 위조자는 자신도 모르게 아이러니의 거장이 되기까지 '속인다' ― 실비안 아가신스키.)

❖ 무엇이 체계 속에서 잘 돌아가지 않는가, 무엇이 절뚝거리는가? 그렇게 묻는다면 그 물음은 즉시 절뚝거리게 되고 물음이 되지 않는다. 체계를 넘어서 있어서 체계가 어떻게 할 수 없는 것, 그것은 체계의 실패의 불가능성이며 마찬가지로 그 성공의 불가능성이다. 결국 우리는 체계에 대해 아무것도 말할 수 없을 것이며, 다만 체계를 멈추게 만드는, 입을 다무는 방법(글쓰기를 통한 간헐적인 침묵)이 있다. 체계를 무위無爲에 이르게 하고 아이러니의 심각함 속에 놔두는 것이다.

❖ 휴식에 들어간 지식. 이러한 표현이 적합하지 않기는 하지만, 오직

언어가 그 부정의 힘과 그 긍정의 힘을 소진한 이후에 휴식에 들어간 지식을 보존하거나 떠받치고 있는 한에서만, 우리는 파편적 글쓰기가 씌어질 수 있게 할 수 있다. 언어 밖의 글쓰기는 지식을 (종말 없는) 종말에 이르게 하는 것 이외에, 신화들을 종말에 이르게 하는 것, 유토피아를 침식시키는 것, 즉 죄어 들어오는 참을성 이외에 아무것도 아니다.

❖ 명명할 수 없는, 알려지지 않은 이름.
홀로코스트, 역사적으로 날짜 매겨진, 역사의 절대적 사건, 그 전신 화상이 난 자리에서 모든 역사가 불탔고, 의의의 움직임은 심연에 빠졌으며, 거기서 동의 없이 주어지는 무자비한 선물이 긍정되거나 부정될 수 있는 아무것도 주지 않은 채 파괴되었다. 그 선물은 수동성이라는 선물, 주어질 수 없는 선물이었다. 어떻게 그 선물을 사유 안에서라도 간직할 수 있을 것인가? 우리를 지켜 주는 수호자守護者로서의 사유를 포함해 모든 것이 상실되었던 홀로코스트를 어떻게 사유로 하여금 지키게 할 수 있을 것인가?
치명적인 강도 속에서, 무수한 절규의 침묵이 멀어져 간다.

❖ 죽음 안에 죽음보다 더 강한 어떤 것이 있다. 그것은 죽어감 자체——죽어감의 강도, 욕망된 것 속에서조차 욕망될 수 없는 불가능한 것의 격동——이다. 죽음은 힘이며 역능——따라서 한계가 있는 것——이기도 하다. 죽음은 끝 날을 결정하지만, 결정되지 않은 어느 날로 연기되면서 우연적이자 필연적인 주어진 날을 다시 결정한다는 의미에서 미루어진다. 그러나 죽어감은 무-력에 처한다는 것이며, 현

재로부터 뽑혀 나온다는 것이고, 언제나 문턱을 넘어선다는 것이다. 그것은 모든 끝 날, 모든 끝을 배제하며, 해방시켜 주지도 받아 주지도 않는다. 우리는 환상에 따라 죽음 속으로 피난 간다고 믿는다. 무덤은 추락이 멈추었다는 사실을 표시하고, 장례는 막다른 골목에 난 출구이다. 죽어감은, 우리를 강도와 불가능성에 따라 무기한적無期限的으로 새어 나가 버리도록 이끌고 가는, 언제나 새어 나가 달아나 버리는 그것이다.

❖ 카오스 속에서의 **낙담**. 카오스가 기다림에 응답하지 않고, 어떠한 방향도, 마냥 헤매게 만들거나 잘못된 방향일지라도 가리키지 않으면서 지점도 정해 주지 않고 잔금 처리를 해주지도 않는 것이다.

❖ 하늘을 향해 기원하고 우주를 향해 호소하는 욕망은 천체가 있는 먼 곳으로 여전히 향해 있다. 반면 카오스는 욕망될 수 없는 불가능한 것에 강하게 이끌려 욕망으로부터 돌아설 것이다.

❖ 초롱초롱함, 별빛은 낮이 던지는 물음에 대해 밤이 오면 잠드는 것이라고 대답한다. "그러나 결코 눕지 않은 것 앞에서 누가 숨을 수 있겠는가?" 깨어 있는 데에는 시작도 끝도 없다. 깨어 있음은 중성적이다. '내'가 깨어 있는 것이 아니다. 그 누구On인가 깨어 있으며, 밤이 잠드는 것이 문제일 수 없는 **또 다른** 밤이 되기까지 밤을 파헤치면서 항상 끊임없이 깨어 있다. 그 누구인가 오직 밤만을 깨어 있게 하는 것이다. 명철한 이성을, 동일성의 감시 가운데 반성을 통해 붙들어 놓아야 할

것으로 향해 나아가게 만드는 수행·실행이 주시라면, 밤은 주시할 수 없는 것이다. 깨어 있음은 기이한 것이다. 깨어 있음으로부터 마치 잠에서 깨어나듯 깨어날 수 없다. 깨어 있음은 **다시 깨어남**인데, 즉 부동의 깨어 있음으로 지속적이고 급박하게 회귀하는 것이다. 그것이 깨어 있다. 그러나 누구도 잠복해서 감시하고 있지 않고 염탐하고 있지도 않다. 카오스가 깨어 있다. 깨어 있음이 있을 때, 무의식으로 열려 있는 잠든 의식이 꿈에서 빛을 비추는 곳에서, 깨어 있는 그것은, 깨어 있음 또는 잠 속에서 잠들기 불가능하다는 사실은, 가시성과 반성적 광도가 증폭된다는 측면에서 해명될 수 없다. 누가 깨어 있는가? 분명 깨어 있음이 중성적이기에, 이 물음은 제쳐 두어야 한다. 즉 아무도 깨어 있지 않은 것이다. 깨어 있음은, 일인칭으로 깨어 있을 수 있는 힘에 근거하지 않으며, 어떤 힘에 근거하지 않는다. 그것은 힘과 무관한 무한에 이르는 것이며, 사유가 불면(깨어 있지 않은 깨어 있음, 밤의 강도)의 무한한 지속 속에 방기되면서 주시의 강한 힘과 세속적인 통찰력과 효과적인 지배력을 포기하는 곳에서, 밤의 **타자**에 노출되는 것이다.

❖ 만약 카오스가 움직이지 않은 채 추락하고 새어나가 멀어지게 되는——유동有動의 부동성不動性——바깥의 망아忘我 상태에 표식을 남기지 않는다면, 카오스 속에서 실망에 사로잡히리라. 다만 실망 속에서 예외적인 것이 높은 위치에 머무르지 못하며, 붙잡을 수 있는 것과 가능한 것[용량] 밖으로 (형태도 내용도 없이) 끊임없이 밀려 떨어질 뿐이다. 예외적인 것이 빠져나가고, 우리는 실망 속에 붙들릴 수 없다. 의식은 의식이기를 멈추지 않은 채 파국에 이를 수 있다. 즉 의식은 뒤집

어지지 않지만 반전을 받아들이는 것이다. 오직 현재의 뿌리로부터 뽑혀져 나가는 회귀만이 의식·무의식으로부터 돌아서는 것일 수 있다.

❖ 밤 속에서 불면은 어떤 논-란論-難이다. 논증들이 논증들에 부딪히는 작업이라는 것이 아니라, 사유의 부재가 가져온 극심한 요동搖動, 고요에 이를 때까지 진압되는 동요動搖라는 것이다(불면에 대한 이야기인 『성城』을 오가는 주석들).

❖ 준다는 것, 그것은 어떤 것을 주는 것이 아니며 자신을 주는 것조차도 아닌데, 왜냐하면 우리가 주는 것이 아무도 당신으로부터 가져갈 수도, 다시 가져갈 수도, 당신으로부터 빼앗을 수도 없다는 특성을 갖고 있다면, 준다는 것은 간직한다는 것이고 지킨다는 것이기 때문이다. 이는 이기주의의 극치, 소유의 간계일 뿐이다. 선물을 준다는 것은 자유의 힘의 행사가 아니고, 자유로운 주체가 행하는 어떤 숭고한 실현도 아니다. 그렇다면 세계 밖에서의 타자의 매혹과 압력 이외에 아무것도 없는 곳에서, 영원한 고통을 탄원하는 가운데, 선물을 준다는 것은 오직 강제로, 또한 강제를 넘어서서 우리가 갖고 있지 않는 것을 주는 것일 수밖에 없다. 즉 카오스의 선물을 주는 것일 수밖에, 우리가 요구할 수도 줄 수도 없는 것을 주는 것일 수밖에 없다. 선물하기를 선물하는 것일 수밖에 없다——그것은 주는 사람도 받는 사람도 없게 만들며, 또한 선물을 무효화하지 않지만, 현전의 이 세계 내에서 그리고 사물들이 도래하지 않은 채 도래하는 부재의 하늘 아래에서 아무것도 벌어지지 못하게 만든다. 바로 그렇기 때문에 완전한 상실 속에서, 상

실을, 완전한 상실을 말한다는 것은, 비록 말한다는 것이 결코 안전한 일이 아니기는 하지만, 여전히 쉬운 일이다.

❖ 환희, 고통, 거기에서 강도만을, 너무나 낮거나 너무나 높은——어떠하든 중요하지 않다——강도만을 간직하도록 할 것. 그러면 너는 네 자신 안에서도, 네 자신 밖에서도, 사물들 곁에서도 살아갈 수 없는 것이며, 다만 삶의 강렬함이 스쳐 지나갈 것이고, 너를 **천체astre의 공간 밖으로**, 너 자신을 찾아봐야 소용없는 현전하지 않는 시간 속으로 넘겨줄 것이다.

❖ 욕망, 여전히 천체와 관계하는 것——천체에 대한 종교적이고 노스탤지어에 사로잡힌, 급작스럽거나 코스모스의cosmique 조화에 따르는 거대한 욕망. 그에 따라 카오스에 대한 욕망이 있을 수 없게 된다. 깨어 있다는 것은 깨어 있으려는 욕망 없이 깨어 있는 것, 욕망할 수 없는 밤의 강도(욕망할 수 있는 것의 밖)이다.

염려souci에 강박적으로 사로잡히게 되면서 우리는 우리 자신 밖으로 부름받지 못하며, 설사 비움으로 나아간다 할지라도 안전한 공간 내에 붙들리게 된다.

카오스. 카오스가 근접하지 않은 채 다가온다는 기호. 고독에 자리를 마련해 주기 위해 염려들이 멀어져 간다. **염려하지 않는 밤**Die sorglose Nacht, 그러나 깨어나지 않는 것에 깨어 있는 것이다. 반면 밤, 최초의 밤에 여전히 어떤 분주함이 있다. 그 밤은 낮과 단절되어 있지 않으며, 그 밤에 우리가 졸음이 오기는 하지만 자고 있지 않다고 하더라도, 우리는 휴식 속에 단지 불안정한 위치에서 세계-내-존재être-dans-le-monde와의 관계 가운데 남아 있다.

내가 카오스가 깨어 있다고 말한다면, 깨어 있는 어떤 주체를 설정하기 위해서가 아니라, 천체의 하늘 아래에서라면 아무도 깨어 있지 못한다는 것을 말하기 위해서이다.

❖ 경험이 어떤 체험적 사건이 아니고 현전의 현재와 연루되지 않는 한에서, 경험은 이미 비-경험(어떠한 부정도 그러한 경험에서 언제나 지나가 버린 채로 일어나는 것이 갖는 위험을 제거하지 못한다), 즉 경험 자체의 초과이다. 그 초과에 따라 그러한 경험은 아무리 분명하게 긍정된다 하더라도, (설사 움직이지 않는 순간이라 할지라도) 순간에 자리 잡아 근거를 둘 수 없고, 이미 제거된 어떤 번쩍이는 지점에 주어질 수 없기에 발생하지 않는다. 카오스의 경험이, 설사 우리가 그것을 한계-경험으로 받아들인다 하더라도, 있을 수 없다는 것을 우리는 느끼고 있다. 거기에 카오스의 특성들 가운데 하나가 있다. 말하자면 그것은 모든 경험을 파기하고 그 권위를 박탈하며, 밤이 감시하지는 않지만 깨어 있을 때, 다만 깨어 있다.

❖ 그것이 결코, 아무에게도, 아무런 문제일 수 없기를.

❖ 삶의 강렬함, 그것은 현재에서 제외된 것까지 포함해서 모든 현재하는 것을 마모시키도록 상처를 덧내는, 생생한 현전에 머무르지 않는 것에, 비-현전 또는 삶이 아닌 것의 예가 없는 범례에, 도래해 있지

않은 채 회귀하는 격렬한 부재에 있다.

❖ 아마 침묵은 하나의 단어, 하나의 역설적인 단어, (어원학에 의거한 다면) 단어가 묵언으로 들어가는 것이지만, 우리는 그것이 절규, 목소리 없는 절규를, 모든 말과 뚜렷이 대조되고 어느 누구를 향해 있지도 않은, 어느 누구도 받아들이지 못한 채 실추의 나락으로 떨어진 절규를 거쳐서 솟아난다는 것을 느끼고 있다. 글쓰기처럼 (삶의 강렬함이 이미 언제나 삶을 초과했던 것과 마찬가지로) 절규는, 설사 언어가 가져오는 효과로서 다시 이어진다 하더라도, 모든 언어를 초과하는 데에로 나아간다. 절규는 급작스러운 subit(감내하는 subi) 동시에 참고 터져 나오는 것이다. 그것은 참는 데에 있는 것이다. 다시 말해 그것은 의미 밖에 놓여 있지만 무의미 속에서 그치지 않는 그것, 무한히 유예된, 실추된, 해독될 수 있는-해독될 수 없는 어떤 의의이다.

❖ 애도 작업에서 작업을 하고 있는 것은 고통이 아니다. 고통은 다만 깨어 있다.

❖ 기억에서조차 경험될 수 없는 것을 베어 내고 찢고 에는 것으로 만드는 고통.

❖ 카오스는 사유를 사라지게 만들지는 않지만, 사유에서 물음들과 문제들을, 긍정과 부정을, 침묵과 말을, 기호와 표식을 사라지게 만든다. 따라서, 세계의 부재로 인해 무거워진, 하늘이 없고 암흑 속에 있지도

않은 밤에, 사유는 자체의 모든 현재로부터 물러나 깨어 있다. 내가, 꾸며 내어 조작된, 근사近思의——진리와 관계없는——지식에 의해 아는 바는, 그렇게 사유가 깨어 있는 가운데 나는 깨어 있을 수도 잠들 수도 없다는 것, 사유는, 즉 자기를 박탈당해 버린 부재의 몸은 비밀을 갖지 못하게 되고 모든 내밀성을 상실하게 된다는 것이다. 가장 낮은 강도에 따라 기다림으로부터 벗어나지 못하고 무한히 망설이는 것이 끝나지 않은 곳에서, 그치지 않는 것이, 즉 삶에 이르지 못하는 강렬함과 죽음에 이르지 못하는 죽어감의 상호교차가 멈추지 않는 것이다. 마치 깨어 있음에 따라 우리가 끝이 없는 계단을 천천히 수동적으로 내려갈 수밖에 없는 것처럼 말이다.

❖ 단어는 의의를 거의 박탈당한 채 소란을 가져온다. 의의는 한계 지어진 침묵이다(말은 그 안에 부재하고 있는 것을, 반反의미로 기울어져 있는 이미 부재하는 의의를 담고 있는 한에서 비교적比較的 침묵에 다가가 있다).

❖ 만일 집요함이라는 원리가, 죽음을 신비롭게 만드는 완강하라는 정언명령이 있다면, 천체로부터 돌아서서, 코스모스의 질서가 갖는 불확실한 확실성 속에서 혼란에 빠져, 우주와 연관된 상황에 더 이상 있지 못하는 우리는 동의하지도 승낙하지도 못한 채 전적으로 수동적인 참을성에 따라 (삶 밖에서 살아가면서) 존재의 단절로, 우리 자신을 욕망할 수 없는 카오스의 매혹 아래로 떨어지게 만드는 죽어감의 격동으로 넘어가게 된다. 그 매혹 속에서, 모든 의의의 연속성과 동시에 그

불연속성에 따라서, 지속되는 죽음의 게임처럼 집요하게 계속되는 것이 가져오는 심각함과 준엄함이 사라지게 된다.

❖ 수수께끼가 여전히 깨어나 있는 부동의 평화 속으로 되돌아가기 이전에, 씌어진 것이 침묵을 오랜 동안 울리게 만들면서 침묵 속에서 울리기를.

❖ 죽음의 신비가 간직되어 있는 집요함의 원리 ──집요함에 따르는 존재──의 보증 아래에서 살아가는 것을 삼가기를.

❖ 예술 위에 있지 않은 글쓰기는 우리가 예술을 애호하지 않을 것을 전제하며, 그 자체 지워지는 것과 마찬가지로 예술을 지운다.

❖ 용서를 베풀지 말 것. 용서는 용서를 베풀기 전에 지적하고 비난한다. 용서는 잘못을 지적하고 긍정하면서 용서할 수 없는 것으로 만들며, 죄책감에까지 타격을 가한다. 그렇게 모든 것은 돌이킬 수 없게 되고, 선물과 용서는 더 이상 가능하지 않게 된다.
　죄 없는 사람에게만 용서를 베풀 것.
　네게 용서를 베푸는 나를 용서해 줘.
　단 하나의 잘못은 위치에 있다. 즉 '나'로 있는 데에 있다. 반면 나 자신이라는 동일자는 나에게 동일성을 가져다주지 않으며, 동일자의 타자에 대한 무한한 관계에 이르기 위해 필요한 규범일 뿐이다. 이로부터 주체 없는 주체성에, 죽어가는 공간의 벌거벗음에 노출되는 대신

다시 주체가 되려는 유혹(단 하나의 유혹)이 있게 된다.

　나는 용서를 베풀 수 없고, 용서는 타인으로부터 온다. 그러나 만일 용서가 나에 대한 소환, 즉 스스로를 내주라는, 가장 수동적인 자기조차 없이 지내라는 요구라면, 나도 마찬가지로 용서될 수 없다. 만일 용서가 타자로부터 온다면, 용서는 도래할 수 있을 뿐이고, 용서가 결정하는 (성례聖禮의) 힘이 아니라 언제나 미확정성 가운데 자제하는 힘이라면, 용서가 이루어졌다는 확실성은 결코 있을 수 없다. 『소송』에서 우리는 죽이는 것이 용서라고, 끝나지 않은 것의 끝이라고 믿을 수 있다. 다만 끝이 있을 수 없을 뿐인데, 카프카가 부끄러움이, 무한 자체가, 즉 삶 그 너머의 삶의 하찮음이 남는다고 분명히 하고 있기 때문이다.

❖ 부주의. 경멸의 냉담함을 보여 주는 부주의가 있고, 타인을 포착되고 이해될 수 있는 자로 만들어서 독점하고 동일화시켜 동일자도 환원시키는 폭력 밖에 타인을 놓아두면서 이익에 대한 관심과 계산 너머에 타자로 놓아두는 보다 수동적인 부주의가 있다. 따라서 부주의는 타자에게나 자기에게나 주의를 기울이지 않는 자아의 어떤 태도가 아니다——그것은 나로 하여금 모든 자아에 대해 방심하게 만든다. 시선을 참아 내지 못하고 시선이 참아 내지 못하는 불행조차 고려되고 다가오면서 아마 완화될 때, 내가 시선이 없는 눈을 뜬 채 무한한 부재가 되는 곳에서, '나'는 자신이 벌거벗은 데에 이르고 전적으로 수동적인 정념에 노출되기까지 방심하게 되는 것이다. 그러나 부주의는 애매한 것으로 남는다. 즉 그것은 드러나지 않는 경멸의 극단이거나, 자기를 지우게까지 만드는 조심성의 극단이다.

❖ '나는 생각한다, 나는 존재한다'라는 데카르트적 확실성에서 기이한 점은, 그 확실성이 말해짐으로써만 긍정된다는 데에, 그리고 말이 그 확실성을 사라지게 만든다는 데에 있다. 말이 **코기토**cogito의 **에고** ego를 유예시키고 사유를 주체 없는 익명성에, 내밀성을 외재성에 넘겨주면서, 또한 살아 있는 현전(나는 존재한다라는 실존)을 매혹하지만 욕망할 수 없는 죽어감의 강렬한 부재로 대체시키는 것이다. 따라서 **에고 코기토**가 선포되는 것을 끝나게 하기 위해, 그리고 의심의 여지없는 것이 의심 속으로 추락하지 않고 의심될 수 없게 그대로 남은 채——언어에 균열을 내고, 언어 내에서 상실되며, 언어를 상실시키는, 언어의 번득임 자체인——침묵에 의해 보이지 않게 붕괴되기 위해, **에고 코기토**를 말하는 것으로 충분하리라. 바로 그렇기 때문에 우리는 데카르트가 자신이 말한다는 것을, 더구나 침묵 속에서 남아 있다는 것을 전혀 몰랐다고 말할 수 있다. 바로 그가 그것을 몰랐다는 조건하에서만 그 고귀한 진리가 보존되는 것이다.

❖ 플라톤에게서 그의 고유한 변증법에 따라, 망연자실하게 만드는 발견(그것은 또한 위험하기도 한데, 더 찾아야 할 것이 남아 있기 때문이다)에 의해, 타자의 타자는 동일자가 된다. 그러나 그러한 변증법적 이중화二重化에서, 어떻게 반복을, 끊임없이 타자를 우회와 회귀를 축성함으로써 타자로, 더욱더 (강화된 것이 아니라 초과된) 타자로 만들고 타자에게서 타자성(소외의 힘)을 제거하면서 무위로 이끌고 비우며 탈동일화시키는 반복을 듣지 않을 수 있는가?

❖ 부주의. 부주의의 강도, 먼 곳에 있는 것이 깨어 있다. 부주의는 주의 그 너머로 향해 있으며, 부주의에 따라 주의는 단순히 어떤 것에 대해, 나아가 어느 누구, 나아가 모든 것에 대해 주의를 기울이는 것에 한정되지 않게 된다. 부주의는 부정否定하지도 긍정하지도 않으며, 다만 초과에 이르는데, 다시 말해 부주의는 지향성을 갖지 않고 부인否認의 의도가 없으며 시간의 탈자태脫自態에 들어가 있지 않다. 우리는 부주의를 스스로 동의해서 용납할 수 있는, 거기에 우리를 내맡겨 둘 수 있는(우리를 비우면서 우리를 내줄 수 있는) 자유──힘──를 갖고 있지 못한데, 따라서 그것은 치명적인 부주의이다. 천체가 텅 빈 하늘 아래 우리를 떠받치고 있는 대지 위에 빛나는 동안, 우리를 이끄는, 무심無心한 부주의의 정념에, 영원한 바깥의 접근할 수 없는 영역을 향해 나아가는 격동이 표시된다. 코스모스의 질서가 유지될 때, 하지만 천체 공간의 드러나지 않은 광채 아래에서, 빛이 없는 밝음 가운데, 그 질서가 무력하고 손상된 채 마치 거만하게 군림하고 있는 것 같을 때, 부재하지만 늘 거기에 존재하는 유예된 최고주권이, 추락하면서 재차──죽음의 법 없는 법으로서, 즉 법의 **타자**로서──나타나는 어떤 죽은 법에 끊임없이 종속되는 곳에서.

❖ 만약 천체와의 결별이 어떤 사건처럼 실현될 수만 있다면, 만약 우리가 자신의 멍든 공간으로 인해 유발되는 폭력에 의해서라 할지라도 코스모스의 질서(즉 세계, 거기서 아무리 무질서가 분명하게 군림할지라도 조정調整해 주는 질서가 언제나 지배한다)로부터 빠져나올 수만 있다면, 연기된 채 임박해 오면서 카오스의 사유가, 우리가 우리 자신을 오직 다시

붙들게만 만드는 어떤 경험(그 경험에서 우리는 움직이지 않은 채 빠져나가 벗어나는 것에, 경험과 현상 밖에서 삶과 죽어감 양자와 거리를 두고 있는 것에 노출되지는 않는다)을 발견하는 가운데, 주어질는지도 모른다.

❖ 오직 중간 영역 領域만을 긍정하거나 부정할 수 있다. 반면 가장 높은 긴장과 가장 낮은 곳으로의 침체(언제나 정당한 향락을——설사 가장 불순한 향락일지라도——백열 白熱로 증발시켜 버리는 그것, 고통 속에서 고통——겪어 보기에는 너무 수동적인 고통, 고통의 참을 수 없는 조용함——의 밑으로 떨어져 버리는 그것)로 인해, 말함을 통해 의미를 나타내는——현전하거나 부재하는——모든 관계들이 깨질 때, 더 이상 긍정할 것도 부정할 것도 없다. 그러한 긴장과 침체로부터, 설사 언어와 분리되어 있지는 않을지라도 어떠한 언어도 점유하지 못하는 중성적인 것(그것에서 언어는 제자리에 놓여 있지 못한 채 끊임없이 전이된다)에 이르러 벗어나게 되는 것이다.

강도는 가치 등급을 매기지 않고, 평범한 도덕의 원리들을 정립하지 않으며, 높거나 낮다고 여겨질 수 없다. 에너지에서 비롯되었든, 무기력에서 비롯되었든 강도는 차이의 극단이며, (존재론이 가정하는 대로) 존재를 초과한다. 절대적인 뒤틀림을 가져오는 그 초과에 따라 체제·영역·규칙·방향·정립과 반란 反亂이, 또한 그것들에 대한 단순한 반대항이 인정될 수 없게 된다. 그에 따라 강도는 그 자체를 사유하려는 사유를 불태워 버리고, 초월성과 내재성을 타오르다 꺼져 버린 형상들에(즉 글쓰기가 남기지만 언제나 미리 상실해 버린 지표들에) 지나지 않는 것으로 만드는 소각 燒却을 통해 사유를 요구하면서, 그 자체가 가리키는 것을 파괴시킨다. 글쓰기는 한계 없는 과정을 배제할뿐더러, 그 자체가 기입되어 있을 어떤 연속적 표면을 여전히 전제하고 이루어지는, 외현을 남기지 않는 파편화 과정을 포함하고 있는 것처럼 보이며, 마찬가지로 글쓰기는 그 자체가 결국 무관하게 될 경험을 전제하고 있다――그런데 그것은 불연속에 의해 연속적으로 이어진다. 거기에 부재를 통해 우리를 회귀하는 카오스에 이미 내맡겨 버리는 침묵의 술책이 있다.

강도. 이 단어에서 우리를 끌리게 하는 점은, 다만 그것이 일반적으로 개념화로부터 벗어난다는 점만은 아니며, 또한 그것이 단어들이 붙여지자마자 명명되면서 단어들의 복수성複數性, pluralité을 통해 그것들로부터 떨어져 나온다는 점이다. 또한 그것이 행사되는 역능과 방향·기호·의미를 표시하는 지향성 그리고 펼쳐지는 공간과 탈자적인 시간에 거리를 설정하며, 그 자체가 의식-무의식이라는 무미건조한 가르침을 다시 각인시켜 주는 일종의 몸의 내면성――생생한 떨림――을 복원시키는 데에서 비롯된 당혹감을 가져다준다는 점이다. 그로부터 이렇게 말해야만 한다. 오직 외재성 가운데에서만, 외재성의 절대적 거리 속에서, 또한 그 무한한 약화를 통해서 강도는 카오스의 매혹을 가져오고, 그에 따라 강도는 계시啓示로, 지식의 잉여로, 신앙으로 번역되지 않으며, 사유로 회귀하지만, 그 사유는 초과에 이르는 사유이고 다만 강도의 회귀가 가져오는 고뇌――반박――일 뿐이다.

❖ '강도', 클로소프스키Klossowski는 이 단어가 우리를 용납하지 않도록 만들기 위해 보통과는 다른 이 단어로 우리를 이끌었다. 말하자면

그는 이 단어가, 의의가 흘러나왔다가 말라 버리는──또한 우리가 의의의 속박으로부터 단번에 벗어날 수 있도록 해주는──틈이 열릴 수 있도록 하기 위해 단순히 내세우기만 하면 충분한 하나의 핵심 단어나 하나의 슬로건이 되지 못하도록 막았다(프리드리히 슐레겔: '강도의 무한').

❖ 어떠한 식으로도 언어와 관계하지 않으며, 언어로부터 오지 않고 다만 언어로부터 언제나 이미 빠져나와 있는 침묵하는 바깥──침묵의 침묵──에서, 시작되었던 적도 없고 끝나지도 않을 것이, 타자가 타인을 대체하는 이 밤이 깨어 있다. 데카르트는 타자를 위대한 반박자라고, 즉 명백성──시선에 분명히 주어진 것──을 경시하고 의심(즉 표리부동한 의심, 즉 동일자가 계속 보존되도록 동일자를 분유分有하는 것)하는 과제를 계속 수행하는 역할을 할 뿐만 아니라 타인으로서의 타자를 뒤흔들어 놓는 속이는 타인이라고 묘사함으로써 규정하고자 했다. 그에 따라 망상의 가능성과 진실의 가능성이, 기만의 가능성과 모호성의 가능성이,──아무것도 의미하지 않는 기호라 할지라도 농담의 기호를 남기지 않는 말하는 묵언과──묵언의 말의 가능성이 사라진다. 그렇지만 침묵의 침묵──언어로부터 오지 않는 침묵(하지만 언어의 바깥)──을 거쳐 카오스의 회귀(선고된 죽음)가 드러내는 비웃음이 반복을 통해 새어 나온다.

❖ 이 명칭들, 탈구의 장소들, 정신의 부재가 가져온, 어디에서도 불지 않는 사방의 바람. 즉 사유, 글쓰기를 통해 파편적인 것으로 떨어져 나

갈 때의 사유. 바깥, 중성적인 것, 카오스, 회귀. 체계를 형성하지 않는 이 단어들은 아무도 지칭하지 않는 고유명사처럼 느닷없이 모든 가능한 의미 밖으로 미끄러져 가며, 그 미끄러져 감도 의미를 형성하지 못하게 막으면서, 다만, 아무것도, 정해져 있지 않은 이 의미의-밖조차도 비추지 않는 미끄러져 움직이는 잠시의 어렴풋한 빛만을 남긴다. 어떠한 내면성도 갖지 않는 그 단어들(무한히 추락해서 화석화되어 버린 심연의 돌들)이 그것들 밖에서 정립되지 않는다면, 그 단어들은, 그것들 내에 담겨 있고 그것들보다 앞서 존재하는 부재에 의해 휩쓸려 나가 황폐해진 어떤 장場에서, 각각, 이미 사라진 동시에 한 번도 표명된 적이 없는 또 다른 언어의 잉여인 것처럼 보인다. 그러나 우리는 그 단어들을 세계에 다시 도입하거나 어떤 초超-세계sur-monde(그 단어들은 그것들 자체의 영원한 비밀스런 고독 가운데 그 초-세계를 불안정하게 중지시키고 보이지 않게 퇴각시킨 결과로 남은 것들이다)에 이르기까지 고양시켜 놓지 않은 채 그 또 다른 언어를 복원해 낼 수 없을 것이다.

❖ 시간의 길 위로 언제나 회귀하면서 우리는 앞서 나갈 수 없을 것이고 뒤에 머무를 수도 없을 것이다. 늦음이 이름이며, 가까움이 멂이다.

❖ 파편들이 완전히 분리되지 못한 채 씌어진다. 파편들은 온전하지 못하고 그러기에는 불충분한데, 그에 따라 실망스러운 작업의 결과로서 표류하고 있다. 퇴락하고 변형된 사유가 전체의 부재를 허구적으로 열리게 하고 닫아 두는 암시된 전체를 형상화하는 데에 따라 어떤 표식

들을 주는데, 그 표식들에 따라 통합되어 있지도 견고하지도 못한 파편들이 공간화되는 지표가 그려진다. 그에 따라 결정적으로 매혹 속에 들어가면서 사유는 전체의 부재 속에서 멈추지 않으며, 중단 없는 깨어 있음으로 항상 넘어갈 뿐이다. 간격이 있다고 말할 수는 없다. 왜냐하면 파편들은 분리되도록 부분적으로는 공백을 갖고 있지만, 그 공백 틈에서 완성의 끝에 도달하는 것이 아니라, 계속 이어지거나 이어지기를 기다리고 있고, 사실 이미 이어져 있기 때문이다. 그것들은 완성에 이르지 못한 채 지속되고 있으며, 동떨어져 남은 실추된 말로, 즉 아무리 공들여 노력해도 근거를 댈 수 없는 비밀 없는 비밀로 남아 있는 대신 지칠 줄 모르는 이성에 의해 언제나 움직이려 하고 있다.

❖ 이러한 오래된 문장들을 읽어 본다. "영감靈感은, 이 끝나지 않는 방황하는 말은 **불면의 기나긴 밤**에 찾아오는데, 글쓰는 자는 바로 그 밤으로부터 돌아서서 자신을 보호하기 위해 사실상 글을 쓰기에 이르게 된다. 이는 그를 잠들 수 있는 세계로 돌려보내는 활동이다." 또한 이러한 것들: "내가 꿈꾸는 곳에서, 그것이 깨어 있다. 꿈에서 놀라게 만드는 그 주시로 인해 아무도 주인이 아닌 어떤 현전이, 비-현전이 지속되지 않는 현재에 깨어 있다. 그 비-현전 가운데로 어떠한 존재도 도래하지 않으며, 그 비-현전의 문법적 형태는 '그le Il'일 것이다." 이렇게 기억을 되돌려 봐야 무슨 소용인가? 그 문장들이 꿈 뒤에서 지속되는 중단 없는 깨어 있음에 대해, 또한 영감을 주는 불면의 밤에 대해 말하고 있는 바에도 불구하고, 그 말들을 그것들 자체를 움직여 온 의미로부터 벗어나게 하기 위해, 그것들 자체와 그것들 자체를 전유해

온 담론으로부터 돌아서게 하기 위해, 왜 그것들을 다시 붙잡아 반복할 필요가 있는 것처럼 보이는가? 그러나 다시 붙잡힌 그 말들은 우리가 더 이상 믿지 않는 어떤 확신을 다시 가져오고, 진리 같아 보이며, 어떤 것을 말하고, 어떤 정합성을 요구하고 있다. 그것들은 이렇게 말한다. 너는 오래전에 이를 사유했으며, 너는 이제 체계를 형성하는 이 합리적인 연속성을 복구하면서, 과거가 보증의 역할을 하게 만들면서, 과거가 능동적인 인용자와 선동자가 되게 만들면서, 이를 다시 사유할 권한을 갖고 있지만, 의식과 무의식의 밖의 영속적인 깨어 있음에 따라 중성적인 것 내에서 벌어지는 보이지 않는 와해를 저지하고 있는 것이다.

❖ 기다림의 말, 그것은 아마 침묵할 것이지만 침묵과 말을 따로 떼어 놓지 않으며, 침묵을 이미 어떤 말함이 되게 하고, 침묵인 말함을 침묵 속에서 이미 말한다. 왜냐하면 치명적인 침묵은 입을 다물지 않기 때문이다.

❖ 파편적 글쓰기는 위험한 것 자체일 것이다. 그 글쓰기는 하나의 이론에 귀속되지 않으며, **단절**이라고 정의될 어떤 실행을 위한 자리를 마련하지 않는다. 그 글쓰기는 중단되어 계속되는 것이다. 그 자체 물음이 되면서 그것은 물을 권리를 가로채지 않고, 다만 물음에 대답하지 않음으로써 물음을 (유지시켜 놓지 않은 채) 유예시킨다. 그것은, 전체가——적어도 이상적理想的으로라도——완성될 때에만, 자체의 시간을 갖기를 요구하는데, 그 시간은 결코 확실히 주어지지 않으며, 다

만 모든 현전하는 과거 이전의 부재, 또한 미래에 도래할 현전의 모든 가능성 이후의 부재, 즉 박탈되어 있지 않은 어떤 의의 속의 시간의 부재일 뿐이다.

❖ 만일 단어들 모두 가운데 비본래적 非本來的, inauthentique인 하나의 단어가 있다면, 그것은 '본래적 本來的, authentique'이라는 단어이다.

❖ 파편의 요구, 극단의 요구는 먼저 안일하게 단상들·문안들·연구들에 대한 것에 지나지 않는 것처럼 여겨질 수 있다. 말하자면 그 요구가 아직 하나의 작품이 되지 못한 것을 준비하거나 폐기하라는 것인 양 말이다. 총체성·완결성으로서 그 자체로 족한 완성된 작품이 단일성을 이룬다면, 그 요구는 작품을 가로지르고, 그 요구에 따라 작품이 전복되고 와해된다. 바로 그 사실을 프리드리히 슐레겔은 예감하고 있지만 결국 알아채지는 못하는데, 우리는 그의 그러한 무지에 대해 비난할 수 없으며, 우리가 그 무지를 그와 공유하는 바로 그 순간에 그는 우리에게 그것을 확인할 수 있도록 도움을 주었고 여전히 주고 있다. 파편의 요구는 카오스와 관계있다. 하지만 카오스에 카오스적인 아무것도 거의 없다는 사실, 우리는 그 사실에 대해 결코 알지 못한 채 사유하는 것을 배워야만 할 것이다.

❖ 파편화는 파괴되어야만 도달할 수 있고, 그래야만 더 확고해지는 정합성을 그 표식으로 삼는다. 또한 파편화의 표식인 그 정합성은 흐트러진 체계 가운데에서도, 체계를 이루는 흐트러짐 가운데에서도 있지

않고, 다만 (현실적으로든 이성적으로든) 전체로서 이미 존재했었던 적도 없고 더구나 미래의 현전(그것이 어떠한 것이든) 속에 회집될 수도 없을 것이 조각나면서(찢김) 주어진다. 어떤 시간화에 의한 공간화는 오직 시간의 부재로서만——사실이 아닌 것처럼——유지되는 것이다.

❖ 파편들로서의 파편은 그 자체 내에 전제되어 있고 그 자체가 붕괴로 이끄는 전체성을 붕괴시키는 데에로 나아간다. 하지만 붕괴로부터 (정확히 말하자면) 파편이 형성되지 않으며, 파편은 사라짐의 에너지로서, 무한의 한계로서——또는 (다시 말하지만, 또한 다시 말하면서 입을 다물기 위해) 작품의 부재로서의 작품으로서——존속되기 위해, 그 자체와 함께 모든 동일성을 사라지게 만들면서 붕괴에 들어간다. 그로부터 체계——아이러니에 의해 어떤 절대의 절대에 오른 체계——를 이룬다는 사기가, 바로 불신용으로 체계를 신용하라는 파편의 요구에 따라 체계가 군림하게 되는 방법이라는 사실이 드러난다.

❖ 파편의 요구에 의해 체계가 무효화되지만(또한 원칙적으로 저자著者의 자아가 무효화된다), 그 요구는 체계에 신호를 보내며 끊임없이 체계를 현전하게 만든다. 마찬가지로 양항의 교차 가운데, **다른** 항은 첫번째 항을 전적으로 망각할 수 없는데, 그것을 대체하기 위해 그것을 필요로 하기 때문이다. 체계에 대한 정당한 비판은 체계를 오류로 치부하는 데(우리는 너무나 자주 거기에 만족한다)에, 또는 그것을 불충분하게 해석하는 데(이는 하이데거에게서조차 일어나는 일이다)에 있지 않고, 그것을 극복될 수 없고 비판될 수 없는 것으로, 또는, 우리

가 흔히 말하듯, 돌이킬 수 없는 것으로 만드는 데에 있다. 체계의 단일성이 편재遍在하기에, 또한 전체가 회집하기에 아무것도 체계로부터 벗어나지 못하며, 불가능한 필연적인 것이 되어 거기로부터 빠져 나오는 것 이외에 더 이상 파편적 글쓰기를 위한 여지가 남아 있지 않다. 파편적 글쓰기는 유예되면서 억제되지 않은 채 동일성의 봉인이 찍힌 자리를 뜯고 (정확히 말해 그것을 뜯는 것이 아니라, 우리가 알지 못한 채, 무시하고 그대로 내버려 두면서) 시간 밖의 시간에 의해 씌어진다. 그렇게 그 글쓰기는 드러나지 않는 한에서 동일자에 귀속되지 않는다. 그렇게 그것은 전체를 완성하는 사유뿐만 아니라 (우리가 '경험'이라는 단어를 어떻게 이해하든지) 경험으로서의 사유를 폭로하는 것이다.

❖ "하나의 체계를 갖는다는 것, 그것은 정신에게 치명적이다. 어떠한 체계도 갖지 않는다는 것, 그것 또한 치명적이다. 그로부터 두 가지 요구를 철회시키면서 둘 모두를 동시에 수락해야 한다는 필연성이 비롯된다" (프리드리히 슐레겔).

❖ 슐레겔이 철학에 관해 말했던 것은 글쓰기에 관해서도 가치가 있다. 우리는 결코 작가인 적이 없어야 작가가 될 수 있는 것이다. 우리가 작가이자마자 우리는 더 이상 작가가 아니다.

❖ 모든 아름다움은 미세한 것에 있다고 대략 발레리Valéry가 말했다. 그러나 이는 만약 전체로서의 예술을 지평으로 갖지 않는 미세한 것

들을 위한 어떤 예술이 있을 수 있는 경우에 타당할 것이다.

❖ 모든 불가피한 회의주의의 단점(또는 장점)은 확실성이나 진리나 믿음에 점점 더 높게 벽을 치는 데에 있다. 우리는 지나치게 믿고 싶은 욕구로 인해 아무것도 믿지 않게 된다. 왜냐하면 아무것도 믿지 않을 때 여전히 지나치게 믿고 있기 때문이다.

❖ 너는 속속들이 작가인가, 말하자면 너의 모든 점에서 너 자체가 살아 있고 역동적인 글쓰기인가? 작가에게 던져진 이러한 물음은 얼마나 부조리한가? 그것은 즉시 그에게 사형을 언도하거나 그의 장례식에서 바보 같은 찬사를 보내는 격이 될 것이다.

❖ 파편의 요구는 우리에게 (정확하게가 아니라 정확하지 않게 말한다면) 아직 파편적인 아무것도 없다는 것을 예감하도록 권유한다.

❖ 긍정은 그것이 아무것도 증명하지 못한다고 주장한다는 조건하에서 증명 없이 정당화된다.

❖ 아니다라고 말할 자를 나는 찾고 있다. 왜냐하면 아니다라고 말하는 것은 '아니다'가 무엇인가를 보존하는 데에로 나아간다고 말한다는 것이기, 즉 섬광과 같은 **말함** dire이기 때문이다.

❖ 글쓰기를 거쳐 도래하는 것은 도래의 질서 가운데 있지 않다. 그렇

다면 누가 너에게 언젠가 글쓰기와 같은 어떤 것이 도래할 것이라고 주장하기를 용납했는가? 아니면 글쓰기는 결코 도래할 필요가 없을 그러한 것이 아닌가?

❖ 누군가(클라벨Clavel) 소크라테스와 관련해 우리 모두가 그를 죽였다고 썼다. 그러나 이는 거의 소크라테스적이지 않다. 소크라테스는 어떤 것과 관련해 우리를 죄인시하는 것도, 그의 아이러니가 우리에게 심각한 것으로 여기지 말라고 말하면서 미리 무의미한 것, 나아가 바람직한 것으로 만들었던 한 사건과 관련해 우리에게 책임을 지우는 것조차도 원하지 않았을 것이다. 그러나 물론 소크라테스는 단 하나의 사실만은 잊어버리지 않았다. 그것은 그 이후에 아무도 더 이상 소크라테스가 될 수 없었으며, 그 자신의 죽음이 아이러니를 죽였다는 것이다. 그의 재판관들 모두가 분개했던 것은 바로 아이러니였다. 그를 위해 정당하게 눈물을 흘리는 자들, 즉 그가 아닌 우리 모두가 여전히 계속 분개하고 있는 것은 바로 아이러니이다.

❖ 비-지非-知는 아무것도 알지 못한다는 것이 아니고, '아니다'에 내포되어 있는 지식조차도 아니며, 모든 학문 또는 무지無知가 은폐하고 있는 것, 또는 드러나지-않은-것으로서의 중성적인 것이다.

❖ 우리가 되풀이해서 '발견하는' 어떤 것이 바로 되풀이ressassement 자체를 발견하는 것이 된다.

❖ R. C.* 로부터 포에지poésie가 하나의 사실로서 빛을 발하며, 그러한 포에지의 사실로부터 모든 사실들이 물음이 되고 나아가 시적 물음이 된다. 그러할 정도로 그는 시인이다.

❖ 무한한 진보를 향한 열광은 단지 열광으로서만 가치를 갖는다. 왜냐하면 무한은 모든 진보의 종말 자체이기 때문이다.

❖ 헤겔이 단 하나의 매개(예수)에 만족하기는커녕 전체를 매개한다면, 물론 그는 기독교의 치명적인 적이지만, 그가 기독교인인 한에서 그렇다. 오직 유대주의만이 매개 없는 사유일 것이다. 바로 그렇기 때문에 헤겔·맑스는 반反유대적이라 말할 수는 없을지라도 비非유대적이다.

❖ 시인으로서 글을 쓰는 철학자는 아마 고유의 자기 파괴를 향해 나아갈 것이다. 그리고 설사 그것을 향해 나아간다 하더라도 그는 거기에 이를 수 없을 것이다. 포에지는 자신에게 대답을 주고 그렇기에 자신을 이해한다고(자신을 안다고) 자임하는 철학에게 하나의 물음이다. 모든 것을 물음으로 만드는 철학은, 철학 자신을 벗어나 있는 물음인 포에지에 발을 부딪칠 것이다.

❖ 글쓰기라는 추방에 처해 쓰는 자. 그 추방의 장소는, 그가 선지자일

---

* [옮긴이] 르네 샤르René Char를 가리킨다.

수 없는 자신의 고향이다.

❖ 자기 자신에 관심 없는 자는 그렇다고 무사無私한 것은 아니다. 그가 모든 관심을 지나쳐 버리는 타인에게 자신 안의, 자신에 대한 무사성無私性에 따라 언제나 열려 있는 한에서만, 그는 무사해지기 시작할 것이다.

❖ 자기에 대해 고백하기 위해서든 분석하기 위해서든, 모든 이의 눈에 자기를 노출시키기 위해서든, 자서전을 예술 작품처럼 쓴다는 것은, 영속적으로 계속되는 자살──파편들처럼 이어지는 총체적 죽음──을 통해 아마 살아남기를 추구하는 것이다.

　자기가 씌어진다는 것, 그것은 이제 당신의 비존재만을 짐으로, 삶으로 떠맡게 될 어떤 주인──타인, 독자──에게 자기를 내맡기기 위해 존재하기를 그만두는 것이다.

❖ 어떤 의미에서 '나'는 상실되지 않는데, 왜냐하면 나는 나 자신에 속해 있지 않기 때문이다. 따라서 '나'는 자기에게 속해 있지 않음으로써만, 따라서 언제나 이미 상실된 채로만 나인 것이다.

❖ 작가는 목숨을 건 도약 없이 쓸 수 없으리라. 그렇다면 그 경우 목숨을 건 도약은, 그 자체가 실제로 완성되기 위해서는 이루어질 자리가 없어야만 하기에, 필연적으로 하나의 환상에 지나지 않는다.

❖ 라이프니츠Leibniz의 신은 존재하는데 왜냐하면 가능하기 때문이라고 교과서적으로 말해 볼 수 있다면, 우리는 그 반대를 말할 수 있음을 알게 될 것이다. 즉 현실적인 것은 오직 가능태를 배제하는 한에서, 말하자면 불가능함으로써 현실적이다. 마찬가지로 죽음의 경우에도, 마찬가지로, 보다 더 정확한 근거하에서, 카오스의 글쓰기의 경우에도 그렇다.

❖ 오직 유한한 (유한성이 단 하나의 운명인) 어떤 '나'만이, 자신이 타자 안에서 무한을 책임지고 있는 자임을 깨닫는 데에 이르게 될 것이다.

❖ 나는 오직 무한인 한에서만 한계 지어져 있다.

❖ 만일, 레비나스가 어원학적으로 단언하듯이, 종교가 연결시키고 같이 매어 놓는 것이라면,* 단일성을 넘어서 떼어 놓는 비-연결은 도대체 무엇인가? '같이 지탱되는' 공시성共時性을 벗어나는 것, 그러나 모든 관계를 파기하지는 않으면서 단절이나 관계의 부재 가운데 여전히 어떤 관계를 끊임없이 열어 놓는 그것은 도대체 무엇인가? 그렇다면 그것은 비-종교적이어야만 하는 것인가?

❖ 한계 지어진-무한, 그것이 바로 너인가?

---

* [옮긴이] '종교'를 가리키는 프랑스어 'religion'의 라틴어 어원은 'religare'이며 그 의미는 '연결시키다', '하나의 끈으로 묶어 두다'이다.

❖ 만일 네가 '시대'를 듣는다면, 너는 시대가 네게 시대의 이름으로 말하지 말고 시대의 이름으로 입을 다물라고 낮은 목소리로 말한다는 것을 배우게 될 것이다.

❖ 소크라테스는 물론 쓰지 않았지만, 목소리 아래에서, 바로 글쓰기를 통해 그는 영속적이자 영속적으로 죽어감에 내몰린 주체로서 자신을 타자들에게 내어 준다. 그는 말하지 않으며, 물음을 던진다. 물음을 던지면서 그는 말을 끊고 끊임없이 자신의 말을 끊으며, 아이러니에 따라 파편적인 것에 형식을 부여하고, 죽음으로써 말을 뇌리에 떠나지 않는 글쓰기에, 마찬가지로 그 글쓰기를 단 하나의 유언의 (그렇지만 서명이 없는) 글쓰기에 갖다 바친다.

❖ 왜 아무것도 없기보다는 오히려 무엇인가 있는가? 또한 왜 선善보다는 오히려 악惡이 있는가? 의문형으로 가장되어 제출된 이 두 문장 사이에서, 나는 사람들이 판별할 수 있다고 자신하는 그 차이를 알아보지 못한다. 왜냐하면 둘 모두는 존재도 무도 아니며 선도 악도 아닌 어떤 '있음il y a'(그것이 없다면 이 모든 것이 무너지거나 이미 무너졌을 것이다)에 의해 지지되고 있기 때문이다. 무엇보다 **있음**은 중성적인 한에서 그 자체에 주어지는 물음을 무시한다. 질문거리가 되어, **있음**은 그 자체를 부각시켜 보여 줄 수 없는 질문을 아이러니에 따라 없애 버린다. 설사 **있음**이 정복된다 할지라도, 패퇴당하는 것이 **있음**에 합당하지 못하게 합당하기 때문이며, 또한 **있음**은 그 자체의 영속적 반복에 따라 나오는 악무한에 의해 참된 사실로 규정되기 때문이다. 그

러나 그것은 (가장에 따라) 초월성을 모방하고, 초월성이 본질적으로 애매하며, 그 애매성은 참과 정당성을 기준으로 측정되기 불가능하다는 사실을 폭로해 버린다.

❖ 죽어감이 의미하는 바. 기억될 수 없는 어떤 과거에, 네 것이 아니기에 네가 알지도 못하고 체험하지도 못한 어떤 죽음으로 죽은, 너는 이미 그렇지만, 그 죽음의 위협 아래에서, 너는 삶으로 부름받았다고 스스로 믿고 있고, 그 죽음을 실현되어 경험에 들어올 어떤 것처럼 가능한 것으로 만들어 놓기 위해 미래를 구축하면서 이제 그것을 미래에 기다리고 있다.

쓴다는 것, 그것은 언제나 이미 지나가 버린 죽음을 더 이상 미래에 가져다 놓지 않는 것, 그 죽음을 현전하게 만들지도 그것에 자기를 현전하게 만들지도 않은 채 그것을 감내하기를 받아들이는 것이다. 또한 그 죽음이 경험되지 않았음에도 불구하고 이미 실현되었다는 것을 아는 것, 그리고 그 죽음을 그 자체가 남긴 망각 (그러한 망각의 지워지는 흔적들은, 카오스로 인해 실재적인 것이 불가능한 것이 되고 욕망이 욕망할 수 없는 것이 되는 곳에서, **코스모스의 질서로부터 예외적으로 벗어나게** 된다) 속에서 감지하는 것이다.

현전하지 않는 어떤 과거의 증거가 되는, 언제나 앞서 오는 그 불확실한 죽음은 결코 개인적인 것이 아니며, 또한 그것은 전체를 넘어선다(이는 이미 전체의 강림을, 그 완성을, 변증법의 종말 없는 종말을 전제하고 있다). 자아가 아직 없는 어린아이가 아직 존재하지 않기에 스스로 경험할 수 없는 충격적인 상태(몸부림치게 만드는 원초적 고통들)

를 겪는데, 이후에 어른이 그 상태에 (그것을 욕망하기 위해서든, 공포 속에서 혐오하기 위해서든) 자신의 쪼개진 자아를 통해, 기억되지 않는 기억 가운데, 끝장나 버리거나 붕괴된 자신의 삶에서 이를 수 있다. 위니컷 Winnicott이 사유했던, 최초의 어린 시절에 고유하게 나타나는 그러한 부침浮沈에 대해 설명함으로써, 전체 밖의, 시간 밖의 그 불확실한 죽음에 대해 해명할 수 없을는지도 모른다. 오히려 그러한 설명은 적어도 인상적이기는 한 설명에, 즉 개인화될 수 없는 것을 개인화시키고 나아가 표상될 수 없는 것의 어떤 표상을 제공하는 응용에, 우리로 하여금 전이에 따라 기억될 수 없는 알려지지 않는 것의 수동성을 기억되는 현재 가운데(말하자면 어떤 현행의 경험 가운데) 고정시킬 수 있다고 믿게 만드는 허구적 응용에 지나지 않을 것이다. 즉 단지 붕괴가 임박해 있다는 생각이 뇌리를 떠나지 않는 사람에게, 일종의 플라톤주의적 방법으로, 그것은 이미 일어났고 이제 일어나지 않을 것이라는 것을 저는 알고 또한 기억합니다라고 말할 수 있게 한다는 점에서 ─그렇게 진리에 대한 어떤 지식과 일직선상의 공통적 시간을 복구한다는 점에서 ─아마 임상적으로 유용한 우회적 조처措處에 지나지 않을 것이다.

❖ 감옥 없이도, 우리는 우리 모두가 이미 수감되어 있다는 것을 알고 있을 것이다.

❖ 필연적인 불가능한 죽음: 왜 이 단어들 ─또한 그것들이 참조하고 있는 경험되지 않은 경험 ─은 이해를 벗어나는가? 왜 그러한 충돌

이 발생하고, 그러한 거부가 표명되는가? 왜 그것들을 한 작가가 고유하게 창조해 낸 허구로 만들면서 지워 버려야 하는가? 당연하다. 사유는 그 자체 내에 담고 있고 그 자체를 담고 있는 그것을 망각하지 않고서는 수용할 수 없다. 그에 대해 나는 세르주 르클레르Serge Leclaire의 의미심장한 고찰\*을 원용해서(아마도 그것을 왜곡시켜서) 간결하

---

\* [옮긴이] 그 고찰에, 저자가 이 책에서 참조한 다른 어떠한 논의들보다 우리가 더 주목할 필요가 있을 것이다. 또한 그 고찰은 이 책의 아마도 가장 중요한 부분인, 우리가 읽게 될 세 개의 '하나의 원초적 장면?'Une scène primitive?을 이해하는 데에 필요한 준거점이 된다(그 사실을 필립 라쿠-라바르트Philippe Lacoue-Labarthe가 확인해 주고 있는데, 라쿠-라바르트의 유작으로 남은 블랑쇼에 대한 성찰인 『끝난 단말마斷末魔, 끝날 수 없는 단말마』(Ph. Lacoue-Labarthe, *Agonie terminée, agonie interminable-sur Maurice Blanchot*, Galilée, 2011)를, 특히 2부를 구성하는 같은 제목의 텍스트를 참조).
자크 라캉Jacques Lacan의 제자이자 동료였던 정신분석학자 세르주 르클레르는 자신의 중요한 저작『사람들은 한 어린아이를 살해한다』(S. Leclaire, *On tue un enfant*, Seuil, 1975)에서, 부모들의 비밀스러운 소원들이 응축되어 있고 우리 각자의 무의식을 뿌리내리게 하는 근원 환상으로서의 어린아이의 이미지를 조명하면서, 우리가 사회 내에서 주체로서 살아가고 사랑의 공간 안을 진입하기 위해 필연적으로 요구되는 것이 그 어린아이에 대한 끊임없는 살해라고 말한다. 그러나 한 번의 살해로 결코 죽지 않는, 무한히 살해해야 할, 따라서 죽은 채로 되살아나 되돌아오는 이 '가장 늙은 인간'은, 르클레르에 의하면, 성인에게서 죽음 충동을 통해 경험(또는 비경험)의 영역 안으로 들어오는데, 죽음 충동이 겨냥하고 있는 자가 바로 이 어린아이이자 '가장 늙은 인간'이다.
르클레르가 그러한 인간 존재에 대한 결정적이자 완벽한——이루어진, 완결된——살해가 불가능하다고 밝히는 것과 같은 맥락에서, 블랑쇼는 자신이 반복해서 강조해 온 '불가능한 죽음'을 다시 표명한다. 『카오스의 글쓰기』에서 르클레르의 논의(블랑쇼가 관심을 집중시킨 부분은, 『사람들은 한 어린아이를 살해한다』의 1장 「피에르-마리 또는 어린아이에 대하여」Pierre-Marie ou de l'enfant이다)를 원용해서 블랑쇼가 다시 한 번 '불가능한 죽음' 또는 '죽음의 불가능성'을 부각시키고 있다면, 그 이유는 물론 어떤 형이상학적·종교적 낙관론의 입장에 서서 영원한 인간 존재 또는 인간 존재의 영원성(어떠한 종류의 것이든 우리가 흔히 말하는 '영생'이라는 관념에 포섭될 수 있는 것)을 주장하기 위해서가 아니다——당연히 아닌데, 종교적·형이상학적 '영생'이라는 것만큼 그의 사유와 어울리지 않는 것은 아무것도 없을 것이다. 끊임없이 살해당하는 어린아이가 우리에게 어떤 자연적

게 말해 보고자 한다. 그에 의하면, 우리는 자기 안(또한 타인 안)의 **유아**幼兒, infans를 살해함으로써만 살아가고 또한 말하는데, 그 **유아**란 무엇인가? 당연히 아직 말하기를 시작하지 않았고 한 번도 말할 수 없을 그 아이, 그러나 우리를 만들었고 우리가 태어나는 것을 보았던 자들(부모, 사회 전체)의 꿈과 욕망 속에 있었던 우리인 경이로운(무서운) 어린아이이다. 그 어린아이, 그는 어디에 있는가? 정신분석학의 용어(생각컨대 그것은 오직 정신분석을 임상으로 실행하는 자들만이 사용할 수 있는데, 왜냐하면 그들에게 정신분석학은 모험, 극단적으로 위험한 것, 일상의 의문이기 때문이다——그게 아니라면 그것은 단지 어떤 정

---

인 인간 존재라면, 우리 인간은 자연과도 문화(사회·언어·의식)와도 동일화될 수 없는 존재라는 사실을, 인간이 자연과 문화 양자 모두에 대한 차이 자체라는, 인간이 자연에 난 빈 구멍이자 문화에 난 빈 구멍이라는 인간 존재의 근본적인 조건을 확증하기 위해서이다. 절대로 인간은 뒤로 되돌아가 그 어린아이와 동일시될 수도 없을 뿐만 아니라(블랑쇼가 반복해서 말하듯, 그 어린아이는 어떠한 형태로도 현재에 살아서 현전하지 않는다), 그 어린아이를 장사지내 완전히 망각한 후 결핍 없는 의식적·사회적 자아(완벽한 어른, 완전한 인식과 의지의 주체)로 스스로를 정립시킬 수도 없다는 것이다. 바로 완벽한 어른이 될 수 있다는 것을 보여 주기 위해, 『문학의 공간』에서 거론되고 있듯이, 키릴로프는 '형이상학적' 자살을 시도했던 것이고, 서양의 전통 내에서 '죽음의 가능성'에 대한 추구가, 즉 죽음을 자아의 절대적 자유와 지배력을 결정적으로 시험해 볼 수 있는 계기로 전환시키려는 시도가 이어져 왔던 것이라면, 그 어린아이는 죽음이나 자살의 순간에서조차 의식과 의지의 영역 내에 포획되어 '죽지 않고', 하지만 죽어가는 채로 되살아나 죽음 자체의 가능성을 불가능성으로 돌려놓는다. 말하자면 그 어린아이는 오직 자아의 초과 또는 여분의 공간(다른 공간, 의식도 의지도 관념도 다가갈 수 없는 공간, 의식적으로 긍정할 수도 부정할 수도 없는 공간, 즉 바깥)에서만 '말하며', 의식적·의지적 존재로서의 완전한 어른을, 총체적 자아를 불가능하게 만들어 놓는다. 결국 인간은 자연으로 되돌아 갈 수 없고, 이 세계를 궁극적인 거주의 공간으로 만들지도 못한 채 '찢겨져' 있다. 블랑쇼는 헤겔이 『정신현상학』 서문에서 말했던 '찢긴 존재'(찢긴 인간 존재)의 불행이 어떠한 변증법적 종합의 위로도 받지 못한 채 급진적으로 근본적으로 덧나는 지점을 비춘다.

립된 문화에서의 편리한 언어에 지나지 않는다)를 따른다면 '1차적 자기애의 표상' 가운데 그 어린아이를 동일화시킬 근거가 있는데, 이는 그 표상이 영원히 무의식에 속해 있으며, 그렇기에 결국 결코 지워지지 않는 표본이라는 위상을 갖고 있음을 의미한다. 그로부터 정확히 말해 '광기에 이르게 만드는' 난제가 비롯된다. 다시 말해 유아의, 또한 욕망 아래의 림보limbes*에 머물러 있지 않기 위해서는, 파괴될 수 없는 것을 파괴하는 것이, 마찬가지로 우리가 접근할 수 없었고 영원히 접근할 수 없을 것 ──또는 필연적인 불가능한 죽음── 을 (단번에 가 아니라 지속적으로) 끝장내야 하는 것이 관건이 되는 것이다. 다시 말하지만, 오직 죽음이, 장소가 정해져 있지 않고 정해질 수 없는 사건이 이미 자리 잡았기 때문에만, 우리는 살아가고 말하는(그러나 어떠한 종류의 말을 말하는가?) 것이다. 우리는 말하는 데에서 그 사건 앞에서 말문이 막히지 않기 위해 그 사건을 개념의 작업(부정성)이나 나아가 정신분석학적 작업의 영역에 맡겨 두는데, 정신분석학적 작업을 통해, 단지 끊임없이 완성에 이르러야 할 그 최초의 죽음 그리고 손쉽게 단순화시켜 (마치 최초의 죽음은 유기체적이지 않은 것처럼) '유기체적'이라고 부를 두번째 죽음 사이의 통상적인 혼동을 제거할 수 있을 뿐이다.

 여기서 우리는 헤겔의 도정道程에 대해 묻고 기억해 보고자 한다. 그 혼동 ──당신이 혼동이라고 명명한 것── 을 어떤 요술과는, ──물론 큰 중요한 의미를 담고 있는── 관념론적이라고 (편리하게) 부르는

---

* [옮긴이] 세례받지 않은 채 죽은 어린아이의 영혼이 가는 곳을 말한다.

간계와는 다른 방법으로 과연 없앨 수 있는가? 그럴 수 있을 것이다. 초기 헤겔을 기억해 보자. 우리가 헤겔의 초기 철학이라고 부르는 것 이전에도 그는 두 죽음이 분리될 수 없다고, 또한 죽음과 마주해 맞서는, 다시 말해 죽음에 정면으로 대적하거나 죽음의 위험에 노출될 뿐만 아니라 (이는 영웅적 용기의 특성이다) 죽음을 죽음의 공간 안으로 들어가서 무한한 죽음으로, 간단히, 죽음으로, '자연적 죽음'으로 겪어내는 단 하나의 사실만이 최고주권과 지배권을, 즉 특권적 정신을 정립할 수 있다고 생각했다. 아마 부조리하게도 그로부터 변증법을 가동시키는 것에 따라, 즉 죽음이라는 경험될 수 없는 경험에 따라 즉시 변증법이 중지된다는 사실이 비롯된다. 변증법의 중지 이후의 모든 과정에 일종의 기억이 언제나 고려해야 하는 아포리아로서 보존되어 있다. 나는 최초의 철학에서부터 사유가 놀랍도록 풍요롭게 발전함에 따라 어떻게 잘 알려진 대로 난제를 극복했는지 자세히 살펴보지는 않을 것이다. 그러나 만일 죽음·살해·자살이 과제로 이어지고, 죽음이 무력의 역능이, 이어서 나중에 부정성이 되면서 그 자체 완충지대로 들어섰다면, 우리가 **가능한** 죽음의 도움으로 앞으로 나아갈 때마다, 그때마다 문장으로 표현되지 않는 죽음을, 개념 밖의 명명될 수 없는 죽음을, **불가능성** 자체를 무시하고 그냥 지나쳐 버려서는 안 되는 필연성이 여전히 대두되는 것이다.

나는 하나의 고찰을, 하나의 질문을 덧붙이고자 한다. 세르주 르클레르의 어린아이, 우리가 끊임없이 죽음으로 돌려보냄으로써만 우리 자신이 삶과 말에 도달해서 살해할 수 있는 무섭고 폭군 같은, 영광에 둘러싸인 찬란한 유아는 정확히 위니컷의 어린아이가, 살아가기 이전에 죽어감 가운데 침몰해 버렸던 자가, 어떠한 지식과 어떠한 경험에 비추어 봐도 그의 역사 가운데 과거의 어느 정해진 시점에서 죽었는가를 결정할 수 없는 어린아이가 아닌가? 그렇게 무섭고 폭군 같은, 영광에 둘러싸인 찬란한 어린아이, 왜냐하면, (우리가 여기에서처럼 말할 수 있다고 아는 척할 때조차, 특히 그때) 우리 자신도 모르게, 언제나 이미 죽었기 때문이다. 그렇게 우리가 살해하려고 애쓸 그 자는 죽은 어린아이, 삶 가운데 죽음을 가져오고 삶 속에서 죽음을 지속시키는 자일 뿐만 아니라, 또한 두 죽음에 대한 혼동이 발생하지 않을 수 없게 만들었고 그에 따라 **지양**에 공허의 낙인을 찍고 자살에 대한 모든 논박을 부질없는 것으로 만들면서 우리에게 그 혼동을 '제거하도록' 결코 허락하지 않는 자이다.

나는, 세르주 르클레르와 위니컷이 자살이 하나의 답이 아님을 보여 줌으로써 거의 같은 방법으로 우리로 하여금 자살로부터 돌아서게 만들고자 한다는 점을 지적하고자 한다. 그 점보다 더 정당한 것은 아무것도 없을 것이다. 죽음이 결코 단 한 번에 완성되지 않는 것의 무한한 참을성 가운데 놓여 있다면, 자살이라는 단락短絡을 통해, 이미 언제나 자리 잡고 있기에 자리 잡을 수 없는 것의 수동성을 '착각에 따라' 능동적 가능성으로 변형시키면서, 필연적으로 죽음을 포착하지 못할 수밖에 없다. 그러나 자살을 아마 다르게 이해해야만 할 것이다.

자살은, 무의식적인 것(깨어 있지 않은 주시 가운데 깨어 있음)이 우리에게 어떤 것이 변증법 속에서 제대로 돌아가지 않고 있다는 점을 경고하는 방법일 수 있다. 자살──우리가 그렇게 명명하는 것──과 관련해 무의식적인 것은 우리에게 살해해야 할 어린아이가 이미 죽은 어린아이이며, 따라서 자살을 통해 **단순히 아무것도 일어나지 않는다**는 사실을 환기시키는 것이다. 그로부터 자살이 우리에게 가져다주는 회의의, 공포의 감정이 비롯되며, 동시에 자살은 자살 자체를 반증하고 싶은, 즉 그것을 실재적인 것으로, 즉 불가능한 것으로 만들어 놓고 싶은 욕망을 부추긴다. 자살에서 '아무것도 일어나지 않는다'는 사실은 물론, 과감성을 보여 주는 그 종말, 즉 주도권을 보여 주는 것으로 드러난 결과에서, 개인이 부딪친 어떤 **국면** 가운데 발생한 개인사적 어떤 사건이라는 형태를 취해 드러날 수 있다. 수수께끼인 점은, '내'가, 정확히 나 자신을 살해하면서, '나 자신'을 살해하지 않고, 어느 누구(또는 어떤 것)가 어쨌든 비밀을 누설하면서 즉시 **빠져나가 벗어나**는 것을, 죽음 이후를, 즉 오래된 죽음이 발생했던 기억될 수 없는 과거를──타자의 형상을 취한──사라져 가는 어떤 나와 모두에게 드러내 보여 주기 위해 그 나를 이용한다는 것이다. 지금이나 미래(도래할 현재)의 죽음은 없다. 자살은 아마, 자살은 의심할 바 없이 하나의 기만일 것이다. 그러나 자살에서 내걸린 문제는 유기체적 또는 자연적 죽음이라는 또 다른 사기를 (사유될 수 없는 유일한 것에 대한 통상적 생각에 따라, 우리가 그 죽음을 자리 잡되 한 번만 자리 잡을 수 있는 것이기에 변별되고 결정적으로 별개이며 혼동해서는 안 되는 것으로 여긴다고 주장하는 한에서) 한순간 명백하게 밝히는──드러나지 않게 숨기는──데에 있다.

    그러나 자살에 의한 죽음과 (만일 이런 것이 있을 수 있다면) 자살이 아닌 죽음 사이에 어떠한 차이가 있는가? (전적으로 죽음의 **가능성** 위에, 죽음을 힘으로 사용하는 데에서 정립된) 변증법에 내맡겨진 첫번째 죽음은 우리가 해독할 수 없는 모호한 신탁信託이다. 그 신탁 덕분에 우리는, 죽음의 욕망에 송두리째 사로잡혀 있었던 자가 죽음에 대한 자신의 권리를 내세우고 자기 자신에게 죽음의 힘을 행사함으로써 ─하이데거가 말했던 대로, **불가능성의 가능성**을 엶으로써─, 나아가 비非-지배권을 지배하는 주인이 될 수 있다고 믿음으로써 일종의 덫에 붙들려 또 다른 곳에서 영원히 ─물론 한순간─ 멈추게 된다는 점을 끊임없이 망각하면서도 예감한다. 반면 그곳에서 이미 주체이기를 그만두고 견고한 자신의 자유를 상실한 그는 자기 자신의 타자가 되어 도래하지 않거나 (변증법을 끝에 이르게 만들면서 착란 상태에서 변증법을 번복함으로써) **모든 가능성의 불가능성**으로 돌아서는 죽음에 부딪히게 된다. 어떤 의미에서 자살은 일종의 드러냄이지만(그로부터 그것이 갖는 오만하고 난감하며 신중하지 못한 특성이 비롯된다), 그것이 드러내는 것은 드러낼 수 없는 것이다. 다시 말해 죽음을 통해 아무것도 일어나지 않으며 죽음 자체도 일어나지 않는다(그로부터 죽음의 특성인 반복이 헛된 동시에 필연적이게 된다). 그러나 비록 수포로 돌아가기는 하지만 그렇게 자살을 드러내면서 우리는 문장으로 표현되지 않고 개념으로 포착되지 않는 죽음(언제나 의심해 보아야 하는 단언)으로 '자연히' 죽어가지만, 그러기 위해 우리(물론 그것은 '우리'가 아니다)는 **미리 할 수밖에 없으며** 드러나지 않는, 누구도 완성시킬 수 없는 지속적 자살을 통해 모든 것이 자연(비자연화가 전제된 어떤 자연)으로 회귀하는 역사의 종말에 설치된 함정으로 진입해야만 한다. 언제나 이중적이었던 죽음과는 다른 죽음이 마치 죽어감의 무한한 수동성의 끝에 이르듯이, 무너지는 한 모래 구릉丘陵보다 더 무의미하고 더 관심을 끌지 않는 어떤 자연적인 것의 단순성에 귀착될 때 말이다.

❖ '사람들은 한 어린아이를 살해한다.' 바로 확실하지 않은 힘을 담고 있는 이 표제를 결국 환기시켜야만 할 것이다. 최초에 나였던 그 유아를 살해하고 항상 살해해야 할 자는 내가 아닌데, 반면 나는 아직 존재하지 않았지만, 다만 어떤 자들의, 이어서 모두의 꿈과 욕망과 이미 지적인 것 속에 존재했을 뿐이다. 죽음과 살해(나는 이 두 단어를 진정으로 구별하는 것을 막지만, 그것들을 분리시켜야만 할 것이다)가 존재한다. 그 죽음과 살해에 대해 책임져야 할 자는 바로 능동적이지 않고 책임 없는, 비인칭의 어떤 '그 누구on'이다──마찬가지로 어린아이는 언제나 정해져 있지 않고 누구와도 관계를 맺지 않고 있는 어떤 어린아이이다. 이미 죽은 한 어린아이가 살해에 의한 죽음을 통해 자신을 죽여간다. 설사 우리가 그를 놀랍고 무섭고 폭군 같고 파괴할 수 없다고 규정할지라도, 사실 우리는 그에 대해 아무것도 알지 못한다. 단 하나, 죽음과 살해로 인해, 말과 삶이, 영원한 유아가 자신의 형상으로 삼고 있는 동시에 빠져나와 있는, 역사 아래의, 결국 과거 밖의 말없는 과거에 허구적으로 정립된 단수적 관계 내에서만, 가능해진다는 점만을 알 뿐이다. '사람들은 한 어린아이를 살해한다.' 이 현재형에 대해 틀리게 생각해서는 안 된다. 그것은 일이 단 한 번에 벌어질 수 없으며, 일이 시간 가운데 어떠한 특권적 순간에도 완성될 수 없고, 일이 진행되지 않은 채 진행되며, 따라서 일이 오직 시간을 파괴하는(지우는) 시간 자체로만 열리는 데에로 나아간다는 것을 의미한다. 지움 또

는 파괴 또는 선물, 그것이 말하여진 것 밖의 어떤 말함un Dire hors dit 이, 글쓰기의 말(그것을 통해 그 지움은 스스로 이번에는 지워지기는커녕 그 자체의 표식을 만들어 내는 **단절**에 이르기까지 한없이 영속적으로 이어진다)이 가져온 세차歲差 내에서 언제나 이미 확인되었다.

'사람들은 한 어린아이를 살해한다.' 이 침묵의 수동적인 것, 이 죽은 영원성, 살해를 통해 그것으로부터 떨어져 나오기 위해 거기에 삶의 시간적 형태를 부여해야만 한다. 어느 누구의 동반자도 아닌 이 동반자, 우리는 그를 결핍 속에서 특정 인물로 만들어 놓고자 하지만, 그를 기피함으로써 살아가고, 비-욕망으로 욕망하며, 그가 말하는 말-아닌-것을 통해, 또한 그것에 대립해서 말한다. 적은 단어들로 이루어진 가장 간단한 문장이 그를 노출시켜 주는 것처럼 보인다(사람들은 한 어린아이를 살해한다)할지라도, 그에 대해 우리에게 알려 줄 수 있는 아무것(지식 또는 비-지)도 존재하지 않는다. 그러나 그 문장은 즉시 모든 언어로부터 뽑혀져 나오는데, 왜냐하면, 우리에게, 우리 자신의 타자이며 타자와의 불가능한 관계 가운데 있는 우리에게 그 문장을, 발음할 수 없는 것을 발음할 기회가 주어질 때마다, 그 문장은 바로 의식과 무의식 밖으로 우리를 이끌기 때문이다.

❖ (하나의 원초적 장면?) 후일 더 이상 뛰지 않는 심장 가까이에서 살아가게 될 당신들, 이러한 가정을 해보라. 그 어린아이는——그 아이는 일곱 살, 아마 여덟 살인가?——서서 커튼을 젖히고 창유리를 통해 바라본다. 그 아이가 보는 것, 정원, 겨울 나무들, 집 벽. 의심할 바 없이 한 어린아이처럼 그 아이는 자신의 놀이 공간을 보고 있다가 싫증 나서 일상의

하늘을 향해 위로 구름들과 함께 회색빛을, 원경이 보이지 않는 칙칙한 대낮을 천천히 바라본다.

이어서 일어난 일. 갑자기 열린, 절대적으로 검고 절대적으로 텅 빈 하늘, 그 똑같은 하늘은 (깨진 창유리를 통해) 모든 것이 늘 영원히 사라져 갔던 그러한 부재를 드러내며, 그 부재 가운데 무$_無$가, 무엇보다 먼저 저 너머의 무가 존재하는 그것이라는 현기증을 불러일으키는 지식이 단적으로 표명되고 흩어져 가기에 이른다. 이 장면(그 끝나지 않음)에서 기다리지 않았던 것은 그 아이를 즉시 잠식해 나가는 행복의 감정, 그 아이가 오직 눈물로만, 끝없이 흐르는 눈물로만 증명할 수 있을 휩쓸고 지나가는 환희이다. 우리는 그 아이가 슬플 것이라고 믿고, 그 아이를 위로하려 할 것이다. 그 아이는 아무 말도 하지 않는다. 그 아이는 이제 비밀 속에서 살아갈 것이다. 그 아이는 더 이상 눈물을 흘리지 않을 것이다.

❖ 어떤 것이 변증법 안에서 잘 돌아가지 않는다. 그러나 오직 넘어설 수 없는 요구에 따르고 있고 완성된 상태로 언제나 유지되는 변증법적 과정 내에서만, 우리는 그 과정에서 배제된 것을 사유할 수 있게 되는데, 그 과정이 틀렸거나 받아들일 수 없어서가 아니라, 그 자체가 전개되는 가운데에서, 또한 그 자체가 끝에 이르기까지 끝없이 계속 전개되도록 하기 위해서 그럴 수 있게 되는 것이다. 완성된 역사, 지식 자체를 아는 지식의 단일성 내에서 완전히 알려지고 변형된 세계, 그것은, 세계가 완전히 **생성되었**거나 **죽었으며**, 따라서 세계의 일시적인 형상이었던 인간도 마찬가지이고, 또한 삶에 대한 무관심과 삶의 부동의 결여만을 드러내는 사려 깊다는 정체성을 소유한 주체도 마찬가

지라는 것을 말한다. 설사 허구적으로라 할지라도, 또한 가장 위험한 게임을 통해서 우리에게 스스로 나아갈 수 있는 기회가 드물게 주어지는 곳에서, 우리는 전혀 변증법으로부터 해방되어 있지 않고, 반면 변증법은 순수한 담론이, 회자되지만 아무것도 말하지 않는 것이, 절대와 전체성이 걸린 문제이자 그것들의 게임인 책이 된다. 스스로 구성되면서 파괴되는 책은 다양한 형태의 '아니다'의 작업이 이루어지는 곳이지만, 그 작업 배면에서 독서와 글쓰기는, 더 이상 최초와 최후의 긍정적 단언이 존재하지 않는 순환적 운동 속에서, 언제나 반복되지만 동시에 유일한 어떤 '그렇다'의 도래를 위해 움직이고 있다.

  우리는 우리 자신이 결국 그 순환적 운동 속에 있다고 가정해 볼 수 있을 것이다. 우리가 그 속에 있게 되면서 언어에 대한 염려와 언어의 이론적 실천이 비롯되며, 그러한 염려와 실천에 연관되어 자체를 가늠하지 않을 수 있는 지식은 더 이상 존재하지 않는 것처럼 보인다. 헤겔과 관련해 맑스가 제안했던 '언어로부터 삶으로 넘어가라'는 전복의 요구가 이번에는 그 자체 전복되는 것과 같다. 다시 말해 완료된, 즉 완성된 삶이, 준거점이 없는 어떤 언어(그 언어는 그 자체의 학<sup>學</sup>이, 모든 학의 모델이 된다)에, 그 자체에 대해 끊임없이 말함으로써 모든 것을 말하라는 임무를 부여하는 것이다. 이는 겉으로는 변증법에 대한 부인처럼 보이지만 사실은 다른 형태 아래에서 변증법을 이어 가고 있는데, 따라서 우리는 변증법에 대한 요구가 그 요구 자체를 폐기시키는——무효화시키는——것에 의해 오히려 새롭게 개선되기 위해서 스스로 철회되는 데로 나아가지는 않는다고 결코 확신할 수 없게 된다. 그로부터 아마 아무것도 결코 확신할 수 없게 된다. 그로부터 아마 아무것도 도출되지 않으며, 그 '아마'도 도출되지 않고, 언제나 우리가 변증법에 의해 구원받도록 선고받았다는 사실도 도출되지 않는다. 먼저 변증법과 관련해 변증법이 (나는 반박될 수 있다고 말하지 않을 것인데, 반박의 가능성은 이미 변증법적 내에 포함되어 있다) 다만 거부될 수 있다고 의심할 권위를 부여하는 것에 대해 알아봐야만 한다. 또한 그러한 의심이 변증법에 대한 거부를 성공적으로 무력화시킬 수는 없는지, 따라서 왜 최초의 거부——시작에 대한 거부, 철학, 즉 소크라테스와의 대화에 들어가는 것에 대한 거부 또는 보다 일반적으로 묵언의 폭력보다는 말에 의한 폭력을 선호하는 것에 대한 거부——가 관건이 될 수는 없는지 알아봐야만 한다. 선호 또는 결정이 없다면, 에릭 베유Eric Weil에 의하면, 변증법도 철학도 지식도 존재할 수 없을 것이다. 또는 차라리 그 거부와 관련된 어떤 것이 변증법적 전개 과정 내에 남아 있지는 않은 것인가? 거기에서 그것은, 우리가 비변증법적 요구라고 부를 수 있는 것에 자리를 내주기까지 수정되면서 종속되지 않는가? 또는, 더 낫게는, 변증법 안에서 잘 돌아가지 않지만 변증법을 작동시키는 것은 변증법으로부터 분리되어 떨어져 나올 수 있는가? 그렇다면 어떠한 조건 아래에서, 어떠한 대가를 치르고 그럴 수 있는가? 그 대가——의심할 바 없이 이성, 로고스라는 형태의 이성, 그러나 다른 형태의 이성이 있는가?——가 비싸리라는, 아주 비싸리라는 것, 그것을 예감할 수 있지만 또 다른 예감이 있다. 즉 만일 변증법의 장에 한계들이 존재한다면, 그 한계들은 끊임없이 이동할 것이며, 그것들을 단 한 번에 초과해서 그것들과 결정적으로 무관하게 남을 지식과 글쓰기의 지대地帶를 설정할 수 있다는 순진한 믿음을 버려야만 할 것이라는 점이다. 그러나 또다시 다시 한 번, 변증법을 따라가고 변질시키며 강화시키는 거부에 의해, 바로 변증법이 벌여 놓은 게임을 집요하게 함으로써 우리가 변증법을 좌절시키거나——그것이 실패할 수 없는 것이라는 점에서——실패로 돌아가게 만드는 데에 이르지는 않는지 우리 자신에게 물어보자.

에릭 베유가 내세운——장소를 갖지 못한——거부의 장소에서 아마 모든 신비주의의 밖으로 벗어나 우리가 듣지 못하는 것을 들어야만 할 것이다. 중성적인 것의 카오스로부터 나온, 요구하지 않는 요구를 들어야만, 욕망될 수 없는 욕망과 불사不死의 죽어감을 향한 격동이 서로 분리되면서 만나고 있는 무한히 수동적인 것의 침입을 들어야만 할 것이다.

❖ 카오스라고 발음한다면, 우리는 그것이 하나의 단어, 하나의 명사가 아니며, 따로 떨어져 나와 지칭하는, 주도권을 가진 분리된 명사란 일반적으로 존재하지 않고, 다만 언제나 복잡하거나 단순한 하나의 문장이 있다는 것을 느끼게 된다. 그 문장에서 무한의 언어가 그 자체의 완료되지 않은 역사와 닫혀 있지 않은 체계 가운데 그 자체를 동사들의 전개과정에 의해 감당하며, 동시에 명사와 동사 사이의 결코 완화되지 않은 긴장 가운데 언어에 귀속되기를 멈추지 않은 채 정지 상태에서 언어 밖으로 떨어져 나간다.

그렇게 카오스의 참을성 속에서 우리는 '코스모스적인cosmique' 것으로부터, 아마 세계로부터 아무것도 기다리지 않는 데에 이르게 되며, 반대로, 만일 우리가 세계를 법이 언제나 감시하는 질서와 조정의 관념으로부터 벗어나게 하는 데에 성공한다면, 세계로부터 많은 것을 기다리게 된다. 한편 파열 가운데 언제나 파열되는 '카오스'는 우리에게 이렇게 말하는 것처럼 보인다. 법loi·금지, 이어서 위반이란 존재하지 않으며, 다만 대법 大法, Loi 내로, 의의의 원리 Principe du Sens 내로 결국 동결 凍結되고 귀착되어 금지를 전제하지 않는 위반이 존재한다. 말하자면 카오스의 끝나지 않는 길고 긴 문장, 바로 그것이 우리로 하여금 어떤 작업을 위해 언제나 필연적으로 제출되어 있는 단일한 요구로부터 (단 한번에는 아니지만) 벗어나게 하기 위해 수수께끼를 가져오면서 씌어지려 하는 것이다. 반면 코스모스적인 것, 그것은 신성한 것이 초월성을 가장함으로써 내재적인 것으로 변하는 방법에, 우주라는 허구에 영합해서 가까운 자(이웃)의 인생의 감당하기 벅찬 부침에 무관심하고 싶은 유혹에 있지 않는가? 그렇다면 그것은 우리가 살아남거나 스토아적 평정 가운데 우주의 차원에서 죽어가는 협소한 하늘, 우리를 보호해 주고 동시에 우리가 붕괴되는 '전체', 자연(마치 개념들과 명사들 바깥에 어떤 자연이 있는 것처럼)이 휴식하고 있는 '전체'인가?

   카오스, 천체의 파열, 모든 형태의 전체성의 파열, 그러나 그렇다고 그것은 완성의 변증법적 필연성을 부인하지 않는다. 도래할 단순한 사건의 예언에 대한 거부 이외에 아무것도 표명하지 않는 예언, 하지만 그것은 깨어 있는 참을성 있는 말로 열리고 그것을 발견한다. 힘 바깥의 무한의 타격, 그것은 천체의 하늘 아래에서가 아니라 여기에서, 모든 현전을 초과해 나아가는 여기에서 가해진다. 여기에서, 그런데 어디? **'다시 한 번, 어느 누구의 것도 아닌 목소리.'**

❖ 이론적인 것은 필연적인데(예를 들어 언어 이론들), 필연적이면서 무용하다. 이성은 확고한 긍정적 지식(그것 내에서 이성은 스스로가 정립되고 토대에 안착되는 동시에, 스스로 중지에 이르게 되는, 울타리가 쳐진 극단을 향해 나아간다)을 추구하는데, 체계 내에서 유기적으로 구성됨으로써, 결국 소모되기 위해 활동한다. 우리는 이성이 추구하는 그러한 지식을 거쳐 나가야만 하며 또한 망각해야만 한다. 그러나 여기서 망각은 부차적인 것이 아니며, 기억 내에 구성된 것이 우연히 소진되는 것이 아니다. 망각은 어떤 실천, 어떤 글쓰기의 실천이다. 그 실천은 예언하는 것인데, 왜냐하면 모든 것을 포기함으로써 완성되기 때문이다. 말하자면 표명하는 것이 아마 포기하는 것이 되는 것이다. 이론적 투쟁은, 설사 폭력의 형태에 반대한다 할지라도, 언제나 이해하지 못하는 데에서 비롯된 폭력이다. 이해한다는 것 자체가 갖고 있는 단순화시키고 환원시켜 버리며 부분에만 치우치는 특성 앞에서 멈추도록 우리 자신을 내버려 두지 말자. 이해의 그 편벽성이 이론적인 것에 고유하게 내포되어 있다. '망치질로'라고 니체는 말했다. 그러나 망치질이 단순히 무기 사용에서 비롯된 쇼크만을 가져오지는 않을 것이다. 망치로 때리는 이성은 우리로 하여금, 깨어 있으면서 꾸는 꿈처럼 이어지는 사유가 시작되었는지 끝났는지 알 수 없게 만드는 최후의 충격을 노리고 있다. 왜 회의주의는 설사 반박되었다 할지라도 극복될 수 없는 것인가? 이를 레비나스는 스스로에게 묻고 있다. 이를 헤겔은 알고 있었고, 회의주의를 체계 구축에서의 특권적 계기로 만들어 놓았다. 이는 다만 회의주의를 이용하는 것일 뿐이다. 글쓰기는 설사 회의주의적이라고 여겨질 정도로 지나치게 노출된 것처럼 보일

지라도, 오직 그 자체를 통해서만 일어날 수 있는 것을, 즉 회의주의가 미리 언제나 다시 자리를 말끔히 비워 놓는다는 것을 전제한다.

❖ 그 자체의 어원과 모든 어원을 폐기시키는 명사인 회의주의*는 확고한 의심에 있지 않으며, 단순한 허무주의적 부정에 있지 않다. 차라리 아이러니에 있다. 회의주의는 회의주의에 대한 반박과 관련 있다. 우리는 회의주의를 반박하지만, 살아가면서 그럴 수 있을 뿐이고, 죽음 가운데 회의주의는 확증되지 않는다. 회의주의는 반박된 것의 회귀 자체에, 즉, 이성 나아가 비이성에 근거해서 권위와 최고주권이 우리에게 질서가 부과하거나 체계 내에서 조직적이고 결정적으로 정립될 때마다(또한 그럴 때 매번은 아닐지라도), 무정부적으로, 불안정하고 불규칙적으로 침입하는 것에 있다. 회의주의는 체계를 파괴하지 않고, 아무것도 파괴하지 않으며, 그것은 긍정과 부정에 갑자기 무관심하게 되는 데에서 비롯된, 웃음으로, 어쨌든 비웃음으로 표현되지 않는 일종의 명랑성에, 따라서 언어 전체와 같은 중성적인 것에 있다. 또한 카오스는 심각성(예를 들어 죽음의 심각성)을 모든 심각한 것 너머로 나아가게 만드는, 결코 우리 마음대로 가질 수 없는 회의주의적 명랑성의 그 측면에 있으며, 그 측면에 의해 우리가 우리 자신을 이론적인 것에 내맡길 수 없게 되고, 이론적인 것은 가볍게 된다. 여기서

---

* [옮긴이] 회의주의scepticisme의 어원학적 뿌리는 그리스어 '스켑토마이skeptomai'인데, '주목하다', '주의하다', '관찰하다'를 의미한다. 이를 부정하는 데에 저자가 고유하게 강조하는 회의주의의 의미가 있다. 즉 저자가 말하는 회의주의는 주목이 불가능한 어떤 상황, 일종의 부주의가 강요되는 어떤 상황과 결부되어 있다.

나는 레비나스를 되돌려 본다. **"언어가 이미 회의주의이다."**

❖ 통합되지 않는 장력張力들 속에서 또한 어떤 긍정의 자리를 마련할 수도 없다. 우리는 마치 모든 변증법으로부터 해방된 것처럼 장력들에서 비롯된 긍정에 대해 말할 수 없고, 차라리 긴박한 참을성, 참을성 없음에까지 이르는 참을성에 대해 말할 수 있을 뿐이다. 연속적인 것과 불연속적인 것은 우리가 벗어난 이후에도 다시 부딪히게 될 과장된 갈등 가운데에 있을 것이다. 연속성은 연속성 자체와 양립될 수 없는 불연속적인 것을 포함하고 있다. 연속적인 것은 모든 형태들 아래에서 주어지는데, 마찬가지로 동일자가 주어지고, 그로부터 동질적 시간이, 그로부터 영원성이, 회집하는 로고스가, 모든 변화를 법칙으로 만드는 질서가, 이해에서 비롯된 행복이, 언제나 최초의 것일 수밖에 없는 제일법칙이 비롯된다. 그러나 자체의 연속성 내에 있는 연속적인 것을 무너뜨리기 위해, 연속적인 것에 매달려있고 동질적인 것에 얽혀 들어가 있는 이질적인 것(이질성)을 도입하는 것으로는──양자의 상호작용이, 삶이 허용되고 죽음이 포함되어 있는(헤라클레이토스에게서 그 깎아지른 듯이 말하는 방법을 통해 결정되는 것에 대해 탐색해 보지 않은 채 우리가 만족스럽게 그와 "죽음으로서 살아가고 삶으로서 죽어간다"라는 그의 말을 인용할 때 ──여기서 번역이라는 것은 번역해야만 하는 것을 강탈해 갈 뿐이며, 보통 그렇듯이, 번역해 내지 못한다──드러나는 것과 같은) 완화된 대립 작용의 한 형태인 한에서──충분하지 않다.

연속적인 것에 그것과 단절하는 것을 비롯해서 아무것도 결부시키지 말라는, 불연속성에 대한 요구가 존재하는가? 파편의 글쓰기에 박자를 맞추고 참을성을 부르고 요구하는 이 단조로운 고뇌가 왜 있는가? 여기서 참을성은 자기도취적으로 지속적으로 오래 존재하는 데에 도움이 되는 그러한 것이 아니다. 순간들을 점유하지 않고 지속되지 않는 참을성, 관심의 지점이 정해지지 않은 채 이어지는 불분명한 중단이다. 동일성이 **긴박하게** 결여에 이르는 데에 따라 주체 없는 주체성이 벌거벗은 채로 드러나는 가운데, 그것이 우리도 모르게 깨어 있는 곳에서, 그곳에서의 참을성이다.

❖ 현재가 (나타나면서, 사라지면서) 순간들 가운데 고양된다면, 현재는 자기 자체와 동시적일 수 없다는 것을 망각한다. 시간의 그 비동시성에 따라, 모든 것이 질서 지워지고 일정하거나 일정하지 않게 배치되는 순수한 빈 형식인 시간temps을 시간 밖에서 흩뜨려 놓는 수동적인 것이 언제나 지나가 버린 채로 이행한다. 흩뜨려진, 경첩에서 빠져나온 그 시간Temps은 설사 균열의 경험을 가로지른다 할지라도 통합하고 보편화시키는 정합성 내에로 다시 이끌린다. 그러나 카오스의 경험되지 않은 경험에 따라, 코스모스적인 것이 물러남(그것을 붕괴──우리가 사유해야 할 것이 문제도 물음도 남기지 않은 채 단 한 번에 부동으로 고정되는, 토대의 결핍──라고 밝힐 수 있을지 모르나 이는 지나치게 안일한 것이다)에 따라, 우리는 비가역적 시간으로부터 벗어나야만 하지만, 그렇다고 [시간의] 회귀가 시간의 가역성을 보증하지 않는다.

❖ 균열: 나를 구성하는 쪼개짐, 또는 내 안에서 그 자체를 다시 구성하는 쪼개짐, 그러나 그 경우 나는 어떤 쪼개진 나가 아니다.

❖ 비평은 설사 국부적인 것만을 다루고 있고 왜곡을 가져오고 있다 할지라도 거의 언제나 중요하다. 반면 비평이 곧바로 전투적이 될 때, 이는 정치에 고유한 것인 참을성 없음이 시적詩的인 것에 고유한 참을성을 압도했기 때문이다. 글쓰기는 그 자체와의, 따라서 전적인 타자와의 단속적 관계 속에서 자체 내에서 정치적으로 어떠한 것이 발생할지 알지 못한다. 바로 거기에 글쓰기의 자동성自動性, intransitivité이, 정치적인 것과 오직 간접적인 관계 내에 있을 수밖에 없는 글쓰기의 필연성이 있다.

그 **간접성**이, 우리가 지연되고 유예되며 불확실하거나 우발적이라고 (또한 지어낸 것이라고) 납득하고자 하는 무한한 우회가 우리를 불행하게 한다. 우리는 목표를 향해, 우리가 가진 단정적으로 긍정할 수 있는 역능이 가져올 사회 변혁을 향해 일직선상으로 전진하기를 원할 것이다. 그것이 이전에 참여가 바라던 바였으며, 어떤 열정적인 도덕이 지금도 여전히 바라는 바이다. 그로부터 우리는 우리 자신이 언제나 둘로 갈라져 있도록 준비하고 있음을 알게 된다. 우리는 둘로 갈라져 있는데, 그 하나는 모두의 자유를 위해 투쟁하면서 자신의 상상적 자유를 위해 노동하는, 그 점에서 변증법적 요구에 응답하는 자유의 주체이며, 또 다른 하나, 즉 타자는 더 이상 **하나**로 동일하지 않으며 언제나 여럿이고 나아가 단일성이 배제된 복수성과의 관계 내에 있다. 그 복수성으로부터 비롯되어, 우리가 부정적이고 양가적이며 병치된 단어들(사라짐·분리·흩어짐 또는 이름 없고 주체가 아닌 자)로 너무 쉽게 부각시키는 난제, 결국 타자가 가져온 난제는 현재의 현전하는 어떤 경험으로부터 벗어나야 한다는 데에 있다. 바로 그 난제를 향해, **순간적으로** 글쓰기의 말이 그 가정된 극단에서, 반복되는 차이와 참을성 있는 침입을 통해 당혹감을 가져다주면서 열리거나 주어져서 나아간다. 우리는 둘로 갈라져서 살아가고 있고 말하고 있으며, 타자가 언제나 타자이기에, 우리는 양자택일을 통해 위로받거나 위안을 얻을 수 없다. 우리 가운데 있는 하나와 또 다른 하나인 타자의 관계는 끊임없이 파기되며, 모든 모델과 모든 코드를 파기시킨다. 그것은 우리가 벗어나 있지 못한 비-관계non-rapport이다.

첫번째 관점 내에서라면 살아가고 글쓰고 말한다는 것은 동질성 내에서 이루어진다. 살아간다, 글쓴다, 말한다는 동사들이 가져오는, 갈등을 겪는 동시에 공동적인 관계에서의 부침, 역사적인 부침에 따라, 행동이 필요한 곳에서, 항상 갈등 내에 있는 어떤 공동의 주체가 생겨난다. 언어 자체가 발단이 되어 퍼져 나가고 동시에 언어 자체를 지배하는 폭력적 동요 내에서, 언어가 행위가 될 때, 그러한 주체가 생겨난다. 거기에 바로 동일자의 법이 있다. 그 법으로부터 돌아서서는 안 되며, 그 법 내에 멈춰 서서도 안 된다. 그러나 바로 전혀 다른 종류의 말을 향해, 글쓰기의 말, 타자, 언제나 타자인 타자의 말――그 말에 대한 요구는 퍼져 나가지 않는다――을 향해, 모든 것 밖에서, 의식과 무의식 밖에서 우리는 깨어 있음과 다시 깨어남 사이에서 흔들거리는 것을 통해 스스로 언제나 이미 이탈해 있음을 (알지 못하면서) 안다.

물론 하나와 또 다른 하나인 타자를 놀라게 하는 것 같고 양자를 무한히 갈라놓는 분리가 이번에는 변증법을 위한 자리가 될 수 있지만, 변증법과는 다른 요구는, 아무것도 요구하지 않고 언제나 제외된 것으로 남는 지워질 수 없는 지워진 그것은 계산의 항목에 들어오지는 못할지라도 취소될 수 없다.

❖ 이미 언제나 와해 가운데 있는 작품, 바로 그것을 보존하고 축성하며(이름 하나에 대한 우상숭배) 그 수명을 연장시키는 데에 따라, 숭배에 의해, 그것은 화석화되거나 문화를 위한 좋은 일들 가운데 하나로 덧붙여지게 되는 것이다.

❖ 다시 한마디 말. 이론적인 것이 끝나지 않는 것이라고 본다면, 모든 이론들이 서로 아무리 다를지라도 끊임없이 서로 교통하며, 오직 그것들을 지탱하지만 그것들로부터 결국 벗어나는 글쓰기(그러나 이론들이 글쓰기를 좌우한다고 주장된다)를 통해서만 구별된다고 본다면, 이론적인 것으로부터 떠나야만 하는 것이 아닌가?

❖ 나는 황금시대는 전제시대라는 것을 (관념상으로는) 인정한다. 전제시대에서 우리는 사물들·생명체들·인간들과 같은 존재하는 모든 것에 **합당한 질서**를 항상 부여하는, 진리−정의의 유일한 담지자인 전제군주의 최고주권을 망각함으로써 자연의 행복, 자연의 시간을, 따라서 자연을 발견한다. 그에 따라 모두가 살아 있든 죽었든 행복하게 복종하는 그 합당한 질서는 있을 수 있는 가장 자연적인 것이 되는데, 왜냐하면 그 질서를 보장하는 정부에 엄격하게 순종함으로써 그 정부를

보이지 않지만 확실한 유일한 존재로 만들어 놓기 때문이다. 그에 따라 결국 자연으로의 모든 회귀는 단 하나의 폭군의 통치로 노스탤지어에 따라 회귀하는 것이라는 위험성을 안게 된다. 그러나 그리스의 한 전통을 잘 살펴본다면, 자연은 존재하지 않으며 모든 것이 '정치적'이라는(질 쉬종Gilles Susong) 결론이 도출된다. 아리스토텔레스를 따라가 보더라도, 바로 피시스트라투스Pisistrate의 폭정시대가, 아테네의 농부들에 의해 전해져 내려오는 바에 의하면, 크로노스Cronos의 시대 또는 황금시대로 여겨졌다. 모든 가치들이 단 한쪽에만 놓여 있을 때, 보이지 않게 무조건적으로 긍정되는 가장 엄격한 위계질서는 행복을 가져다주는 함정과 같은 것이 되는 것이다.

❖ 우리시대의 고통. "앙상한 한 인간, 기울어진 머리, 굽은 어깨, 생각도 없이, 멍한 시선의." "우리의 시선은 땅 주위를 맴돌고 있었다."

❖ 수용소, 전멸의 수용소, 보이지 않는 것이 보이는 것으로 언제까지나 드러나 있었던 형상들. 한 문명의 특성들이 밝혀지거나 벌거벗겨진 채로 드러났다('노동은 해방을 가져다준다', '노동을 통해 복권하자'). 노동을 노동자에게 힘을 가져다주는 물질적 움직임이라고 분명히 찬양하는 사회에서, 노동은, 개발도 잉여가치도 문제가 될 수 없는 극단의 징벌이, 모든 가치가 파괴되는 한계가 된다. 또한 노동자는 자신의 노동할 수 있는 힘을 재충전하기는커녕 자신의 삶을 재생산하지도 못하는데, 노동이 더 이상 살아가는 방법이 아니고 죽어가는 방법이 되는 것이다. 노동, 죽음, 그것들은 같게 된다. 어디에서나, 모든 순간에

노동한다. 억압이 절대적일 때, 더 이상 여가가, '자유 시간'이 없다. 잠도 감시 속에 놓여 있다. 이제 노동의 의미는, 노동을 통해서, 노동하는 가운데 파괴되는 데에 있다. 그러나, 몇몇 포로집단에서 그랬던 것처럼, 구보로 돌들을 한 장소에 가져다 쌓아 놓고 이어서 그것들을 항상 뛰어서 원래 장소에 가져가는 것(아우슈비츠의 랑바인Langbein, 또한 솔제니친Soljenitsyne, 굴락Goulag에서의 똑같은 일)이 노동이라면? 노동이 이미 그 자체로 무화된다면, 이제 노동은 어떤 태업 때문에 더 이상 파괴될 수 없다. 하지만 그것은 하나의 의미를 보존한다. 즉 그것은 노동자를 파괴하는 것일 뿐만 아니라, 또한 보다 직접적으로 그를 소유해서 꼼짝 못하게 만들며 그를 통제하는 것이 되고, 동시에 그에게 생산하고 생산하지 않는 것이 하나이며 똑같이 노동이라는 의식을 아마 가져다주는 것이 되며, 그에 따라 그 무無로부터 그로 하여금, 노동수용소에서 표현되는 사회 자체가, 설사 죽어가면서라 할지라도, 설사 살아남는다 할지라도(모든 것의 그 밑바닥에서, 모든 것을 넘어서, 그럼에도 불구하고 살아가면서) 대항해서 투쟁해야만 하는 대상이라는 의식을 갖게 하는 것이 된다. 살아남는다는 것은 (마찬가지로) 즉각적으로 죽는다는 것, 죽음을 거부하면서 죽음을 즉각적으로 받아들인다는 것이다. (나는 나를 죽이지 않을 것인데, 그러면 그들에게 너무 큰 즐거움을 줄 것이기 때문이다. 따라서 나는 그들과 대립해서 나를 죽일 것이며, 그들을 거슬러서 삶 가운데 머무를 것이다.)

❖ 지식 자체에 끔찍한 것을 받아들이는 데까지 나아가는 지식은 지식의 끔찍함을, 인식의 밑바닥을, 권력이 갖는 가장 참을 수 없는 점

과 지식 자체가 은밀한 공모관계에 놓여 있다는 사실을 드러낸다. 나는 아우슈비츠에 수감되었던 이 젊은이를 생각해 본다. (그는 최악의 것을 겪었는데, 자기 가족을 화장터로 데리고 갔고, 목을 매달았지만 마지막 순간에 **구출되었다**——어떻게 **구출되었다**고 말할 수 있겠는가? 사람들은 그로 하여금 시체들을 보지 않아도 되게끔 해주었지만, 친위대들이 총살형을 집행할 때, 그는 총살당하는 희생자의 머리를 붙들고 있어야만 했는데, 목덜미에 총알 하나를 보다 쉽게 박아 넣을 수 있게 하기 위해서였다.) 자신에게 어떻게 모든 것을 참을 수 있었냐고 묻는 사람에게 그는 "죽음 앞에선 인간들의 태도를 관찰하고 있었다"라고 대답했다. 나는 이를 믿지 않을 것이다. 한 화장터 근처에 묻혀 있었던 노트에서 레벤탈Lewental은 우리에게 이렇게 말했다. "진실은 우리가 그것에 대해 말할 수 있는 것보다 언제나 더 혹독하고 더 비극적이다." 마지막 순간에 구출되었다. 바로 그 마지막 순간을, 내가 말하는 젊은이는 자신의 죽음을 모두의 죽음과 맞바꾸면서, 매번 자신의 죽음으로부터 버림받아, 매번 경험하고 다시 경험해야만 했다. 그의 대답("나는 인간들의 태도를 관찰하고 있었다……")은 대답이 될 수 없었고, 사실 그는 대답할 수 없었다. 강요된 하나의 불가능한 물음 앞에서, 단지 그는 지식을 추구함으로써만, 소위 지식의 권위(그 궁극적 적합성, 우리는 그것이 인식에 의해 우리에게 주어진다고 본다)에 의존함으로써만 알리바이를 찾을 수 있었을 뿐이다. 사실 어떻게 인식하지 않는다는 것을 받아들일 수 있겠는가? 우리는 아우슈비츠에 관한 책들을 읽는다. 모든 사람들이 바라는 바, 밑바닥에서 마지막으로 바라는 바는 이것이다. 일어났던 것이 무엇인지 아십시오. 망각하지 마십시오. 동시에 결코 당신은 알 수 없을 것입니다.

❖ 끔찍한 공포가 아우슈비츠를, 무-의미가 굴락을 지배한다고 말할 수 있는가? 끔찍한 공포, 왜냐하면 몰살이 어떠한 형태로든 무매개적 지평이었기 때문이다. 살아 있으나 죽은 자들, 파리아의 천민들, 이슬람교도들. 거기에 삶의 진실이 있다. 하지만 몇몇 사람들이 저항하고, 정치라는 단어는 어느 정도 의미를 보존한다. 증거하기 위해, 아마도 극복하고 이기기 위해 살아남아야만 할 것이다. 굴락에서, 회상록 작가들이 (조제프 베르제Joseph Berger를 예외로 한다면) 약간——지나치게 약간——언급한 정치적으로 대항했던 자들을 제외하고, 스탈린이 죽는 시점까지 어떠한 정치도 존재하지 않는다. 아무도 왜 거기 있는지 모른다. 저항한다는 것은 자기 자신을 위해서가, 또는 드물었던 우정을 위해서가 아니라면 의미가 없다. 오직 종교인들만 삶에, 죽음에 의미를 가져다줄 수 있는 강한 신념을 갖고 있을 뿐이다. 따라서 저항은 정신적인 것이 된다. 전망들이 열리기 위해, 와해된 말들이 잔해들로부터 들리고 침묵을 가로질러 나아가기 위해, 깊은 곳에서 터져 나온 반항들과 이어서 이탈자들, 지하에서 썩어진 것들을 기다려야만 한다.

물론 무-의미가 아우슈비츠에 존재하고, 끔찍한 공포가 굴락에 존재한다. 라거퓌러 슈바르츠후버Lagerführer Schwarzhuber의 아들이 어떻게 보면 웃기는 그 기이함을 (아마도) 가장 잘 대변한다. 열 살의 그 아이는 아버지를 찾기 위해 종종 수용소에 가곤 했다. 어느 날 사람들은 그 아이를 다시 보지 못하게 되었다. 이어서 곧 그 아이의 아버지는, 그 아이가 착오로 인해 끌려가서 다른 사람들과 함께 가스실에 던져졌다고 생각했다. 그러나 그 아이는 다만 숨어 있었을 뿐이고, 이후로 사람들은 신원 확인을 위해 아이의 목에 이름이 적힌 간판을 걸어 주었다. 다른 일 하나는 힘러Himmler가 집단학살들을 목격하고 기절했던 것이다. 그 결과 나약해 보이는 것을 걱정했던 나머지 그는 집단학살의 빈도를 늘릴 것을 명령했고, 이어서 사람들은 가스실을 고안해 내게 되었다. 죽음을 바깥에서 보다 인간적으로 보이게 하기 위해 했던 일이지만, 안에서는 끔찍한 공포가 그 극에 이른다. 또한 사람들은 종종 콘서트를 개최한다. 음악의 힘이 이따금 망각을 가져오는 것처럼 보이고, 위험스럽게도 희생자들과 사형집행인들 사이의 차이를 사라지게 만든다. 그러나 랑바인은 덧붙이는데, 파리아의 천민들에게 스포츠도 영화도 음악도 없었다. 예술이 어떠한 것이 되었든 간에 예술 활동이 불행에 모욕이 되는 그러한 한계가 존재한다. 이를 망각하지 말자.

❖ 이 점에 대해 또다시 성찰해 봐야만(그러나 이는 가능한가?) 할 것이다. 로베르 앙텔므Robert Antelme가 직접 겪었던 경험에 따라 말하는 대로, 수용소에서 욕구가 모든 것을 좌우한다. 거기서 욕구에 따라 설사 가장 비루한 방법에 의해서라도 (하지만 여기서 고상한 것도 비천한 것도 더 이상 관건이 되지 않는다) 삶에 대한 무한의 관계가 유지되며, 에고 없는 에고이즘을 통해 삶이 축성된다면, 욕구가 살아가는 데에 더 이상 도움이 안 되며, 그 자체로 모든 사람에 대해 가하는 공격이 되고, 그 자체로 벌거벗기는 형벌 그리고 존재가 무너진 곳에서 모든 존재에 집착하는 강박이 되는 그러한 한계가 존재한다. 설사 "조금

있으면 죽을 것이고" 먹는 것이 문제가 아니라는 "의식이 유지되고 있다 할지라도", 꺼져 가는 흐릿한 눈빛이 빵 한 조각을 향해 갑자기 야생의 빛을 발한다. 그 빛, 그 섬광은 살아 있는 아무것도 비추지 않는다. 하지만 최후의 시선일 이 시선에 빵이 빵으로 주어진 것이다. 그것은 선물이다. 모든 가치들이 소멸되고 모든 객관적 질서가 무너진 상황에서, 허무를 가져다주는 황폐함 가운데, 삶의 부질없는 기회를 '먹는다는 것'을 신성화함으로써 ('신성한' 아무것도 없다는 사실을 잘 이해하자) 이성 밖에서 붙들 수 있게 하는 선물이다. 그자를 죽어가게 만드는 어떤 것, 그는 그것을 나누지 않고 전부 준 것이다("**먹는다는 것은 대단한 일이다**"라고 레비나스는 한 유대 금언에 의거해 말한다). 그러나 동시에, 삶의 불꽃이 얼어붙고 있는 죽어가는 시선이 주는 매혹은 욕구(설사 그것이 원초적인 것이라 할지라도)로 인해 생겨난 요구를 그대로 견지되도록 놔두지 않는다는 사실을 알게 하는데, 그 요구에 의해 먹는다는 것(빵)이 먹을 수 있는 것이라는 범주에 놓일 수 없게 되기 때문이다. 빵을 위한 삶이 죽어감을 대체한다면, 이는 더 이상 어떤 욕구를 만족시키기 위해서도 아니고, 더욱이 그 욕구를 욕망할 만한 것으로 만들어 놓기 위해서도 아니다. 죽어감과 빵을 위해 살아간다는 것이 동등해지는 극단의 순간에, ─곤궁한─욕구가 단순한 욕구로서 죽어가며, 또한 그 욕구가, 우리 모두가 이제 스스로를 상실할 수밖에 없는 절대적 공허로 향해 있는 빵에 대한 욕구를 비인간적인 (어떠한 만족도 가져올 수 없는) 어떤 것이 되게 함으로써 더 크게 자극하고 영광스러운 것으로 만들어 놓는다.

 그러나 이론적으로 무의미한 말들이 (여기서) 갖는 위험은, 단지 멀리서 또는 부분적으로만 역사의 단절에 대해 알고 있는 자들에게 전해지는 '입을 다무십시오'라는 말을 듣지 못한 채, 모든 것이 언제나 침몰해 가고 있는 전멸의 무화無化를 상기할 수 있다고 주장하는 데에 있다. 하지만 한도가 없는 부재를 향해 깨어 있어야만 하며, 끊임없이 그래야만 한다. 왜냐하면 그 종말(이스라엘, 우리 모두)로부터 다시 시작되었던 것의 표식이 바로 우리를 지금도 끊임없이 다시 깨어나게 만드는 그 종말이기 때문이다.

❖ 망각이 기억에 앞서거나, 아마 기억의 근거가 되거나, 기억과 관계가 없다면, 다만 망각은 어떤 결핍, 어떤 결여, 어떤 부재, (우리로 하여금 기억하게 하는 출발점이지만, 동시에 기억이 약화되고 상실되면서 그 가능성 자체로부터 삭제되리라는 예감의 그림자인) 어떤 빈 곳이기만 한 것은 아니다. 부정적이지도 실증적이지도 않은 망각은 또한 과거를 단순히 받아들이게도 없애게도 하지 않는 수동성이 요구하는 것이다. 망각에 따라, 그 수동성의 요구에 따라 (미래에 현전할 자리를 찾지 못할 것과 더불어) 과거에 한 번도 자리 잡지 않았던 것이 지정되며, 우리는 시간의 비역사적 형태로, 시간들에 대한 타자로, 귀착점과 현전이 없는 데에서 비롯된, 시간들의 영원하거나 영원히 임시적일 수밖에 없는 미결정성으로 나아가게 된다.

망각은 한 번도 기입되지 않았던 것을 지울 것이다. 망각은, 씌어지지-않은-것이 삭제해야 할 어떤 흔적을 남기게 만드는 말소, (모든 질서가 유래하는 확실한 자아로 응결되고, 어떠한 것도 모방하지 않지만 가장된, 소멸해 가는) '나'의 둘로 쪼개진 심연 속에, 매끄럽고 텅 빈, 주체 없는 '그il'가 걸려들고 채색되는 계기를 만드는 미끄러짐이다.

❖ 우리는 망각이 되살아난 기억으로, 또한 생생하게 복원된 살아 있는 기억으로 되돌아오기 위해 부정적인 방식으로 움직인다고 가정한다. 그럴 것이다. 하지만 전혀 다를 수 있다. 우리가 단호하게 기억에서 망각을 분리시킨다 할지라도, 우리는 여전히 망각의 효과(그것은 망각이 원인이 되어 만들어 내는 결과가 아니다)를, 일종의 숨겨진 채 형성되는 것을, 명백히 드러난 것과 간격을 두고 유지되는 것을, 그 간격 자체와 동일화되고(즉 비동일성) 명백히 드러나지 않은 채로 존속됨으로써 명백한 드러남을 돕는 것 이외에 아무 소용없는 어떤 숨겨진 것을 기다리고 있다. 또한 **레테**lèthé[망각]는 초라하게, 하지만 영광 가운데 **알레테이아**alètheia[탈은폐脫隱蔽]로 끝나게 된다. 실현되지 않고 언제까지나 무위로 남는 망각은 아무것도 아니며 아무것도 하지 않는다(그것은 죽어가면서조차 도달할 수 없는 것이다). 바로 망각이 인식과 마찬가지로 비非 인식도 벗어나면서 우리를 근심 가운데 놔두지 않지만 그렇다고 평온하게 내버려 두지도 않는다. 왜냐하면 우리는 이미 그것을 무의식-의식 아래에 덮어 두었기 때문이다.

❖ 신화는 어떤 전제를, 사유와 연관된 전제(한계로 넘어가면서 사유는 우화적 이야기—말함으로의 회귀—를 통해서라도 그 자체가 유지될 가능성을 파괴함으로써 그 자체를 복잡하게 만들고 붕괴시키며 파기시키는 것을 언제나 포함하게 된다는 것)를 급진화시키는 데에 있다. 그러나, 신화라는 단어가 진리라는 단어를 지우지 않은 채 비-진리로 주어

진 한에서, 여전히 그 단어는 현재의 능동적 힘밖에는 알지 못하는 것처럼 보이는 살아가고 있는 자들(우리 모두)에게는 적어도 영향을 주지 않는 비현재적인 것을 보존하고 있다. 마찬가지로 뿌리내리는 확고함이 어원학적 놀이에 의해 우리에게 보장되는 것처럼 보이는 그러한 급진화 가운데, 우리(발아發芽의 뿌리가 박혀 있는, 즉 전개될 삶을 약속해 주는 **대지**로 여겨지는 언어 ─ 언어 중의 언어 ─ 를 박탈당해 대지를 박탈당한 것 같은 우리) 안에서 나온, 뿌리를 뽑으라는 극단의(종말론적인, 즉 최후가 없고 로고스 없이 나온) 요구가 은폐되어 있다.

❖ 가장 단순한 말들이 나타나지 않는 교환될 수 없는 것 주위에서 서로 교환되면서 그것을 전달한다.

너무나 덧없는 삶: 한 번도 삶은 현전한 적이 없으며, 다만 우리가 죽어가는 동안 타인이 살아가도록 그를 위해 영원토록 기도할 뿐이다.

❖ 신화화되거나 과장된 '암癌'에 대하여. 왜 이 명사는 마치 이름 붙일 수 없는 것이 지칭되는 경우 그런 것처럼 우리를 두렵게 하는가? 우리는 그 전개과정이 처음부터 끝까지 규범화된 어떤 프로그램에서 나온 기호적 모델에 복종함으로써, 그에 따라 코드화된 체계의 권위 아래에서 살아가고 살아가기를 받아들임으로써 순수하게 형식적인 실존의 안정성 내에서 존재하는데, 암은 그 코드화된 체계를 마비시키려 하는 것이다. '암'은 응답에 대한 거부를 상징할 것이다(또한 '실현할 것이다'). 여기 명령을 듣지 않으며 무정부적이라 부를 수 있는 방법으로 법 밖에서 증식되는 하나의 세포가 있다. 그것은 더 많은 일을 벌이

는데, 프로그램이라는 관념을 파괴하고, 교환 작용과 메시지 전달 작용을 교란시킴으로써 모든 것을 기호적 등가물들로 환원시킬 수 있는 가능성을 파괴한다. 그러한 관점에서 암은 하나의 정치적 현상인데, 체계를 망가뜨리고, 프로그램화하는 보편적인 기표적 역능을 번식과 무질서화를 통해 무력화시키는 드문 방식들 가운데 하나이다——그러한 임무를 이전에는 나병이, 이어서 페스트가 완수했었다. 우리가 이해 못하는 어떤 것이 악의에 따라 지식-지배자의 권위를 중성화시키는 것이다. 따라서 현행의 단순한 죽음을 가져오기에 암이 기이한 방식으로 가해지는 위협이 되는 것은 아니다. 그것은 마치 치명적인 **교란 작용**과, 즉 고려될 수 없으며 계산 항목에 들어갈 수는 없는 죽어간다는 사실의 특성(마찬가지로 자살은 우리가 그것을 셈에 넣었다고 자신할지라도 통계표에서 사라지는 것이다)을 부각시킴으로써 그 사실 자체보다 더 위협적인 것이 되는 교란 작용과 같다. 만일 암에 걸린 세포가 한정 없이 증식되는 영원한 것이라면, 그것 때문에 죽어가는 자가 '나는 나의 영원성 때문에 죽어간다'고 생각하는 것은 그의 죽음이 갖고 있는 아이러니이다.

❖ 이론적 과부하가 걸려 있기에 밀쳐놔야만 하는 단어를, 즉 기표, 상징적인, 텍스트, 텍스트적인, 이어서 존재, 이어서 결국 모든 단어들, 이 모든 것은 불충분할 것이다. 왜냐하면, 단어들이 전체성 내에서 구성될 수 없다고 본다면, 그것들을 가로질러 가는 무한은 어떤 수축 작용에 의해 붙들릴 수 없기 때문이다——그것은 환원이 환원시킬 수 없는 것이다.

❖ 공동의 것에 목소리를 부여하면서, 하지만 존재에 따라서가 아니라, 질서에서 벗어나 있고 선택되지 않았으며, 받아들여지지 않는 것으로 스스로를 표명하는, 존재의 **타자**에 의해. 그 타자는 무력無力을 통해 이끈다.

❖ **조용한, 언제나 더 조용한, 욕망할 수 없는 조용함.**

❖ 공동共同: 우리는 짐들을, 한도가 정해져 있지 않고 분배할 수 없는, 견딜 수 없는 짐들을 나누어 갖는다. 공동체는 스스로를 보호하지 않으며 그 자체가 근거하고 있을 것처럼 보이는 상호교환이라는 기준을 언제나 넘어선다. 비상호적인, 교환 불가능한 삶, 교환이라는 기준을 무너뜨리는 삶(교환의 법은 언제나 안정적으로 고정된 것에 근거하고 있다). 바꾼다는 것은, 그것과 대비되는 바꿀 수 없음을 전제하고 있다. 그러나 그것은 바뀔 수 있는 항과 바뀔 수 없는 항 모두를, 또한 양자 사이에 몰래 들어서는 관계를 용납하지 않는 바깥에서 바꾼다는 것이다.

❖ 그 이름으로 우리가 입을 다물게 되는 이름 붙여지지 않은 것이 남아 있다.

❖ 선물, 방탕, 소모는, 법이 지배하고 유용함과 유용하지 않음 사이에 거의 구별을 두지 않는 일반 체계를 오직 일시적으로만 변경시킨다. 말하자면 소모가 소비가 되고, 선물에 대해 경쟁적으로 더 많이 선물

함으로써 응답하며, 낭비는 어떤 유희의 도움을 통해서만 정상화되는, 사물들에 대한 엄격한 경영이 되는 것이다. 낭비는 파멸에 다가가 있음을 보여 주는 신호가 아니라, 훼손된 것을 겉으로 보아 유용하지 않은 부분으로 두고 존속시키는, 사물들의 사용 방식의 한 형태이다. 따라서 우리는 '완전하고 단순한' 상실을 말할 수 없게 된다. 언제나 통제될 수 없고 완전하지 않은 상실이(결코 말해질 수 없지만 무한에서 상실되면서 울리는 것으로서, 상실에 대한 요구──그 자체로 까다롭지 않거나 이미 상실된 요구──에 무한히 주목하게 만드는 것으로서) 언어 안에서 반향하는 그러한 순간에 이르러서야, 단지 '완전하고 단순한' 상실을 말할 수 있을 뿐이다.

아무것도 같이 존속되지 못하며, 교환될 수 없는 것이 더 이상 상징적 용어들 내에서 규정될 수 없는, 상실이 드러내는 교환체계, 태양도 우주도 어떤 이미지들을 통해서가 아니고는 그러한 교환체계를 납득하도록 우리를 도울 수 없다. (조르주 바타유는 **"태양은 단지 죽음일 뿐이다"**라는 사실을 결코 오래 생각해 보지 않았다.) 코스모스적인 것은, 우리가──우리 자신 너머에서라 할지라도──성스럽고 현실적인 단일성의 보호 속에서 스스로 동일화되는 어떤 최고주권적 질서가 가져온 과도한 전율을 통해서, 우리를 안심시킨다. **존재**의 경우도, 거의 확실하게 모든 존재론의 경우도 마찬가지이다. 어쨌든 존재에 대한 사유는 그 자체 내에서 이해되지 않는 것까지 포함해서, 한계가 언제나 재구성해 내는 무한계성을 포괄한다. 존재의 말은 감추어져 있는──명백히 드러나 있는──현전 가운데 놓인 존재에 대한 복종과 순종과 지고한 경험에 관해 말함으로써 존재를 고정시켜 묶어 놓고 존재로 되돌아간다. 존재에 대한 거부는, 여전히 존재가 거부에, 거부될 가능성에 수긍하고 동의하는 것이다. 다시 말해 법에 대한 도전은 오직 그 도전 때문에 확증되는 법의 이름으로만 표명될 수 있다.

존재와 분리되고 단절되며 존재에 반항하기 위한——그러한 시도들은 아마 실현되고 **증명**될 수 있을 것이다——받침대를 존재 내에서 찾으려는 쓸데없는 희망을 포기하라. 왜냐하면 그렇게 함으로써 너는 여전히 진리를 필요로 하고 진리를 '실수' 그 위에 가져다 놓고 싶어하기 때문이다. 마찬가지로 너는 **존재가 여전히 기준이 되는** 어떤 초월성에 의해 충족되는 공허한 믿음의 절대성에 충실히 따라서 삶에서 죽음을, 죽음에서 죽음을 구분하기를 원한다. 따라서 아무것도 추구하지 않은 채, 존재를 고갈시키는 것을 추구하라. 정확히 존재 내에서 그치지 않는 헛된 것이, 반복되는 끝나지 않는 것이 고갈될 수 없는 것으로 나타나며, 바로 그것 안에서 아마 존재와 존재하지 않음을, 진리와 실수를, 죽음과 삶을 구분할 수 있는 장소가 더 이상 존재하지 않을 것이다. 왜냐하면 양자들은 서로가 서로에게로 되돌아가 서로가 서로를 반영하기 때문인데, 그렇게 유사한 것이 그것과 유사한 것 속에서, 즉 그것과 같지 않은 것 속에서 갈수록 더 유사하게 변한다. 말하자면 거기에 멈추지 않는 회귀의 움직임이, 카오스의 불안정성이 만들어 내는 효과가 있다.

❖ 선물을 준다는 것은, 자유롭게 거저 내주는 '내'가 '재물'을 낭비하거나 파괴하는 하나의 최고주권적 행위인가? 최고주권에 기초해 선물을 준다는 것은 다만 최고주권의 명목名目에, 즉 설사 삶을 영웅적

으로 선물로 내어 주는 것이라 할지라도 여전히 영화榮華와 위세를 드높이는 것에 지나지 않는다. 선물을 준다는 것은 차라리 자기를 물러나게 하고 떼내어 버리며 뽑아 버리고 무엇보다 먼저 유예시킨다는 것이다. 그것은, 내가 더 이상 아무것도 갖지 못하고 더 이상 **존재하지 않는** 곳에서, 나를 나 자신으로부터 떼어 놓으면서 나를 거슬러서 나에게 강요되는——따라서 내줄 수 있는 힘을 가져오지 않는——수동적 정념에서 비롯된다. 여기서 내준다는 것에 따라, 그것이 가져온 가까움 속에 무한한 단절이, 타자가 하나의 항이라기보다는 규정할 수 없는 낯선 존재로 설정되는 거리가 표시된다. 바로 그렇기 때문에 내준다는 것은 어떤 것을, 설사 비용이 많이 드는 것이라 할지라도, 주는 것이 아니고, 베푸는 것도, 자신을 베푸는 것도 아니며, 차라리 항상 주어져 있는 것을, 아마 시간을, 결코 내 것이 아니고, 또한 내가 소유하지 못한 나의 시간을 내주는 것이다. 나 그리고 나의 삶의 독자성 너머의 시간들을, 시간의 추이를, 나의 시간 아니라 언제나 회귀하는 현재 없는 시간에 대한 형상화될 수 없는 형상인 **타인**의 시간에서 삶과 죽음을 내주는 것이다.

❖ 시간이라는 선물은 일치하는 것과의 불일치에, 동시성의, 공시성의, 모으고 회집하는 '공동체'의 (시간 내에서의, 시간에 따르는) 상실에——불규칙하고 불안정한, 도래하지 않은 어떤 도래 가운데——주어지는가? 모든 것이 진행되고 있는 동안, 아무것도 함께 진행되지 않는다.

❖ 에너지는 마치 사물들이 파괴되는 것처럼, 또는 사물 밖에 놓여서 탕진된다. 이를 받아들이자. 하지만 사물이, 나아가 사물들의 질서가 사라지는 데에서 비롯된 이 탕진이 하나의 다른 사물인 것처럼 다시 지정되거나 말해짐으로써 이번에는 계산 항목 내에서 고려된다. 그에 따라, 그렇게 주제화되어 말해지면서 그 탕진은 막대해지고 질서 내에로 들어오고 '축성'된다. 오직 질서만이 무너지면서 승리하는 것이다.

❖ "**최고주권은 아무것도 아닌 것이다**"(G. B.[\*]).

❖ 믿음의 인간과 지식의 인간 사이에 다른 점이 거의 없다. 양자는 모두 파괴적인 우발성으로부터 돌아서며, 질서를 세우자는 요구를 다시 제시하고, 기도로 갈구하거나 이론화하는 어떤 불변항에 호소한다――둘 모두는 배치하고 조절하는, 단일성을 추구하는 인간들이며, 그들에게 타자와 동일자는 양자의 결합 속에서만 변화할 뿐이다. 그들은 영원히 보존하는 자들, 영원성을 보존하는 자들로서 말하고 글쓰고 계산하면서 언제나 어떤 항구성을 추구하며 확신에 찬 열정 속에서 존재론적인 말을 표명한다.

❖ "**신사 숙녀 여러분, 포에지는 어떤 무한의 말, 헛된 죽음과 단 하나의 아무것도 아닌 것의 말입니다**"(첼란Celan). 만일 죽음이 헛되다면, 이를 말했다고 믿고 이를 말하면서 실망에 빠지는 말을 포함해서, 죽음의

---

[\*] [옮긴이] 조르주 바타유 Georges Bataille를 가리킨다.

카오스의 글쓰기 • 159

말 역시 헛되다.

　너무나 불확실하고 너무나 비현실적이어서 언제나 미리 앞서서 사라지는, 또한 그 자체에 대한 어떠한 언급도 사라지게 만드는 이 죽음의 현실성을 포함해서 무엇이 되었든 그 토대를 세우기 위해 죽음을, 당신의 죽음을, 보편적인 죽음을 믿지 마시기를. 쉽게 신념에 이끌리는 얇은 귀에 재빨리 울리는 '신은 죽었다'와 '인간은 죽었다'라는 정식들은, 초월성——이 단어, 파기되어야 할 것이지만 어떤 압도적인 힘을 갖고 있는 이 거대한 단어——이 설사 부정적 형태로 표현된다 할지라도 언제나 득세하고 있음을 잘 보여 준다——아마 보여 줄 것이다. 죽음이 모든 이름 위로 언어를 드높이면서 죽음 자체 내에서 신성한 초월성을 되찾는 것이다. 신은 죽었다에 이어지는 것은 죽음이 신 안에 놓여 있다는 것이다. 그에 따라 신은 죽었다를 모방하고 있는 문장인 '인간은 죽었다'는, 덧없는 개념으로 받아들여지는 인간이라는 단어를 전혀 무효화시키지 못하고 있으며, 초超인간성이나 그것과 유사한 모험적인 개념들을 표명하거나, 죽음이 지배하는 동시에 가져오는 신적 절대성이 인간의 자리를 대신해서 다시 표명되게 하기 위해 인간 형상을 폭로하고 있다.

　그에 따라 우리는 첼란이 아이러니("신사 숙녀 여러분")에 따라 말하고자 하는 바를 고려하도록 요구받게 된다. 우리는 그것을 고려할 수 있는가? 나는, 그가 무한이라는 말 그리고 끝에 나오는 결정적인 말인 아무것도 아닌 것에 의해 더 선명히 부각되는 헛된 죽음이라는 말을 수수께끼 같은 병치 관계로 묶어 놓고 있다는 사실을, 염두에 두고 있다. 말하자면 끝의 아무것도 아닌 것은, 무한으로부터 나오고 무한이 주어지며 무한히 울리는 말과 같은(앞으로 이어지지도 않고 뒤로 이어지지지도 않는) 선상에 놓여 있다.

　무한한 말, 아무것도 아닌 말. 양자는 함께 갈 수 있는가? 함께 갈 수 있지만 양자는 일치하지 않으며, 일치하지 않지만 불일치하지도 않는다. 왜냐하면 무한한, 아무것도 아닌 말이 있기 때문이다. 그에 따라 다음과 같은 점을 생각해 본다. 만약 무한한 들음이 공허한 죽음의 정확하고 명료한 울림을, 가까이 다가오는 부재(그것은 **모든 것을 내준다는 것**이 갖는 특성 자체일 것이다)를 듣는 데에 있지 않다면, 시적인 말도 존재하지 않을 것이다. 나는 '신은 죽었다', '인간은 죽었다'라는 가정들로 되돌아간다. 그 가정들 자체에서 '죽음의-존재'를 신의 가능성과 인간의 가능성으로 전환시키면서 긍정되는 것을 통해 측정해 본다면, 아마 그것들은 다만 망각·결여·빈곤 (숨결의 꺼져 감, 즉 **포에지의 예외적인 표식들**——그러나 '예외적인'이라는 단어는, 배제의 의도를 담고 있기에, 자신을 방어할 수 없고 스스로 꺼져 갈 수밖에 없는 궁핍함을 담아내지 못한다) 속에서 궁핍하고 헛되이 말하기를 포기하는, 여전히 지나치게 강하고 어쨌든 최고주권적인 어떤 언어의 기호일 뿐일 것이다.

❖ 지금까지 유보되어 온 물음들을 제출하기 위해, 우리는 부정의 한정사들에 다양한 형태로 의존해야만 하는 언어와 사유에 대해 의심해 볼 수 있다. 우리는 무-력無-力에 대해 묻지만, 이는 역능을 바탕으로 시작되지 않는가? 불가능한 것에 대해 묻지만, 그것은 가능한 것의 극단 또는 가능한 것이 벌이는 게임이 아닌가? 우리는 무의식적인 것에 굴복하지만, 부정에 의존하지 않고 다르게 그것을 의식으로부터 분리

시키는 데에 성공하지는 못한다. 우리는 무신론에 대해 토의하지만, 이는 언제나 신에 대해 말하는 하나의 특권적 방법이었다. 또한 역으로, 무한은 오직 끊임없이 끝에 이르며, 반복되는 애매한 우회를 통해 끝없이 이어지는 유한 위에서만 얻어진다. 또한 거대하고 고독한 긍정을 표명하는 절대도 타협을 거부하고 모든 연결 또는 모든 관계로부터 멀리 떨어져 있지만, 그 자체가 단절시켜 놓았던 것의 표식을 간직하고 있다. 결국 철학적이거나 탈철학적인 하나의 담론이 어원학적으로 감추어져 있지 않고 숨어 있지 않은 것을 나타내는 그리스의 **알레테스**aléthès[탈은폐되어 있는]를 부각시킴으로써 우리에게 전해 주었던 것도, 명백한 드러남에 대한 감추어져 있음의, 열려 있음에 대한 숨어 있음의 우위를 납득하게 해준다. 그에 따라, 우리가 부정적인 것이 헤겔의 방식으로 작동하는 것을 거부한다면, 우리가 이후에 진리하고 명명한 것 속에는, 현전으로 드러난다는 점을 일차적인 근본적 특성으로 갖는 것이 아니라, 이미 이차적으로 현전을 상실함에 따라 은폐되는 보다 오래된 것(물러남, 인간과의 관계 내에서 또는 인간 내에서 그런 것이 아닌 벗어남, 그것은 밝혀 드러날 수 없지만, 언어가 언어 자체의 침묵의 비밀로서 가져오는 것이다)이 존재할 것이다. 그로부터, 필연적일 수밖에 없는 오용의 방법에 따라 검토한다면, 한 언어에 대한 '어원학적' 지식(그것은 결국 어떤 특수한 지식에 지나지 않는다)으로부터 바로 오용에 따라서 우리가 (존재로 여겨지는) 현전이라는 단어에 특권을 부여한다는 결론이 도출된다. 그 반대를, 즉 현전은 이미 언제나 거부된 어떤 부재라고, 나아가 우리가 현전(그 자체로 언제나 진리와 같은 현전)에 근거해 결핍을 떨쳐 버리거나 보다 정확히 결핍을 무시할 뿐이라고 말해야 한다는 것이 아니다. 오히려 아마 부재와 현전 사이에 어떤 종속 관계를, 또는 무엇이 되었든 어떤 관계를 정립할 근거가 없을 것이라고, 한 용어의 '어근'은 최초의 근본적 의미, **고유한** 의미를 담고 있기는커녕, 오직 독립되어 있지 않고 그 자체 제대로 정의되어 있지 않거나 불확실하게 의미를 띠고 있고 불확실하게 규정되어 있는 작은 기호들의 게임을 통해서만 언어 내로 진입할 것이라고 말해야 한다. 그 기호들로 인해 미결정성(또는 결정하는 미결정화하는 것들)이 대두되며, 의미를 만들어 내는 고유한 이름을 존재하지 못하게 만드는 일반적 표류 가운데 말해지는 것이, 즉 그 중심에 오직 탈중심화하거나 변화하거나 굴절되거나 외재화되거나 부인되거나 반복될(한계에 이르러 결국 상실될) 가능성만이 놓여 있는 것이 야기된다. (설사 언어 안에서 지칭되지 않은 것—반복적인 중성화—을 편리한 색인 안에 들어온 것처럼 부각시키기 위해 이러한 고찰이 이용된다 할지라도, 우리는 그 고찰에 대해 성찰해 보기를 제안할 수 있다.)

❖ 어원학 또는 어원학적 연구들을 원용하거나 그것들에 의해 심화되는 사유 양태는, 우리가 스스로 알아채기를 원치 않거나 그럴 수 없는 선입견들에 기울어진 채 제쳐 둔 것처럼 보이는 어떤 물음의 공간을 열어 놓는다. 어원학이라는 단어 자체가, 그 어원에 따르면, 우리가 묻는 것에 답을 주는, 기준이 되는 어떤 단언과 관계있다. 말하자면 어원학은 단어들의 '진정한' 의미에 대한 지식이다. (**에튀몬** etymon이란 무엇인가?) 그러나 우리는 그러한 설명에 설득될 수 없다. 박학에 기반한 지식은 대중적이거나 문학적인 어원학적 지식—계통에 대한 탐

구에서 나온 어원학적 지식뿐만 아니라 유사성에 대한 탐구에서 나온 어원학적 지식——과 크게 구별되거나 거의 구별되지 않는다. 어원학은 통계상 개연성이 있는 어떤 지식의 형태이며, 언제나 더 완벽을 기해야만 하는 문헌학적 연구에 의존할 뿐만 아니라, 어떤 시대에서 암암리에 지배적으로 통용되는 언어의 비유들(오늘날에는 환유와 은유, 모든 것이 두 비유 주위를 맴돌고 있는데, 제라르 주네트Gérard Genette는 적절한 아이러니를 통해 "다른 것이 대신할 수 없는 도자기 개들"이라고 말한다)에 의존한다.

왜 계통이라는 것이 우리에게 강한 인상을 주는가? 한 언어나 다른 언어들에서 한 단어의 가장 오래된 의미는, 현재의 언어가 써 온 그대로 또는 써 왔기 때문에 부여하는 의미를 복원시키거나 되살아나게 하는 것처럼 보인다. 거기에는 가장 오래된 것이 순수한 진리에 보다 가깝거나 상실된 것을 다시 기억으로 돌려놓는다는 생각이 배경에 깔려 있다. 그것은 풍요로운 결과를 가져오는 것이든 아니든 어쨌든 환상이다. 장 폴랑Jean Paulhan은 어원학이 증명할 능력이 없음을 보여 주었다. 방브니스트Benveniste와 마찬가지로, 또한 그와 함께 폴랑은, 우리가 어원학에 의거해서 보다 구체적으로 명확한 의미로, 나아가 보다 '시적인' 의미로 필연적으로 거슬러 올라가는 것이 아님을 보여 주었는데, 왜냐하면 많은 예들이 '추상적인 것'이 먼저 필연적으로 주어지며, 그에 따라 파생된 것으로부터 파생되지 않은 것으로 넘어갈 수 없다는 점을 증명해 주거나 증명해 줄 것이기 때문이다. 하이데거가 감탄할 정도로 끈질기게 매달렸던 **알레테이아**의 어원으로 되돌아가 본다면, 그리스의 사유를 밝혀 드러내는 그 어원적 의미를 왜 그리스인들이 알지 못했는지 ——또한 왜 플라톤이 유희에 따라, 하지만 유희 가운데 진지하게 **알레-테이아**alè-théia를 읽으면서 **신적인 방랑**이라고 번역할 수 있는 의미를 발견했는지(그러나 이는 마찬가지로 거의 중요성을 갖지 못한다) ——알아보는 일이 남아 있다. 플라톤에 따라 **알레테이아**의 어원을 살펴본다면, 진리(우리가 보통 진리라고 명명하는 것)는 방랑의 도정 道程, 신들의 방황을 말한다. 그에 따르는 결과는, 바로 '신적인'이라는 단어 ——**테이아**théia ——가 먼저 **알레테이아**에서 울리고 있으며, (우리가 너무나 오래된 단어인 **아페이론**apeiron[무한정자]을 그 단어 안에 있는 부정의 의미를 강조함으로써만 분해시켜서 볼 수 있다는 점을 의심하면서라도) **알레테이아**의 부정 접두사 **아**a가 특권적으로 작동하지 않는다는 것이다.

하이데거가 어원학적으로 결정적 의미를 갖는 **알레테이아**라는 단어를 가능하게 했던 그리스어를 특권적 언어로 인식할 때, 그가 **아우프헤붕**Aufhebung이라는 단어를 갖고 있기에 사변적이라고 평가받는 독일어에 감격한 헤겔과 마찬가지로 단순하게(그토록 단순하지 않은 이 두 사람) 처신하고 있다는 점은 사실이다. 왜냐하면 바로 이 두 사람이 가정된(개연성 있는) 어원학의 도움에 의해서든, 언어 분석에 의해서든 철학적이거나 시적으로 그 단어들을 **창조해 냈기** 때문이다. 그것들은 우리가 그 빛으로부터 당분간 벗어날 수 없는 사유의 대낮을 가져오는 서광의 말들이다. (하이데거: "그것은 그리스인들의 언어가 받았던 가장 숭고한 지참금이다." 그렇지만, 하이데거 자신을 따라가 본다면, 우리가 사유하지 않으면서 사유하는 대로의 **알레테이아**는 아직 그리스어에 속해 있지 않다. 왜냐하면 언어와 로고스는 오직 진리, 나아가 존재로 향해 있는 모든 시선으로부터 해방된 **알레테이아**에 의해서만 존재하기 때문이다. 하지만 **알레테이아**가 "그리스어 전체에서 작용"하는데, 헤라클레이토스가 **알레테이아**와 만나지 못하고 거기에 자신을 맡겨 보지 못했다면, 그 자신에게서 또한 그 자신에 의해 **로고스**가 지배적 우위를 점했기 때문이라고 또한 말해야만 한다. 그에게서 어쨌든 **아-레테이아** a-lètheia는 **레게인** legein[말하다]에 의해 가로막혀 있었던 것이다. 또한 주목해 봐야 할 점이 있는데, **알레테이아**가 '탈보호 désabritement[보프레 Beaufret와 자니코 Janicaud가 일시적으로 선택했던 번역어]로 이해되고 번역된다면, 이는 완전히 다른 어떤 사유의 움직임을, 가장 흔한 번역어 ['감추어져-있지-않음 le 'non-voilé', '숨겨져-있지-않음 le 'non-caché', '탈은폐 le 'dévoilement']가 지시하는 방향과 완전히 다른 어떤 방향을 가리킨다는 것이다. '탈보호'는 **운페어보르겐하이트** Unverborgenheit라는 독일어 단어가 **베르겐** ber-gen과 연결된다는 사실로부터 결론에 이를 수 있다. **베르겐**은 숨기다, 보호 가운데 두다, 보호의 장소에 맡겨 두다, 보호해 주다를 의미한다. 탈보호로서의 **알레테이아**는, 플라톤이 [『크라틸로스』에서] 알려 주었던 방황이라는 의미에 다시 이르게 된다. 그로부터 "언어는 존재의 집이다"라는 너무 잘 알려진 문장을 강조하지 말라는, 신중하라는 요구가 나온다. 플라톤에게서조차 동굴의 신화는 또한 보호처의 신화이기도 하다. 말하자면 보호해 주는 것으로부터 뿌리째 뽑혀 나가는 것, 그것으로부터 돌아서는 것, 탈보호되는 것, 바로 거기에 인식의 대단원일 뿐만 아니라 차라리, 플라톤이 다시 말하듯, "모든 존재로부터의 선회旋回"──우리로 하여금 전회에 대한 요구와 마주하게 하는 반전──의 조건인 중대한 대단원들 중 하나가 있다. 이러저런 번역 방법이 이 정도까지 사유에 개입하고 있다는 점, 우리는 그 점에 대해 놀랄 수도 불평할 수도 있으며, 그 점으로부터 철학이란 단어들에 대한 물음에 지나지 않는다고 결론을 내릴 수도 있다. 이에 반대해 아무 할 말이 없지만, 다만, 폴랑이 암시하듯, 왜 하나의 단어는 언제나 하나의 단어 그 이상인가라고 언제나 스스로 물어야만 한다고는 말할 수 있다. 또한 발레리에 의하면, "완수해야만 하는 철학적 임무는 완성된 철학에서 사용된 **단어들**을 역사에 회부回附하는 데에 있다". 가장 집요한 물음으로 되돌아가 보자. 어원학의 견고하지 못한 지식에 할당된 몫이 과도하지, 즉 너무 쉽게 주어지지 않았는가?)

확실하거나 불확실한 지식인 어원학이 언어에서 씨앗이 되는 세포와 같은 **단어**에 관심을 집중시키고 있으며, 언어가 본질적으로 명사들로 이루어져 있는 어휘들의 집합이라는 오래된 편견 속에 우리를 놓아둔다는 것 또한 사실이다. (이미 발레리는 철학의 오류들 가운데 하나는 **문장들**을 무시하면서 **단어들**에만 관심을 국한시키는 데에 있다고 말했다. "오, 철학자들이여, 밝혀야만 하는 것은 **단어들**이 아니라네…… **문장들**이라네.") 그러나 그렇다고 마찬가지로 아무것도 해결되지 않는다. 명사를 다만 굳어지고 고정된 한 행동으로 환원시킬 수 있게 하는 특권을 동사에 부여함으로써 크라틸로스의 선택이 곤란해지고 어원학적 창안이 보다 더 어려워지지만, 여전히 우리는 약간 수정되었을 뿐인 같은 문제를 다시 발견하게 된다. 말하자면 문장들, 문장들의 이어짐, 문장들의 탄생, 한 언어나 복수의 언어에서 소멸되어 가는 문장들이 있을 뿐이다. 우리가 글을 쓰자마자, 우리는 우리 자신과 연루된 그러한 문제를 야기하게 되고, 그것을 생각하지 못한 채 사유하게 되는 것이다. 최소한의 단어에서조차 언어 전체, 한 언어의 문법 전체가 전제되어 있다고 훔볼트Humboldt는 이미 말했다.

    결국 어원학에 대한 깊은 학식에서 비롯된 착란이 역사의 현기증과 연관이 있다는 것도 사실이다. 한 언어의 역사 전체가 몇몇 단어들이 주는 압력 아래에서 열리며, 그것들의 계보학에 따라서 신비화되거나 탈신비화된다——우리는 스스로 책임을 따져 물어야 하거나 스스로를 마력으로 이끌어 망각 속에 묶어 두는 어떤 과거에 의존해서 사유하고 말하는 것이다. 일하거나 창조하거나 보다 은밀한 방식으로 어원학에 따라 하나의 사유에 대해 확신하는 글쓰는 자는 자신이 말하는 언어의 창조적 힘을 믿지 않기보다는 과도하게 믿는다. 그는 언어의 삶을, 민중의 창조력을, 지역어地域語가 가져오는 내밀성을 믿는 것이다. 다시 말해 언제나 언어는 거주처이며, 거주할 수 있는 우리의 보호처인 것이다. 글쓰기가 전제하는, 뿌리가 뽑히라는 요구에 따라 우리는 뿌리를 향해 내려가면서 곧 뿌리내렸다고 느끼게 되지만, 글쓰기는 또한 우리에게 모든 자연적인 것으로부터 뿌리 뽑히라고 요구하는 데에까지 나아가며, 일련의 어원학적 탐구는 일종의 역사적 **자연** 안에서 언어적 생성 과정을 다시 구성한다.

    어원학이 갖는 또 다른 위험은, 다만 어원학이 어떤 기원과 암묵적으로 관계를 맺고 있다는 데에만, 그것이 우리를 유혹하는 방법으로 놀랍지만 있을 것 같지 않은 원천을 발견한다는 데에만 있지 않다. 그 위험은 바로 그것이 역사에 대한 어떤 개념을 정당화하지도 설명하지도 못한 채 우리에게 부과한다는 데에 있다——역사에 대한 어떠한 개념인가? 전혀 명확하지 않다. 다만 어떤 근원의 필연성, 계속 이어지는 연속성, 동질성의 논리가 요구될 뿐이며, 우연은 운명이 되고, 단어들은, 상실되었지만 숨어 있는 모든 의미들을 보관하고 있는 성스러운 장소가 되며, 그러한 의미들을 회집시키는 것이, 이제 어떤 최후의 말함이나 어떤 반해서-말함(완성·완결)을 목적으로 글을 쓰는 자의 임무가 된다——따라서 어원학과 종말론은 서로 연결된 부분을 갖고 있는 것이며, 시작과 종말은 모든 현전의 현전 또는 재림再臨하는 현전에 이르기 위해 서로 겹쳐지는 것이다. 그러나 어원학적 진지성은 이미 과학적 진지성을 버렸는데, 그 사실에 상응하는 것 또는 그 사실을 상쇄하는 것은 어원학적 환상들, 어느 기간에 언제나 자유롭게 전개되는 소극笑劇들이다. 언어 과학이 거의 확실한 인정하지 않을 수 없는 지식들을 제시하자마자, 어원학이 펼쳐 보이는 그 소극들은 이제 다만 하찮은 광기와 언어에 대한 몽상만을 보여 주고, 이제 다만 용어들이 만들어 내는 신기루를 펼쳐 보이면서 지식 자체로부터의 해방을 가져오는 데에로, 또는 단순히 웃기 위해 무의식적인 것을 모방하면서 이용하는 데에로 나아가는 욕망의 유희로만 나타난다——결국 우리는 웃게 되지 않고 즐기게 되지 않지만, 이 또한 중요하지 않다. 여기서 회의주의가 승리하는 것 같다는 점만이 중요하다. 그러나 회의주의는 더 많은 것을 요구한다.

❖ 하이데거가 '사건'이라는 일반적 의미를 갖는 **에어아이크니스**Ereignis, (이것에, 『두덴』Duden ——유명한 독일어 사전——이 인정해 주는 결정에 따라서, 그는 사건, 즉 **에어오위크니스**Eraügnis를 연관시키고 있는데, 그 안에서 **눈**, 즉 **아우게**Auge라는 단어를 알아볼 수 있는 고어인 **에어오위크니스**는 시선에 호소하는데, 말하자면 존재가 우리를 본다

는 것이고, 이는 존재와 빛을 다시 결부시키는 것이다)와 **에어오위크니스** 사이의 관계를 확증한 것은 어떻게 정당화될 수 있는가? 또한 하이데거가 말하는 **에어아이크니스**에서, '고유한'이라는 의미의 **아이겐**eigen이라는 단어는, '사건'을 '가장 고유한 것'이 우리의 존재에 도래하게끔 만드는 것으로 이해하게 할 정도로, 분리되어 부각되며, 그러한 관점에서 그는 **에어아이크니스**를 분석하고 있다(그러나 '두덴'은 **고유한**이라는 **아이겐**과 **에어아이크니스**의 어원학적 연관성을 인정하지 않는다). 여기서 놀라운 것은 자의성이 아니다. 반대로 모방에 따르는 연구 방법, 유비를 허위에 따라 차용하는 것, 즉 역사를 관통하는 필연성이라는 것으로 우리를 속이는 의심스러운 지식에 호소하는 것이다. '정당화'에 대한 요구를 여기서든 다른 곳에서든 받아들이고 이어서 거부할 수 있다는 것은 사실이다. 그러나 정당화해야 할 것은 아무것도 없으며, 하이데거의 논의는 정당성이나 부당성으로부터 비롯되지 않고, 다만 사유와 물음을 부추기기 위해 주어진다. "아무것도 결코 **믿지** 말 것, 모든 것은 시험을 필요로 한다"라고 하이데거는 말한다. 바로 그렇기 때문에 우리 또한 검토해 보는 것이며, 이상의 우리의 시험이 문헌학적이고 철학적으로 비용이 많이 드는 절차임을 깨닫는다.

❖ **에어아이크니스**가 신비하게 그 안에 담고 있는 **아이겐**이라는 단어가 '고유성propriété'과 '전유專有, appropriation'를 말해 줄 아무것도 가리키지 않다는 점을, '존재'가 **아이겐**과 합치되지 않으며 **아이겐** 내에서 결정되지 않는 한에서, **아이겐**은 한정되어 있지 않다는 점을 받아들이자. 왜 **아이겐**은 '비고유한impropre'이라기보다는 '고유한propre'

(어떻게 다르게 번역할 수 있겠는가?)인가? 왜 이 단어인가? 왜 우리로 하여금 '부재'를 내던지게 만드는 '현전'이 집요하게(참을성 있게) 긍정되어야 하는가? 마찬가지로 이전에 『존재와 시간』 Sein und Zeit에서 '본래성 authenticité'과 '비본래성 inauthenticité' — 피상적인 번역 — 의 대립에 따라 여전히 전통적인 방법으로 '고유한 것'에 대한 보다 더 수수께끼 같은 물음이 준비되었지만, 결국 우리는 그 '고유한 것'을, '탈-전유脫-專有, a-ppropriation'(데리다) 가운데, 장소와 진리의 결여 (그 결여가 없다면, 삶뿐만 아니라 또한 죽음을, 존재뿐만 아니라 또한 비-존재를 가져다주는 글쓰기의 선물은, 말함의 선물은 모든 사건을 뒤흔들어 놓는 이 소비를 더 이상 가져올 수 없을 것이다) 가운데 미결정적으로 남아 있는 것과 같은 명목하에 받아들일 수 없다. '비고유한 것' 또는 '탈-전유'는, 그 안에서 '고유한 것'이 수용되는 동시에 거부되는 한에서, 설사 비-진리로 이해되는 것이라 할지라도 진리를 내세우지 않으면서 우리가 종말에 이르지 못하도록 우리를 부른다. 그렇게 방황은 자체의 궤적을 헛되이 경유하는 것이다. (하이데거에게 **에어아이크니스**는 **엔트아이크넨** Enteignen — **엔트아이크니스** Enteignis — 또는 비전유非專有, dépropriation로 지칭되는 물러남을 특성으로 갖는다는 점을 잊지 말자.)

❖ 읽지도 쓰지도 말하지도 않는 것, 하지만 바로 그에 따라 우리는 이미 말하여진 것을, 지식을, 이해를 벗어나며, 주어진 것이 아마 아무에게도 받아들여지지 않을 알려지지 않는 공간, 비탄의 공간 안으로 들어간다. 카오스의 시여施與. 그에 따라 언제나 죽음과 삶이 넘어서지는

것이다.

❖ 글쓰기의 재능은 정확히 글쓰기 자체가 인정하지 않는 것이다. 쓴다는 것을 이제 더 이상 알지 못하고, 자신이 받았던 재능을 포기하며, 자신의 언어를 알아볼 수 없는 자는 겪은 적이 없는 비경험非輕驗, inexpérience에, 존재하지 않을지라도 도래하는, '고유한 것'의 부재에 더 가까이 나가가 있다. 문체를, 문체의 독창성을 찬양하는 자는 다만 모든 것을 비우기를 거부하고 모두 비워지기를 거부하는 작가의 자아를 고양시킬 뿐이다. 곧 그는 저명하게 될 것이며, 명성이 그를 권력에 넘겨주게 될 것이다. 지워짐·사라짐이 그에게 결여된 것들이 될 것이다.

읽지도 쓰지도 말하지도 않는 것, 그것은 묵언 가운데 머무는 것이 아니다. 아마 그것은 전대미문의 방식으로 웅얼거릴 것이다. 으르렁거림과 침묵.

❖ "그자는 홀로 자기 자신의 밑바닥에 도달했으며, 삶의 깊이를 전부 알게 되었고, 어느 날 모든 것을 비웠고 모두 비워졌다. 그에게 모든 것은 무너졌고, 그는 무한과 함께 홀로인 자신을 보았다. 이는 플라톤이 죽음에 견주어 보았던 거대한 발걸음이다"(하이데거가 인용했던 셸링Schelling).

❖ 단절이 가져오는 동요——카오스의 형태들 가운데 하나——에 따라 책이 황폐화되는 곳에서, 왜 여전히 한 권의 책인가? 왜냐하면 책의

질서가 책을 저버리는 것에, 책을 벗어나는 부재에 필요하기 때문이다. 마찬가지로 '전유화'를 통해 얻어진 '고유한 것', 즉 인간과 존재가 공속되어 있는 사건은, 법과 흔적으로부터, 또한 어떤 보증된 의미가 가져온 결과로부터 벗어나는 글쓰기의 비고유성 속에서 무화된다. 하지만 비고유한 것이 단순히 '고유한 것'에 대한 부정인 것만은 아니며, 비고유한 것은 '고유한 것'과 연관됨으로써 그것으로부터 돌아선다. 비고유한 것은 고유한 것을 한없이 깊은 곳으로 이끌며, 그것의 환상을 깨뜨림으로써 그것을 보존한다. 고유한 것이 여전히 비고유한 것 속에서 울리는 것이다. 마찬가지로 책의 부재, 책의 밖은 책 자체가 넘어서는 것을 들리게 한다. 파편적인 것으로 부르고, 카오스에 호소하는 것이다. 카오스가 다만 재난을 가져오는 불행한 것만이 아님을 기억해야만 한다.

❖ 뮈장M'Uzan이 암시하는 대로, 욕망의 부활에 따라 삶이 고갈되기까지 살아가게 만드는 데에서 끝나지 않는──그가 말하는──그 '죽음의 의무'를, 주체가 흩어지고 다자多者, multiple가 발산되는 데에 따라, 우리가 떠맡게 되는 곳에서, 오직 글쓰기 '작업'만이 가져올 수 있는 책들의 조용한 소란스러운 종말을 경험해 보기 위해서가 아니라면 왜 여전히 책들이 필요한가. 나는 그 임무를 감당하기 위해 요구되는, 사건 없이 삶을 죽어감으로 열리게 하는 정념·참을성, 즉 극단의 수동성을 알아본다──마찬가지로 글쓰기의 삶과 죽어감이 기록되어 있는 이미 지워진 '전기傳記'(로제 라포르트Roger Laporte가 우리에게 '전기'라는 고독한 이름을 제안하고 있다)에는 아무것도 도래하지 않는다. 그러

한 '전기'를 위해 아무것도, 글을 쓴다는 사실조차도 보장되어 있지 않다——이는 작가가 준準 직업이라는 생각에 따라 당신이 작가라는 단어로 분명하게 지칭하는 이 죽은-살아남은 자를 중성적인 것이 갖는 비밀 속에 가져다 놓는다.

❖ 그는 가능하든 아니든 써 왔지만, 말하지 않아 왔다. 거기에 글쓰기의 침묵이 있다.

❖ "쓴다는 것은 끝나지 않으며, 텍스트는 배후에 공백들, 구멍들, 찢긴 틈들 그리고 끊긴 곳들을 남기지 않고서는 진전될 수 없다. 그러나, 적어도⋯⋯인 한에서는, 단절된 것들 자체가 재빨리 다시 기입된다"(로제 라포르트).——"쓴다는 것은⋯⋯하나의 새로운 장르 그 이상을 구성할 수 있을 것이다." 그러나 "만일 쓴다는 것이 모든 글쓰기, 모든 식자植字와 인쇄, 모든 책을 요구하지만 부정한다면, 어떻게 써야 하는가?"⋯⋯ "나는 어떻게 그토록 오랫동안 나 자신을 새로운 한 장르를 창조한다는 미학적 계획에 일치시켰는지 더 이상 이해하지 못한다." "쓴다는 것은 한 번 사선을 그어 버림으로써 무화되었다. 나는 파괴 작업을 완성해야만 한다"(R. L.*).

❖ "⋯⋯하나의 텍스트를 그것이 책이라는 불행으로부터 구해 내기"(레비나스).

---

* [옮긴이] 로제 라포르트Roger Laporte를 가리킨다.

❖ 도래했던 것은 도래하지 않았다——그렇게 참을성이, 끝이 서둘러 앞당겨지지 않게 하기 위해, 말했다.

❖ '나'는 태어나기 이전에 죽어간다.

❖ 유물론. 아마 '나의 유물론'은 전유화의 한 방식이거나 이기주의로서 하찮은 것이다. 그러나 타인의 유물론——그의 배고픔, 목마름, 그의 욕망——은 진리이다. 거기에 유물론이 갖는 중요성이 있다.

❖ 능동적인, 생산적인 독서가 있다——그것은 텍스트와 독자를 생산해 냄으로써 우리를 감동시킨다. 이어서 수동적인 독서가 있는데, 그것은 텍스트에 종속되어 있는 것처럼 보이지만, 텍스트가 객관적으로, 충만하게, 최고주권적으로, 즉 단일하게 존재한다는 환상을 줌으로써 텍스트를 배신한다. 결국 수동적이지도 않은, 하지만 수동성의 독서가 있는데, 그것은 쾌락도 향락도 없는 독서이며, 이해와 욕망을 벗어난다. 그것은 마치 밤에 깨어 있는 것과도, 즉 말하여진 모든 것 너머의 '말함'이 들리며, 최후의 증인의 증언이 표명될 '영감을 주는' 불면과도 같다.

❖ 최후의 증인, 역사의 종말, 시대, 전회, 위기——또는 (형이상학적) 철학의 종말.
  자신이 주재한 것처럼 보이는 한 세미나에서 도래(**에어아크니스**, 또한 그것이 제시하는 모든 점) 속으로 들어감이라는 물음에 따라 하이데거는 '존재의 역사의 종말'에 대해 말하기에 이르는데, 그 종말이 갖는 미묘한 점을 보여 주기 위해 그는 이렇게 권고하고 있다. "도래 속으로 들어간 이후에 여전히 존재와 존재의 역사에 대해 말할 수 있는지, 존재의 역사가 도래(에어아크니스)를 물러남 가운데 유지시키는 시혜의 역사로 이해될 수 있다는 점이 적어도 사실인지 성찰해 봐야 한다." 그러나 그 장점이 경솔함에 있고 그 의미가 단지 지나치게 분명할 뿐인 그러한 제안에서 하이데거가 자신이 어디에 있는지 안다고 보기는 의심스럽다. 그는 시혜가 존재가 물러나면서 주어지는 방식(그리스인들에 한정해서 본다면, 헤라클레이토스에게서의 **로고스**, 파르메니데스에게서의 **동일자**, 플라톤에게서의 **이데아**, 아리스토텔레스에게서의 **에네르게이아**, 그리고 근대인들이 마주했던 마지막 부침인 **게슈텔** Gestell——라쿠-라바르트Lacoue-Labarthe는 그것과 동등한 것으로서 **정초** installation를 제안한다)이라고 말한다. 그러나 **에이아이크니스**, 즉 도래가 물러나면서 그 자체가 가능하게 하는 '의미의 시혜'에 의해 더 이상 감추어져 있지 않고 도래하자마자, 존재가 물러나면서 주어지는 방식인 시혜는 중단될 것이다. 다시 말해 어떤 역사적 결정(왜냐하면 그렇게 표현해야 하기 때문이다)이 우리로 하여금 우리의 가장 고유한 것(존재)으로 도래하게 함으로써 "도래가 도래한다"는 문장에서 표명된다면, 물러남에 대한 요구가 그에 따라 중단된다고 생각하지 않기 위해서는 너무나 순진해야만 할 것이다. 오히려 바로 '물러남'이 보다 불분명하지만 보다 끈질긴 방식으로 지배한다. **아이겐**, 즉 '우리의 가장 고유한 존재'란 무엇인가? 우리는 알 수 없지만, 오직 **아이겐**이 **에어아이크니스**에 부합한다는 점을 알고 있을 뿐이다. 마찬가지로 **에어아**

**이크니스**는 **아이겐**을 분명 조악한 언어 분석으로 드러내 보여 주면서 '감춘다'. 다시 한 번, 사상가들 가운데 가장 신중한 자에 의해 모든 것이 말해졌을 때, 아무것도 말해지지 않은 것이다. 오직 하이데거가 직접 제기하지는 않는, 존재 역사의 종말이라는 물음이 제기될 뿐인 것이다——마찬가지로 헤겔은 다른 사람들에게 '역사의 종말'이라는 생경한 정식定式을 남겨 주었다.

시대의 변화의 움직임으로 이해되고, 카오스의 경험(비경험)으로 이해되는 글쓰기, 왜 그것은 이 '단상'의 서두에 기입된 단어들을 매번 가져오지만 또한 철회하는가? 설사 표명된 것이 언제나 이미 발생했던 어떤 새로운 것으로, 모든 현재가 배제된 **급진적인 변화**로 표명될지라도 글쓰기는 그렇게 철회하는 것이다.

헤겔적 변증법과는 다른 어떤 변증법, 소위 무한한 변증법, 여기-지금의 변증법의 장場인 역사를, 진보도 퇴보도 없는 (비순환적인) 역사를 긍정한다고 해서 **시대**라는 형태로 압력을 가하고 있는 다수의 요구들을 포기할 수 없다. 철학적 지평(그 지평은 그 자체의 한계를 설정하는 단어들에 의해 회집되거나 흩어지고 방점이 찍힌다)을 모르거나 거부하고 쓴다는 것은 필연적으로 손쉬운 자기만족 가운데 쓴다는 것이 된다(우아함과 좋은 취미를 추구하는 문학). 횔덜린, 말라르메 그리고 다른 많은 사람들이 우리에게 그것을 허락하지 않는다.

❖ 어원학의 공리들: 무한은 유한에 대한 부정이자 유한 속에 삽입되는 것으로서 유한으로부터 구성되는데(무한은 비-유한이며 또한 유한 **속에** 존재한다), 마찬가지로 **알레테이아**는 **레테**[망각]로부터만, 레

**테** 속에서만 이해될 수 있을 것이다. 그러나 우리는 언제나 그러한 어휘 분석을 거부할 수 있다. 어렴풋한 감정이나 모든 이해에 대한 **아프리오리**나 언제나 초월 속에 있는 어떤 전체——초超전체성——로 받아들여지는 무한에 대한 요구가 유한이라는 단어와 관념(데카르트!)을 받아들이기 위해 필요하다는 점을 우리는 언제나 제시할 수 있고 일별할 수 있다. 달리 말해, 단 하나의 단어라도 또한 '유한'이라는 단어가 한계 내에서 결정되어 개입하기 위해, 무한한 전체로서의 언어의 무한이 언제나 미리 전제되는 것이다.

우리가 재구성하는 그리스적 경험을 따라가서 보면, 바로 '한계'에 특권이 있다는 사실이, 또한 비합리적인 것과, 즉 기준 내에서 기준으로 측정되지 않는 것의 불일치성과 만나는 데에서 비롯된 고대적 스캔들이 확인된다(정사각형의 대각선이 약분 불가능하다는 사실을 최초로 폭로했던 자는 난파로 인해 익사했는데, 그는 완전히 다른 어떤 죽음과, 경계 없는 비-장소와 만났던 것이다——드장티Desanti를 참조할 것). 우리가 다만 '선한'과 '악한'이라는 형용어들을 써서, 헤겔로부터 유래한 선무한과 악무한을 원용한다는 것은 생각거리를 던져준다. 악무한, 즉 유한의 이어짐을 지성(그것은 전혀 악하지 않다)은 필요로 하며, 지성[오성]은 그 계기들 가운데 하나를 멈추게 해서 고정시키고 움직이지 못하게 만든다. 반면 이성의 진리는 유한을 제거하는 데에 있다. 말하자면 무한 또는 제거된 '지양된' 유한은 '긍정적'인데, 그것이 질적인 것을 재도입하고 질과 양을 융화시킨다는 점에서 그렇다. 그러나 악무한이란 무엇인가? 회귀하지 않는 반복에 들어가서 그것은 카오스처럼 헤겔적 체계와 충돌하지 않는가? 이는 무한이 최초로 주어진 것으로 결정되며 그에 따라 유한을 발생시킨다는 점을 암시하며, 그 직접적 무한은, 헤겔이 밤의 무한을 아이러니화하면서 언제나 미리 배격했던 바로 그 방법에 따라, 모든 체계를 교란시킨다. 결국 우리는 설사 단순하게라도 칸토어Cantor의 초한수超限數에 기초해서 어떤 '현행적으로 주어진 무한'에 호소할 수 없다.

우리로 하여금 은밀히 고심하게 하는 철학적으로 결정된 결과들을 가져오고, 스스로 증거들이라고 여기는 문헌학적 지표들을 우리가 은연중에(불가피하게) 따라가고 있다는 것은 여전히 사실이다. 그러나 그 사실에 위험이 있고, 나아가 그 사실로부터 어원학을 남용하게 되지만, 그럴수록 어원학에 의존하는 것을 더 크게 문제 삼게 되는 것이다.

❖ 그리스인들은 **레테**로부터 **알레테이아**를 사유했는가? 이는 의심스럽다. 그 사유되지-않은-것이 그래도 그들을 지배했다고 말하면서 우리가 그들을 대신할 수 있다고 보는 것, 그것은 뭐라고 말할 수 없을지도 모를 하나의 철학적 권리이다. 그러나 우리가 철학을 하나의 한정된 과학의 지배하에 두는 문헌학적 지식에 따라 그 철학적 권리를 부여했기 때문에, 그에 대해 할 말이 있는 것이다. 다시 말해 그러한 철학적 권리라는 것은 하이데거 자신이 사유와 지식 사이에 분명하게 설정했던 관계와 모순된다. 그에 의하면, 모든 지식은 그 자체에 속해 있지 않은 어떤 '토대'를 필요로 하는데, 사유는 지식에 토대를 주는 데에로 나아가지만 동시에 지식에서 토대를 제거하는 것이다(여기서 수학은 예외적이라고 몇몇 수리철학자들은 말한다).

❖ 에어아이크니스, 사유에서의 이 '궁극적' 단어는 단지 욕망의 관용어로 벌이는 유희만을 유희하고 있을 뿐이다.

❖ 니체: "**마치 나의 존속**survie**이 필연적인 어떤 것인 양.**" 니체는 개인적인 종교적 불멸성을 향해 있지만, 영원에 대한 욕망이 정당하고 중요하다는 것을 의심하고 있다. 더 멀리 나아가야만 할 것이다. 이미 끝난 순간이나 곧 사라져 버릴 순간에서의 일시적인 자기에 대한 욕망조차도 여전히 지나친 것이다. 어떠한 덧붙여진-삶sur-vie이라는 형태도 갖지 않는 삶을, 시간적인 필연적 모든 관계가 부재하는 가운데에서의 삶, 현재 없는 삶을 보편적 지속(시간의 개념)이 지배하지 못하며, 마찬가지로 그 삶은 내밀하게 단수적으로 체험된 어떤 시간 속에서 그 자체를 긍정하지도 못한다. 바로 그 삶이 시간을, 순수한 차이, 시간적 **추이**를, 우리가 넘어설지라도 횡단 불가능하기에 무한정해지는──우리가 언제나 이미 넘어섰기에 넘어서기 불가능한──넘어설 수 없는 간격을 가장 잘 드러낸다. 삶의 초월성은 덧붙여진-삶으로서의 삶, 삶을 넘어선 삶이라고 표현해도 불충분하다. 그러나 모든 것이 유래하지만, 우리가 향해 있으면서 되돌아갈 수 없는, 타자의 삶인 **또 다른** 삶에 대한 요구가 있는 것이다. "마치 나의 존속(덧붙여진-삶)이 필연적인 어떤 것인 양." 삶의 생살이 드러나게 하기, 삶의 선명함, 삶이 시혜되는 동시에 삶을 억류시키기, 그에 따라 계획에 의해 설정된 초월성을, 미래의 현재를, 의식의 지향성을 부인하는 것이다. 궁극성의 자리를, 없앨 수 없는 화상의 상처 자리가 대신하게 되는 것이며, 그로부터 어떤 현전을 통해 이를 수 있는 모든 완성·완결이 용납될 수

없는 것이 되는 것이다. 기다리지 않았던 것인 무한한 기다림이 이어지는 것이다. 망각이 기억될 수 없는 것에 대한, 기억 없는 기억이 되는 것이다.

❖ "어떤 망각이 존재한다는 것, 그것에 대한 증거를 입증할 일이 남아 있다"(니체). 정확히 말해 그것은 증거 없는, 가능할 것 같지 않은 망각, 언제나 다시 깨어나게 하는 주시이다.

❖ 초인surhomme에 반대하는 니체. "**우리는 결정적으로 덧없이 사라져 간다.**" "**인간성이라는 것은 보다 상위의 어떤 질서에 접근할 수 없다.**" "**최후의 인간의 유골 단지**"를 생각해 보자. 인간 그 너머의 어떤 인간에 대한 그러한 거부(『서광』)는, 니체가, 도취와 황홀이 마치 삶 속의 진정한 삶인 양 여기고 그것들에 우리 자신들을 내맡기는 것이 갖는 위험성을 경고하면서 말한 모든 것과 결부된다. 말하자면 그는 "**광란 속에서 헤매는 자들, 복수의 정신에서 비롯된 비탄 속에 빠져서 넋이 나간 순간들을 추구하는, 황홀경에 빠진 인간들**"을 혐오한다. 도취는 우리에게 어떤 힘의 감정을 가져다준다는 점에서 잘못된 것이다.

❖ '문법'의 문제가 애매하게라도 폭로되었음에도 불구하고, 사람들이 주로 개별적인 단어들에만 검토해 보지 않은 채 과도하게 중요성을 부여해 오지 않았는가라고 니체는 의심했고, 또한 그러한 언어에 대한 바람직한 의심을 우리에게 심어 주었다. "사람들이 하나의 단어의 위치를 정했던 곳 어디에서나, 그들은 발견 하나를 했다고 믿었

다…… 그들은 문제 하나를 건드렸을 뿐이었다." 그러나 그것도 이미 상당하지 않은가? 또한 그가 "화석화된 영원불변의 단어들"을 비판할 때, 그는 변증법적인 언어를, 나아가 말 속에서 가동되는 뿌리 뽑거나 교란시키거나 일소一掃시키는 어떤 움직임을 다시 검토해 보기를 원하는 것이다. 그 움직임을 이미 훔볼트는 언어의 정신적 역동성, 언어의 무한한 매개라고 부르면서 어렴풋이 환기시켰다. 오늘날 언어학자들은 아마 너무 간단하게 니체에게 응답할 것이다. 하지만 그의 의심은 형태를 달리하기는 하지만 해소되지 않고 있다.

놀라운 방식으로 표명된 니체의 또 다른 불만이 있다. "우리는 오직 **극단적** 상태들만을 표현하는 단어들을 갖고 있다." 환희, 고통만을, 그러면서 우리는 그리자이유* 화법을, 경험되지 않은 것, 삶의 생성이 이루어지는 삶의 바닥을 내던지는 것이다. 그러나 그 반대를 말할 수 있다. 즉 우리가 극단을 위한 단어들을 갖고 있지 않다는 점, 눈부심 éblouissement·고통은 모든 어휘를 불태워 버리고 침묵하게 만드는 것이라는 점이다. (어원학의 역설이 존재한다. 말하자면 '눈부심'이 먼저 '약한faible'을, 이어서 '시력이 약한à la vue faible'을 의미하는 독일어 **블뢰데**blöde와 연관된다면, 우리는 근시, 즉 불완전한 눈을 근거로 해서만 눈부시게 하고 안 보이게 하는 빛의 초과를 말해야만 한다는 사실에 놀라게 되는 것이다——어원학에서 끌리는 점은 설명되는 것보다도 이성을 벗어난 그 부분, 어원학 자체가 해독하면서 보존하거나 배가시키는 수수께끼 같은 그 형태이다.) 그러나 단순히 니체는, 이후의 베르그송Bergson과

---

* [옮긴이] 회색을 써서 명암만으로 이미지를 구성하는 회화의 기법.

마찬가지로, 단어들은 조악한 분석에만, 지성의 분석에만 알맞다라고 지적하고 있지 않는가? (따라서 '극단적'이라는 표현은 명백한, 특징이 분명한 것을 말한다.) 따라서 여전히 의심은 충분히 의심하지 못하고 있는 것이다.

❖ 발레리: "**사상가는 우리 속에 갇혀 있으며, 네 개의 단어 사이에서 막연히 무한정으로 움직인다.**" 이렇게 경멸적으로 말해진 것은 경멸을 담고 있지 않다. 즉 그것이 반복되는 참을성, 무한한 끈기에 대해 말하고 있는 것이다. 그러나 같은 발레리 ─같은 발레리인가?─ 가 지나가면서 이렇게 단언하기에 이른다. "**사유?…… 사유! 그것은 맥락을 잃어버리는 것이다.**" 이에 대한 손쉬운 주석이 있다. 그것은 놀람, 간격, 불연속성 가운데 있다.

❖ 어근은 문법학자들(봅Bopp)의 창조물(달리 말해 이론적 허구, 그러나 언어이론은 다른 아무 지식과 마찬가지로 허구적이지 않다)이다. 또는, 슐레겔이 말하는 것처럼, "**명사가 그 사실을 말해 주는 대로**", "살아 있는 배아가 언제나 언어 내에서 작동하고 있다". **명사가 그 사실을 말해 주는 대로**, 말하자면 명사(명사는 여기서 '어근'이다)에 호소한다는 것은 어떤 원리를, 모든 단어를 풍요롭게 만들어 주는 순환성을 요청하고 있다는 것이다. 식물의 성장, 또한 토지 아래 숨겨진 배아의 원리에서 가정된 단일성과 유비되어 어근이라는 명칭이 붙었다는 사실, 우리는 그로부터 어근이란 여러 언어의 단어들에게 성장하고 풍요로워질 수 있는 힘을 주는 형성하는 배아라는 관념을 끌어온다. 또다시

그 관념을 믿는 자들과 믿지 않는 자들이 있지만, 양측 모두가 틀리기도 하고 옳기도 하다. 근본적이라고 여겨지는 몇몇 단어의 어근으로 내려가 사유들과 단어들을 변주할 수 있는 추진력을 얻는 하이데거와 같은 작가는, 활동 중인 역능이 뿌리에 갖추어져 있다는, 작업을 부추기는 관념을 '참'으로 간주한다.

❖ 매우 신중한 훔볼트도 ──언어 내부에서의──내적 유비('자체의 미')로부터 외적 유비──**소리**를 가진 단어들을 통해 세계와 사물들과 일반적 존재(실재)를 모방하는 것, 하지만 훔볼트는 귀에 들리는 웅성거림과 분절된 조음調音이 형성되는 계기를 구분하면서 단어들이 소리에 근거하고 있다는 생각을 거부했다──로 넘어갔다는 사실은, 의미 구성의 과정을 자연화시킴으로써 '탈자연화'시키려는 저항할 수 없는 유혹을 드러내 보여 준다(현대의 몇몇 해석자들이 주장하는 바와 반대로, 훔볼트는, 가령 **베엔**wehen[보다], **빈트**Wind[바람], **볼케**Wolke[구름], **비렌**wirren[혼란스럽게 물결치다], **뷘쉬**Wunsch[욕망]와 같은 이어지는 유사한 단어들에서, "무성음 우U에 대비되는 베W가 가져온, 느낌──인상──에 들어오는 동요·소란·불확실성이 반영되고 있다는 것"을 알고 있다.) 훔볼트가 그러한 모방의 관념을 미묘하게 드러내고 있을 뿐, 그것에 결정적인 중요성을 부여하고 있지 않다는 것이 사실이다. 언어가 그 자체 내에 갖고 있는 '초월성'이 보다 결정적인 것이다. 다시 말해 바로 언어가 언어와 함께 공명하며 끝없이 결정되어 가고 있다는 것, 그것은 중단되면서 중단되지 않는 활동, 이어서 "영혼이 영혼과 함께 또는 대상과 함께 공명하도록 만드는 활동이다". "언어는,

각 부분이 다른 모든 부분들과 연결되어 있으며 모든 부분들이 응집되어 전체로서 존재하고 어느 정도 측정되는 어떤 거대한 직물에 비교될 수 있다." 그 언어적 전체를 훔볼트는 체계에 깔려 있는 전체라고 부른다. ("음성적 요소와 그것이 갖는 의미가 밀접하게 결합되어 있다는 사실은 이론의 여지가 없지만, 우리는 드물게만 그 결합이 어떻게 조직되는지 체계적으로 이해할 수 있다. 우리는 대부분의 경우 그 결합이 주는 희미한 인상만을 갖고 있을 뿐이며, 그 깊은 자연적 본질을 우리는 포착해 내지 못한다"라고 훔볼트가 쓸 때, 그는 주저하고 있으며, 여전히 조심스러운 언어를 사용하고 있다. 결국 훔볼트는 어느 정도 헤겔처럼 상징이라는 단어를 사용한다. 상징에 의해 재현될 수 없는 것[표상될 수 없는 것](이 말해질 수 있거나 드러날 수 있게 되는 것이다. "상징은" 재현[표상]될 수 없는 것 ─ 순수하게 초월적인 것 ─ 의 "재현[표상] 주위에 거주하도록 정신을 이끌고 강제할 수 있는 힘을 갖고 있다". 다른 곳에서 훔볼트는 "개념과 음성적 요소 사이의 환원 불가능한 차이"에 대해 말하고 있다.)

❖ 아마 스스로 생각하는 바에 반해서 제라르 주네트가 말했던 것이 무엇이든 간에, 해석의 인자Hermogène라는 것을 금욕적으로 거부한 것은 의미가 없지 않다. 왜냐하면 우리는 주네트 덕분에 하나의 언어학적 지식의 가능성을 확보하게 되었기 때문이다. 또한 모든 손쉬운 모방의 방법들을 ─ 설사 그것들을 따라간다 할지라도 ─ 거부하고 완전히 다른 어떤 실천에 이르는 데에서 그 지식을 염두에 두지 않는다면 어떠한 작가도 쓰지 못할 것이기 때문이다.

❖ 선물에 대한 요구가 왜 우리 시대에 서로 다른 의미들과 함께, 또한 서로 반대되는 다양한 사유들——조르주 바타유, 에마뉘엘 레비나스, 하이데거의 사유들——내에서 단정적으로 표명되는가? 이러한 물음은 하나의 일치된 대답이 없다 할지라도 제기될 만하다. 한편에서 니체와 모스Mauss를 불러내고 있다는 사실에 따라, 우리는 이미 절실한 문제들을 구체화시켰던 의미(방향)가 고정되는 지점들을 가늠할 수 있게 된다. 바타유에게서——이질성의 논리hétérologie라는 이름으로——이루어지는 **타자**에 대한 탐색은, '선물' 또는 소비——질서의 교란, 위반, 사물들에 대한 관리(유용성)에 의해 지배할 수 없는 더 일반적인 어떤 경제의 복구——가 가리키는 것에 대한 탐색보다 앞선다. 휴식 없는 언어의 격렬함이 유지시키는 사유를 찢는 긴장들이, 희생의 관념과 최고주권적 순간들에 대한 경험에 비롯된 불가능한 상실로 인해, 어떤 체계 내에서 해소되지 않는다. 아마 틀릴 수도 있고 아마 피상적일 수도 있지만 (왜냐하면 철학적 지평은 다른 것이기 때문이다) 바타유를 레비나스 가까이에 가져간다는 것은 (타인의 초월성에 따르는) **타자**라는 같은 단어에 근거한다. 레비나스에게서 나의 타자에 대한 무한한 관계는 모든 의무 그 너머에서 의무를 지운다. 이는 선물의 관념에 이르는데, 여기서 선물은 자유로운 주체의 자비로운 행위에 따라 나오지 않으며, 모든 능동성과 모든 수동성을 넘어서 참을성에 바탕한 책임에 따라 '대속'('타자를 위한 나', 그로부터 무한이 대체할 수 없는 것으로서 주어진다)에까지 이르게 만드는 받아들일 수밖에 없는 무사성無私性에 따라 나온다.

우리가 하이데거를 이해하는(또한 번역하는) 데에서 지나치게 손쉬운 해석들에 만족하지 말아야만 할 것이다. "존재의 역사는, 도래(에어아이크니스)를 물러남 속에서 이루어지게 하는 시혜들의 역사로 이해된다." 그로부터 너무 단순한 물음이 도출된다. "**도래 속으로 들어가는 것은 존재 역사의 종말을 의미하는가?**" '시혜'라는 단어는 '있음 l'il y a', 즉 **에스 깁트** Es gibt라는 독일어 표현에 따라 **주어진다. 에스 깁트**, 즉 그것이 준다. 그것, 비인칭 삼인칭의 '그 il'가 **에어아이크니스**의, 가장 고유한 것의 도래의 '주어'이다. 만일 우리가 존재는 주어지고, 반면 시간은 물러난다고 말하는 데에서 만족한다면, 결국 아무것도 말하지 않는 셈인데, 왜냐하면 우리는 '존재'를, 주고 주어지며 베푸는 '존재자'로 이해하고 있기 때문이다. 하지만 하이데거는 단호하게 말한다. "**현전**(존재)은 물러남(시간)의 빈 터—비춤—에 속해 있다. 물러남(시간)의 빈 터—비춤—는 그 자체와 함께 현전(존재)을 가져온다." 그로부터 아무 결론도 내리지 않으면서 우리는 언제나 현전(존재)과 관련 있는 시혜를 받게 된다. "말이 말한다"와 마찬가지로 "도래가 도래한다"(모든 현전들 중의 현전, 강림)는, 풍요롭고 다양한, 결국 동일한 것이 아닌 **동일자**를 표명하는 말의 선물이다.

바타유와 레비나스에게서 공통되거나 유사한 점은, 불가능한 상실에 대한 요구로까지 나아가는, 타자와 타인의 충족되지 않는 (무한한) 요구가 선물로, 즉 내면성의 선물로 주어진다는 점이다. 그 점으로부터 하이데거는 멀어져 가는데, 그에게서, '도래'를 명확하게 개입할 수 있도록 해주는 '스스로를 준다', '그것이 준다'에 명시된 어떠한 주체도 없음에도 불구하고, 동일자는 그대로 존속되고, 현전의 경험은 여전히 강조되는 것이다. 누가 주는가? 무엇이 스스로를 주는가? 이러한 물음들은 적합하지 않지만 언어 내에서 공명을 가져오며, 언어 자체가, 언어라는 선물이 준다라는 대답 이외의 다른 대답을 받아들이지 않는다.

그로부터 언어를 신성화하려는 위험한 경향이 비롯된다. 낭만주의의 자발적 움직임은 고대 최초의 시간으로 거슬러 올라가, 모든 말이 갖는 종교적 특성을 알아보는 데에 있다. 아우구스트 빌헬름 슐레겔 A.W. von Schlegel: "이전에 먼저 말은 하나의 종교적 제식 祭式이었는데, 이제 하나의 직업적 수단이 되고 말았다." "언어, 존재의 집." 비록 레비나스가 의미화를 가져오는 선물인 말함에 특권을 부여하고 있기는 하지만, 그와 함께 "언어가 이미 회의주의이다"라고 반복해서 말해 보자. 글을 쓴다는 것은 글쓰기에 자신을 절대적으로 맡겨 두면서 글쓰기를 절대적으로 경계하는 것이다. 이 이중의 움직임 ─그것은 그것을 표현하는 형식이 말해 주는 것만큼이나 모순적이지는 않다─의 토대가 어떠하든 간에 여전히 모든 글쓰기의 실행에서 규칙이 남아 있다. 즉 '스스로를 주고 스스로 물러난다는 것'이 거기에서 적용될 수도 묘사될 수도 없지만(적용과 묘사는 거의 적절치 않은 용어들이다), 말함이 있자마자 그리고 말함이 있다는 사실을 통해 스스로 말하도록 내버려 둠으로써, 변증법에 의해 그리고 변증법 밖에서, 정당화되는 것을 갖고 있다는 것이다.

❖ 글쓰기의 최초의 흔적들을, 거리를 두고 (균등하게) 주어져 있는 일련의 '작은 파인 홈들'이라고 설명하는 르루아-구랑 Leroi-Gourhan의 인식과 같은 것이 표명하는 바에 ─그것을 받아들이지만─ 지나치게

끌리지 않도록 하자. 그것은, 그렇게 반복되는 격동이, 즉 리듬이 작동하고 있다고 생각하게 한다. 예술과 글쓰기가 구분되지 않는 것이다. 또 다른 긍정의 표명: "우리가 지금 전적으로 확신하는 점이 하나 있다면, 그것은 기호그림graphisme이 단순한 표상에서가 아니라 추상적인 것에서 시작된다는 것이다." 이를 받아들이지만, 이러한 유보점을 두어야 한다. 말하자면 추상적인 것은 **우리에게** 추상적인 것, 즉 우리에게 분리되어 있는 것, 떨어져 있는 것이다. 그에 따라 다음과 같은 중요한 단정에 이르게 되는데, 우리는 그것을 생각해 볼 수 없는 것으로 여기지 않아야만, 그것에 대해 정당하고 필연적으로 반박할 수 있을 것이다. 토도로프Todorov: "처음에 대상들의 **부재**를 전제하지 않고서는 통시적으로 언어의 기원에 대해 생각할 수 없다." 또한 르루아–구랑: "이는 언어를 경험된 것으로부터의 해방을 가져오는 도구로 보는 것에 부합한다." 이러한 너무 손쉽게 주어진 정식에 유보를 두면서, 우리는, 바로 그 정식이, **의미**가 형성되는 과정에 대해 언어 내에서 요구되는 바를, 즉 여전히 작동하면서 결국 벗어나는 어떤 움직임에 따라 '대상'·'경험된 것'뿐만 아니라 의미 내의 뜻 자체와도 거리를 두라는 요구를 표현하고 있다고 말할 수 있다. 다만 언어는 **상징**을 가져올 뿐이며, 그 **상징** 속에서 상징하는 것과 상징되는 것은 하나가 다른 하나의 부분을 이룰 수 있고(이를 우리는 언제나 어림잡아 주어진 어떤 어휘로 말한다), 거기에서 재현[표상]될 수 없는 것이 어떤 '근거 지워진' 문화적 관계(또한 그것을 우리는 즉시 자연적 관계라고 생각할 수 있다)에 연결되고, 기호와 '사물' 사이에 예술——또한 문학으로서의 예술——이 유지시키거나 다시 살려 내는 어떤 불안정한 현전-부재를 다시 도입하는데, 그렇게 그것은 그 자체가 벗어나는 재현 속에서 **현전하는 것이다.** (『포에틱』*Poétique* 21호에서의 토도로프의 언급들을 참조할 것.)

❖ 어원학적 허구들에 대한 예. 리듬과 관련해, 의심할 바 없이 '오류에 근거해 있는' 안온한 어원학은 **스레우**sreu와 **레오**rheô, 즉 흐르다를 참조하게 될 것이다. 그로부터 **뤼트모스**rhuthmos가 유래하는데, 그것은 흐르는 것(또한 리듬과 운韻*)이 밀려오고 밀려 나가는 것이다. 그러나 어느 누구도, 언제나 이미 영향을 주고 있는 반복적인 박자가 파도의 왕복운동을 알아볼 수 있게 했는지, 아니면 오직 바다의 풍경에 집중된 경험이 다른 방식으로는 지각되지 않았을, 반복에 대한 감정을 가져다주었는지, 결정할 수 없을 것이다. 하지만 수많은 반복의 현상들이(들숨-날숨, **포르트-다**fort-da, 낮-밤 등등이, 그러한 것들만을 고려해 보더라도) 분명 두번째 가정을 의심하게 만든다. 여기서 여전히 전통적인 어원학이 어떤 '구체적이라는' 예를, 예시적인 것(또한 어떤 지식)을 제시하면서 환상을 가져다주고 있다. 우리는 바다의 인간들을, 어떤 규칙적인 움직임을, 최초의 법칙을 관찰함으로써 가장 위험한 미지의 것(그들을 떠받치고 삼켜 버리는 그 바다의 무한성)을 통제하는, 겁에 질리기도 하고 매혹에 빠져 있기도 한 용감한 뱃사람들을 떠올려 본다. 이 바다 사람들에게 모든 것은 바다로부터 비롯되며, 마찬가

---

* 우리가 이제 알고 있고 『무한한 대화』에서 말했던 것처럼, 방브니스트에 의하면, 리듬은 거의 분명히 **레오**로부터가 아니라 **뤼트모스**를 거쳐, 그가 "변하고 유동적인 배치 형상configuration"이라는 표현으로 규정한 **뤼스모스**rhusmos로부터 파생되어 나온다.

지로 다른 사람들에게 모든 것은 하늘로부터 비롯되는데, 그들은 별들의 무리를 알고 있으며, 발광점들이 마법적인 '배치 형상'을 이루는 곳에서, 자신들의 모든 언어를 이미 지배하고 있는, 이름 붙이기 이전에 자신들이 말하는(쓰는) 탄생 중의 그 **리듬**을 가리킨다.

❖ 횔덜린을 기억해 보자. "**모든 것이 리듬이다.**" 싱클레어Sinclair의 증언에 의하면 횔덜린은 이 말을 베티나Bettina에게 했을 것인데, 그 증언은 아마 그녀의 상상에 근거하고 있을 것이다. 그 말을 어떻게 받아들일 것인가? 그 말에서 '모든 것'은 이미 질서 지워진, 즉 리듬이 유지시켜야 할지도 모를 전체성에 들어가 있는 코스모스적인 것이 아니다. 리듬은 자연에 따라서, 언어에 따라서, 또는 리듬 자체가 지배적인 것처럼 보이는 '예술'에 따라서도 존재하지 않는다. 리듬은 그렇다와 아니다, '<u>스스로를 줌과 스스로 물러남</u>', 현전과 부재, 삶과 죽어감, 생산과 파괴의 어느 한쪽에 단순히 귀속되지 않는다. 리듬은 단일성이 사라진 다수성을 끌어내면서, 규칙에 따라 질서 잡혀 부여되는 것처럼 보이면서 규칙을 위협하는데, 리듬이 어떤 반전에 의해 규칙을 넘어서기 때문이다. 그 반전 속에서 리듬은 기준 내에서 활동하고 작동되지만 기준 내에서 가늠되지 않는 것이다. 리듬이 가져오는 수수께끼는 리듬이 변증법적이기도 하고 비-변증법적이기도 하다는 데에 있지만 비변증법과 마찬가지로 변증법도 그 수수께끼로부터 벗어날 수 없다. 리듬의 수수께끼는 극도로 위험한 것이다. 말하면서 우리가 리듬의 의미를 만들어 내기 위해, 의미 밖의 리듬을 감각되고 의미 있는 것이 되도록 말한다는 것, 바로 그것이 우리를 가로질러 가는 비의祕儀, 우리

가 신성한 것으로 숭배해도 벗어날 수 없는 비의이다.

❖ **"낙관주의자들은 글을 잘 못 쓴다"**(발레리). 그러나 염세주의자들을 글을 쓰지 않는다.

❖ 지름길은 어떤 장소에 더 곧장(더 빨리) 도달하게 만드는 것이 아니라 차라리 그 장소로 데려가 줄 길을 잃어버리게 만든다.

❖ 우리가 지나치게 공공연히 리듬에 대해 질문을 던진다면, 리듬과 열림 사이에 관계를 놓게 될 것이며, 리듬이 하나의 결구結句에 의해 열림을 열고 열림에 박자를 맞추는 유일한 주체Sujet가 되어, 어쨌든 우리는 리듬에 강박적으로 예속되면서 다만 리듬에 스스로를 열리게 할 것이다. 리듬은 오직 오용에 따라서만 주체가 된다. "모든 것이 리듬이다"라는 것은, 리듬이 전체의 전체성이라는 것을 말하지 않는다──그렇게 말하는 것은 지나치게 많이 말하고 또 지나치게 적게 말하는 것이다. 더욱이 리듬은, 우리가 존재하는 모든 것은 리듬에 따라 존재한다고 말하면서 가리키는 것 같은 어떤 단순한 양태도 아니다. 하지만 존재하는 모든 것은 리듬에 따라 존재한다는 긍정적 단언에 이르러야만 할 것이다. 왜냐하면 존재의 리듬에 대한 이 관계, 그 불가피한 관계로 인해 리듬──그것은 그 자체 존재에 따라 존재하지 않는다──을 사유하지 않고서는 존재를 사유할 수 없게 되기 때문이다. 리듬을 사유하지 않고서는 존재를 사유하지 않는 것, 그것은 차이에 의해 자신에 대해 묻는 또 다른 방법이다.

❖ 멜빌Melville-르네 샤르: "**욕망의 무한은 갑자기 뒤로 물러난다.**" 멜빌은 영어로 어떤 급격한 충돌을 암시하고 있다. 즉 열렬한 무한한 이끌림은 우리를 밀쳐놓는 공포를 가져다준다는 것이다. 욕망의 절대(욕망의 무한이자, 욕망과 연관된 무한)는 '욕망의 부재'를 거쳐 갈 뿐만 아니라 급격한 공포를, 한도 없는 이끌림에서 비롯된 한도 없는 물러남을 요구한다.

❖ 우리는 우리 자신이 어쨌든 속해 있는 대지를 밀쳐놓지 않지만, 그것을 은신처로 만들지 않고, 거기에 거주하는 것을 고귀한 의무로 여기지도 않는다. "**왜냐하면 대지는 끔찍한 것이기 때문이다.**" 이를, 언제나 늦게 오는 카오스는, 목이 졸린 채 드는 잠은, 기억할 수 없는 것에 대한 어떤 기억이 있다면, 우리로 하여금 되돌아보게 한다.

❖ "말할 수 **없는** 것 앞에서의 조심성 **없음**"(E. L.*)이 아마 임무라면, 그 임무는 여기서 반복되는 '**없음**'과 연관되어 그 '**없음**'이 무한으로부터 가져온 애매성과 함께 표명된다. 무한으로 높이 올라간 말함이 말할 수 없는 것의 경계를 설정한다. 즉 말함으로부터 벗어나는 것은, 말해야만 하는 그것일 뿐만 아니라, 또한 오직 말함의 표식 아래에서만, 말함에 붙들려서만 벗어나는 그것이다. 마찬가지로 조심성 없음은, 조심성 내에서 유지되면서, 또한 조심성을 저버리면서, 조심성 덕분에 조심성을 저버리는 것이다.

---

* [옮긴이] 에마뉘엘 레비나스Emmanuel Levinas를 가리킨다.

❖ '급진적 변화', 도래하는 것에 모든 현재가 배제되어 있다는 것이다. 그렇게 급진적 변화의 특성을 규명함으로써 우리는 그것을 가리킬 수 있을 것이다. 급진적 변화는 그 자체가 비-현재의 양태로 도래할 것이며, 그 비-현재를 (예상할 수 있는 미래든 아니든) 미래에 의뢰하지 않고 (전수된 과거든 아니든) 어떤 과거로 물러나게 하지도 않은 채 도래하게 한다.

❖ (하나의 원초적 장면?) "조심성 없음, 말할 수 없는 것, 무한, 급진적 변화, 이러한 단어들로 부를 수 있는 것은 어떤 관계를, 아니면 적어도 그 단어들 각각 ──또는 전체── 을 우리가 하나의 장면이라고 불렀던 것을 표현하는 데에 적합하게 만들라는 어떤 기이한 요구를 나타내지 않나요? ──틀리게 나타낼 수 있을 뿐입니다. 왜냐하면 우리가 그렇게 불렀던 것이 형상화될 수도 없고 마찬가지로 허구적이지도 않기 때문입니다. 다만 우리는 그것에 대해 시간상의 한순간에 일어났던 한 사건에 대해 말하듯이 말하지 않으려고 했을 뿐입니다. ──하나의 장면은 말하자면 어떤 음영, 어렴풋한 빛, 모든 점에서 과도하게 '지나치다'는 특성을 가진 '거의 그러한 것'입니다. ──그것이 암시하는 비밀은, 그러한 것이 존재하지 않는다는 것이지만, 예외적으로, 터놓고 말하기를 거부하는 자들에게는 존재합니다. ──그 비밀은 말할 수 없는 것이지만 이야기된, 표명된 말할 수 없는 것입니다. 즉 말라르메적으로 '표명된 것'은 아니고(비록 우리가 말라르메를 거쳐 가는 것을 피할 수 없기는 하지만 말입니다 ──저는 여전히 "나는 말을 표명하지만, 말을 말의 공허 속에 다시 빠지게 하기 위해서이다"라는 그의 문장을 기억하는데, 바로 그 '위해서'가,

즉 무無가 나타내는 그 지나치게 확고한 목적성이 우리로 하여금 말의 공허 속에서 멈추지 못하게 하는 것입니다), 차라리 어떤 말하여지지-않은-것(그것을 주장하는 것이 관습처럼 되어 버렸습니다)이나 고갈되지 않은 풍요로운 말에 부합하지 않으면서 말함Dire을 보존하고 있는 말하여진 것dit입니다. 여기서 말함은 그 말하여진 것을 폭로하고 정당화하며 철회된 말하여진 것dédit으로 몰아갑니다.──말함, 말할 수 있는 힘? 그 힘은 즉시 말함을 변질시킬 것입니다. 차라리 소진되어 가는 것이 말함에 보다 적합한 것이지요.──여기서 적합한이라는 말이 사용될 수 없지 않다면, 말함은 결코 겪어 본 적이 없는 상실, 이 표현을 대신해 본다면, 거의 존재하지 않는 것이 주는 선물, 궁핍이 주는 선물이라고 말할 수 있을 것입니다.──그런데 누가 이야기 하나요?──이야기가.──이야기의 이전의 것이, 놀라서 질린 어린아이로 하여금 보도록 만드는 '급격한 정황'이.──그 아이는 그 광경을 간직하고 있습니다.──그 아이에게 말의 침묵을 가져다준, 자기 자신을 살해하는 행복을.──눈물은 여전히 한 아이의 눈물입니다.──하나의 삶 전체의, 모든 삶들의 눈물, 말하자면 환희에 차 있든 침울하든 보이지 않는 어린아이의 얼굴이, 드러나지 않는 감정까지 빛나게 하기 위해 가리키는 절대적 와해.──그 얼굴은 그렇게 즉시 진부한 것으로 해석될 것입니다.──여기서 진부함은 잘못된 것이 아닙니다. 위안을 가져다주는 해석입니다. 그렇게 고독은 숨을 수 있는 곳이 없어 고독 자체를 부인하게 된 것입니다.──다시 거기로 돌아가서 말해 보면, 정황들은 세계에 속해 있으며, 나무, 벽, 겨울의 정원, 권태를 가져오는 유희의 공간입니다. 따라서 시간이고, 시간의 담론, 에피소드가 없이 또는 단순한 에피소드로서 이야기할 수 있는 것입니다. 우리가 하늘을──천체라고, 우주라고──명명하지마자, 하늘에 코스모스의 차원이 전제되며, 하늘은 그 차원에 놓여 '결단의 빛 fiat lux'이라 할지라도 한 줌밖에 안 되는 낮의 빛을 받고 멀어지지 않은 채 멀어져 갑니다.──그렇지만 똑같은 하늘……──정확히, 똑같아야만 합니다.──아무것도 바뀌지 않았습니다.──무가 가져온 충격을 제외한다면.──그 충격으로 인해, 창문 하나(그 뒤로 투명성이 보존되고 있기에 사람들은 안심합니다)가 깨지면서, 코스모스의 유한한 - 무한한 공간──보통의 질서──이 무너지고, 그 공간을, 버려진 바깥을 아는 데에서 비롯된 현기증이 채웁니다. 검은 빈 곳이 갑작스러운 열림에 응답하고 절대적인 것으로 주어지면서, 그 바깥이 부재로서 계시되며 상실된다는 것을, 그 흩어진 저 너머를 알려 줍니다.──그러나 그 자체가 아무것도 아닌 이 텅 빈 단어 '무'로 규정되어 붙들린 '저 너머'는 그래도 장면 내에로 불려 옵니다. 열림의 움직임이, 무와 존재와 있음의 계시와 압력이 개입해서 끝나지 않는 동요를 가져오자마자 말입니다.──인정합니다. '무가 존재하는 그것이다'라는 것을 침착하고 단순한 부정(무를 대신해서 영원한 번역자가 '아무것도 없다'라고 쓸 때 나타내는 것과 같은 부정)으로 말하는 것이 금지되어 있습니다.──어떠한 부정도 아니고, 다만 짓누르는 듯한 표현들이, 나란히 놓여 있는(하지만 서로 옆에 가까이 있지는 않은) 시詩의 절節들이 있으며, 그 자체로 (의미의 밖에서) 완결된 채 충분합니다. 그것들 각각은 부동 상태에서 묵언으로 남아 있음으로써 문장으로 이루어진 관계를 장악하지만, 우리로서는 거기에서 무엇이 말해지는지 규정하기 당혹스러울 것입니다.──당혹스럽다는 것은 별 게 아닙니다. 그러나 문장을 통과해서, 문장이 오직 파열됨으로써만 담아낼 수 있는 것이 지나가는 것입니다.──저로서는, 공허하게 넘실거리는 존재와 무가, 익명의 어렴풋한 소리의 리듬에 따라, 있음이라는 돌이킬 수 없는 것을 펼치고 다시 접으며 흔적으로 남기고 지우면서 밀고 나가고 있는 것을 듣습니다.──메아리로 울리지 않는 목소리를 듣는 것이지요. 기이한 들음입니다.──기이한 것을 듣는 것이지요. 하지만 더 나아가지 맙시다.──이미 지나치게 앞으로 나아가서, 뒤로 되돌아가면서.──허구적 가정을 해보라는 최초의 부름으로 되돌아가면서. 그 가정이 없이 한 번도 말을 입 밖으로 내보지 못했던 어린아이에 대해 말한다는 것은, 역사, 경험 또는 현실적인 것에, 그것들(역사, 경험, 현실적인 것)을 그대로 놔두면서 와해시키는 것을 에피소드로 (또는 다시 부동의 장면처럼) 넘겨준다는 것입니다.──그 와해가, 카오스가 가져오는 풍요로운 결과입니다.──얼굴이 주름 없이 노화되는 현상.──서로 구별되지 않는 포에지와 철학이 주는 중대한 모욕이 남긴 상처입니다."

"언제나 유예되어 있는 물음이 있습니다. 그에게 환희와 침해를 가져다주는 그 '죽어갈 수 있는 힘'에 의해 죽어 있으면서, 그는 살아남은 것일까요? 또는 살아남는다는 것이란, 동요된 감정이 고갈되어 가는 가운데 자기에 대한 관심으로부터 물러나서, 무사성 속에서 고요에 이를 때까지 소진되어가고 아무것도 기다리지 않으면서 거부에 동의함으로써 살아가는 것이 아니라면, 무엇을 말하나요?──결국 기다리면서 깨어 있으면서, 왜냐하면 그는 갑자기 깨어나기 때문이고, 이제 이 사실을 알게 될 테인데, 결코 충분히 깨어나지 못하기 때문입니다."

❖ 물론 '카오스'는 어원학으로부터 이해될 수 있다. 여기에서 많은 단

상들이 어원학의 흔적을 담고 있다. 그러나 어원학은 거기에서 하나의 단어에 지나지 않는 것에 대한 지배를 보장해 주지 않고, 특권적이거나 보다 근원적인 어떤 지식으로 나타나지 않는다. 반대로 바로 하나의 단어와 함께 쓰여지는 미결정적인 것이 어원학을 넘어서서 그것을 카오스 속으로 이끌고 간다.

❖ 기다림이 언제나 어떤 기다린 것이나 어떤 기다리지 않은 것에 대한 기다림으로 여겨지는 한, 카오스는 기다릴 수 있는 것이 아니라는 점. 그러나 기다림이 다가갈 수 있는 어떤 과거와 연관되지 않은 것과 마찬가지로 미래와 연관되지 않으며, 또한 기다림은 기다림의 기다림, 우리를 현재에 고정시켜 놓지 않는 것이다. 왜냐하면 '나'는 내가 언제나 기다릴 것을 이미 언제나 기다려 왔기 때문이다. 즉 기억할 수 있는 것이 아닌 것을, 내가 기억할 수 없고 어떠한 현재에로 들어오지 않는 알려지지 않는 것을 기다려 왔기 때문이다. 또한 나는 미래를 망각하고 있지 않는지도 알 수 없는데, 미래는 도래한 것 가운데 도래하지 않는, 따라서 현전하지 않고 표상[재현]되지 않는 것에 대한 나의 관계이기 때문이다. 바로 그렇기 때문에 글쓰기의 움직임에 따라 너는 이미 죽었어라고 말할 수 있게 되는 것이다. 망각이란 무엇인가? 망각은 기억에서 기억할 수 있는 것이 상실되는 것이 아니며, 또한 미래에 현전할 것을 알지 못하는 것과도 관계없다. 망각은 가능한 것 그 너머를, 망각 자체가 과거나 현재에 한정 지을 수 없는 망각될 수 없는 타자를, 즉 참을성 가운데 견지되는 수동적인 것을 가리킨다.

❖ 만일 기원이 어떤 근원적 현전에 있다고 가정된다면, 기원은 존재하지 않는다. 언제나 지나가 과거가 되어 버린, 지금부터 과거가 되어 버린, 현전하지 않은 채 지나가 과거가 되어 버렸던 어떤 것, 바로 그것이 망각이 우리에게 가져다주는 기억될 수 없는 것이다. 망각은 이렇게 말한다. 모든 시작은 다시 시작하는 것이다.

❖ 우리가 '죽음을-위한-존재être-pour-la mort'를 죽음을 통해 어떤 본래성을 추구하는 것이라고 해석할 때, 하이데거의 사유를 약화시키고 있다는 것은 분명하다. '죽음을-위한-존재'는 집요하게 지속되는 인본주의의 관점 위에 서 있다. 이미 '본래성'이라는 용어는, '존재'와 연관되어 사유될 수 없는 **에어아이크니스**에서 보존된 **아이겐**[고유한]이라는 단어의 모호성이 나중에 나타나고 있는 '**아이겐틀리히카이트** Eigentlichkeit'에 부합되지 않는다. 하지만 설사 우리가 릴케의 '고유한 죽음'이라는 환상을 떠난다 할지라도, '고유한 죽음'이라는 관점에서 죽어간다는 것은 여전히 '개인적인 것'과 분리되지 않으며, '내'가 죽는다가 아니라 언제나 타자로서 죽어가면서 **누군가** 죽는다고 말해야만 하도록 만드는 죽음의 '비인칭적인 것'을 간과하고 있다.

❖ 셸링: "영혼은 인간 안의 진정으로 신성한 것이다. 비인칭적인 것⋯⋯ 영혼, 그것은 개인적이지 않은 것이다." 나아가, "인간 정신이 어떤 비-존재자인 영혼과, 즉 지성이 없는 것과 연관되는 한에서, 인간 정신의 가장 깊은 본질(영혼·신과 분리된 인간 정신)은 **광기**이다. 지성은 **규제된 광기**이다. 자신들 안에 어떠한 광기도 없는 인간들은 불

모의 공허한 지성의 인간들이다……"(쿠르틴Courtine 옮김).

❖ 프로이트의 어떤 측면에서 "우리의 무의식은 우리 고유의 필사성必死性, mortalité을 표상할 수 없다"라는 것이 사실이라면, 기껏해야 이는, 죽어가는 현재가 없기 때문일 뿐만 아니라 설사 시간, 시간의 시간성 내에서라도 죽어가는 장소가 없기 때문에, 죽어간다는 것이 표상 불가능하다는 점을 의미할 뿐이다. 마찬가지로 (무의식이) "삶에서 전적으로 전제되어 있는 실증성과 대립하는 부정적인 것**이기** 때문에 부정적인 것을 모른다"라는 퐁탈리스Pontalis의 해석을 생각해 본다면, 다음과 같은 점을 기억해 볼 필요가 있다. 즉 때로 '부정적인' 것은 말을 통해 말함으로써, 따라서 '존재'와 연관됨으로써 작동하며, 때로 그것은 무위 가운데 작업하지 않고, 또한 지속되지 않는 참을성이며, 미리-기입되어서 (무-의미로 떨어지지 않은 채) 의미를 생산하면서 언제나 지워지고, 우리가 '우리 안에서' 타인의 죽음 또는 언제나 타자인 죽음(그것은 우리에게 소통되지 않지만, 우리는 우리 자신을 그것을 시련 아래에서 책임지는 자로서 겪어 낸다)처럼 겪어 내는 그것이다. 이는 (죽음에서) 폭력 그리고 공격성과 어떠한 관계도 없다. 오히려 형상화되지 않는 형상, 죽음을 흉내내는 것인데, 그것은 또한 글쓰기를 통한 이탈·단절·파편화이며, "완성되는 것(차라리 미완성되는 것)* 이외에 다른 목적이 없으며, 반복이라는 그 특성이 충동의 표식으로 나타나는 과정"(퐁탈리스), 종결되지 않는 과정이다. 또한 나는, 죽음 충동

---

* [옮긴이] 괄호 안의 단어들은 블랑쇼가 삽입했다.

의 모든 사회적·현실적 형상들(원자폭탄의 위협 등)이 죽음에서 형상화되지 않는 것과 아무 관계없으며, 기껏해야 아마 구성하기 위해 파괴한다는 (헤겔적인) 부정적인 것의 첫번째 의미와 연관될 뿐이라고 덧붙일 것이다. 언제나 미리 자리 잡았던 죽음을 통해 **아무 할 일이 없다**. 이는 무위의 과제이며, 현재에 들어오지 않는 어떤 과거(또는 어떤 미래)와 무-관계의 관계 내에 놓인다는 것이다. 따라서 카오스는 우리가 죽음이나 심연, 어쨌든 **나의** 죽음이라고 이해하는 것 그 너머에 있는데, 나의 죽음을 위한 자리가 더 이상 없기 때문이다. 카오스 속에서 나는 죽지 않은 채 사라져 가는 것이다(또는 사라지지 않은 채 죽어가는 것이다).

❖ 죽을 수밖에 없는, 죽지 않는. 그렇게 바꾸어 본다는 것이 의미 있는가?

❖ R. B.*에게서 그가 말하지 않지만 암시하는 것을 읽으면서 나는 사랑-정념이 베르테르에게 죽어가기 위한 하나의 우회에 지나지 않았다고 상상해 본다. 『베르테르』를 읽은 후에 사랑에 빠진 자들이 더 많아지지는 않았지만, 자살하는 자들이 더 많아졌다. 또한 괴테는 베르테르를 딛고 죽으려는 시도로부터는 벗어났지만, 자신의 정념으로부터는 그렇지 못했는데, 그는 결코 죽지 않기 위해서가 아니라 더 이상 자신의 것이 아니었던 어떤 죽음의 움직임에 따라 글을 썼던 것이다.

---

* [옮긴이] 롤랑 바르트Roland Barthes를 가리킨다.

"그것은 안 좋게 끝날 수밖에 없다."

❖ 타인에 대해 책임 있는 나, 자아 없는 나는 상처받기 쉬운 자 자체인데, 동일성 없는 나로서 여기저기서 의문에 부쳐지기에 이른다. 이 나는 자신이 대답을 줄 수 없는 자를 책임지고 있으며, 타자와 관계하면서 물음이 될 수 없는 보증인이고, 또한 타인으로부터 대답을 기대하지 못한다. 타자는 대답하지 않는다.

❖ 나는 어원학에 대한 열정이, 최초의 언어가 간직하고 있었으나 상실되어 이 언어 저 언어에 실마리들을 남겨 놓은 어떤 근원적 비밀을 탐구하려는 노력에, 따라서 일종의 자연주의에 고착되어 있다고 확신한다. 그 비밀의 실마리들은 최초의 언어를 복구해 줄 수 있을 것이며, 이는 별로 힘들이지 않고 글쓰기에 대한 요구를 정당화시켜 주고, 인간으로 하여금 글쓰기를 통해 타자 모르게 단순히 발견할 수 있을 어떤 개인적 비밀을 자신이 간직하고 있다고 믿게끔 한다. 반면 비밀이 하나 있다면, 그것은 의미의 표류에 의해 은폐되어 있는, 나와 타자 사이의 무한한 관계 내에 놓여 있다. 왜냐하면 나는 죽음에 이르기까지, 나 자신의 필연성을 그 관계 내에서 붙들고 있는 것 같기 때문이다.

언어학에서의 자의성의 관념이 비판될 수 있다는 것은 사실이지만, 그 관념은 무엇보다 우리로 하여금 손쉬운 해답들을 물리치게 하는 어떤 금욕적 가치를 담아내고 있다. (아마 기호의 자의성에 대한 사유는 이미 '세계'의 암시적이고 은폐된 이미지를 전제하고 있을 것이다.)

❖ 카오스는, 그 경험되지 않은 경험은 현전하거나 부재하는 세계와의 관계를 그대로 내버려 둔 채 무너뜨리며, 우리로 하여금 그 자체가 가져온 강박으로부터 벗어나지 못하게 한다. 즉 카오스로 인해 우리가 향해 있게 되는 타자(타인)에 대한 비상호성──즉각적이자 무한한 물음──은 천체의 공간 내에서 성립하지 않으며, 카오스는 그 자체가 종속되어 있는 것 같은 그 천체의 공간을 어떤 급진적인 이질성으로 대체한다. 이는 우리가 어떤 부당한 질서로 인해 고통받는 제삼자들에게 무관심해진다는 것을 말하지 않는다. 오히려 우리가 자신을 고통스럽게 만드는 자(타인)에 대해 책임이 있기에 우리의 고통이──합당함 그 너머에서──언제나 정당화되는 것이다. 그가 우리로 하여금 겪게 하는, 고통을 주는 악惡을 우리가 감수해야 한다는 것이 아니라, 그가 우리에게 부과하는 모든 수동적인 것 너머의 참을성이 우리를 현재 없는 어떤 과거로 데려간다는 것이다. 의사-자동성擬似-自動性, psedo-intransitivité 가운데 놓여 있는 글쓰기는 어떠한 부가된 것──삶 또는 죽음──으로도 완벽한 것으로 만들 수 없을 그 참을성과 관계있다.

❖ 물론 이미 제기된 물음은 다시 제기된다. 만일 타인에 대한 강박으로 인해 박해받기까지에 이른다면, 삶 자체 속에서 죽어간다는 것은 타인에 대해 일종의 잔인성을 증명해 주고, 또한 어쨌든 그를 잔인한 자로 만들어 놓지 않는가? 그러나 그렇게 생각하는 것은 내가 우리에게 행해진 것을 받아들일, 감수할 필요가 없다는 것을 망각하고 있다. 즉 참을성의 수동성에 따라 나는 책임 있는 자로 남기를 그만두지 않

은 채, 사라져 가면서까지 특권적 자아의 능력을 상실하게 됨으로써 아무것도 겪을 필요가 없게 되는 것이다. 이제 더 이상 이름을 갖지 못하게 되는 것이다. 그러나 그 이름 없음은, 키르케고르Kierkegaard가 정의하는 대로의 조잡한 익명성이 아니다("추상성, 비인칭성, 거리낄 줄 아는 세심함과 책임의 부재를 극도로 잘 표현하는 익명성은 현대의 타락의 깊은 근원들 가운데 하나이다"). 이 문장에서 혼동된 점들이 많이 있는데, 거기서 마치 익명성이 세계 내에서 실현되는 익명성, 예를 들어 소위 관료적 익명성인 것처럼 여겨진다.

❖ 작가, 한낮에 불면증에 걸린 자.

❖ 글을 쓴다는 것은 물론 자신을 지배하거나 고유명사로 불리는 것을 포기하는 것이지만, 동시에 그것은 포기하는 것이 아니라 부재하는 것을 알아채지 못한 채 받아들이면서 표명하는 것이다——또는 기억할 수 없는 것에, 경험되지 않은 것의 증거에 부재하는 단어들을 통해 관여하고, 주체 내의 빈 곳뿐만 아니라 비어 있는 주체(모든 장소 밖에서 이미 자리 잡았던 죽음이 임박해 오는 가운데 주체가 사라짐)에 응답하는 것이다.

❖ 글쓰기와 상실. 그러나 선물이 주어지지 않는 상실(보답이 주어지지 않는 어떤 선물)은 언제나, 안전을 보장해 주고 위안을 가져오는 상실로 변할 위험이 있다. 바로 그렇기 때문에 상실 속에서 '체험된' 부재하는 사랑에 대한, 늙어 감, 즉 죽음에 대한 것을 제외하고 사랑의 담

론이란 존재하지 않는 것이다.

❖ 만일 죽음이 실재적인 것이고, 실재적인 것이 불가능한 것이라면, 우리는 죽음의 불가능성에 대한 사유에 접근하고 있는 것이다.

❖ 바알-셈Baal Shem의 제자인 랍비 핀하스Pinhas에 의하면, 우리는 악한 자와 증오스러운 자를 '보다 더 사랑해야'만 하는데, 우리의 사랑으로 그가 책임 있는 사랑의 결핍을 보상하기 위해서이다. 그 사랑의 결핍은 사랑의 역능에 '상처'를 가져오는데, 그를 위해 그 '상처'를 낫게 해야만 하는 것이다. 그러나 악함, 증오는 무엇을 의미하는가? 그것들은 분명 헐벗은 자, 내버려진 자, 없는 자인 타인Autrui의 특성들이 아니다. 우리가 증오와 악함에 대해 말할 수 있다면, 증오와 악함에 따라 악이 제삼자들을 침해하는 한에서이다. 따라서 정의는 거부를, 저항을, 나아가 폭력을 물리치기 위한 폭력까지도 요구한다.

❖ 만약 부재 속에 순수하고 생생하게 보존되어 있는 단 하나의 말 덕분에 내가 모든 언어들의 모든 무한을 간직할 필요가 없게 될 수만 있다면, 나는 그 단 하나의 말에 만족하기를 원하리라.

❖ "한 그룹이나 한 개인이 드러낸, 반유대주의를 나타내는 최소한의 뉘앙스도 그 그룹이나 그 개인의 반동적인 본성을 증명한다"(레닌Lénine, 귀유맹Guillemin이 인용).

❖ 침묵을 **보존하는 것**, 그것은 우리 모두가 글을 쓰면서 우리 자신도 모르게 원하는 것이다.

❖ 욥: "**나는 한 번 말했다…… 나는 반복해서 말하지 않을 것이다./두 번…… 나는 아무것도 덧붙이지 않을 것이다.**" 아마 이는 아무것도 덧붙일 게 없는 극단을 반복해서 말하는, 글쓰기의 반복이 의미하는 바일 것이다.

❖ 니체는 유대인에 대해 종종 뭐라고 말했는가? "작은 유대 공동체로부터 **사랑**의 원리가 유래한다. 그 원리는 보다 큰 **정념**의 영혼 가운데 있으며, 그 영혼의 잉걸불이 겸허함과 궁핍 아래에서 타오르고 있다. 이는 그리스도적인 것도 힌두적인 것도, 게르만적인 것조차도 아니다. 바울이 작곡했던 자비의 송가는 어떠한 기독교적인 것도 담고 있지 않은데, 거기서 영원한 불길이 유대적인 방식으로 솟구쳐 나온다……"—"각각의 사회는 그 적들을 격하시키려는 경향을 가지며, 그들을 **희화화**시키는 데에까지 이른다…… 로마의 귀족적 가치들에 입각한 질서 내에서 **유대인**은 희화화되었다…… 플라톤은 내게서 하나의 희화가 되어 버린다……"—"유대인들이 가진 상업적으로 사리에 밝은 지성에 대한 질투를 어떤 도덕적 정식들 아래 감추어 놓은 것, 바로 그것이 반유대주의적이고 천박하며 아둔할 정도로 천민적이다." 니체는 사람들이 유대인들에게 어떠한 다른 활동도 허락하지 않았기 때문에 그들이 상인들이 되었다는 사실을 너무나 잘 이해하고 있다. "**유대인들**이 실존의 새로운 조건들 속으로 넘어가고 있을 때, 그들

에게 **새로운 성품**을 가질 용기를 주는 것. 그것이 내 고유의 본능에 부합하며, 또한 그러한 방침에 따라 나는 현재 분명 우위를 점하고 있는, 해독을 가져오는 반대 세력에 의해 스스로 흔들리지 않았다." 이는, 니체가 기독교를 단지 하나의 해방된 유대교로만 보거나, 생각 없이 시대의 기독교적 관습들로부터 언어를 빌려 올 때 하는 수많은 의심스러운 언급들 가운데에서 발견된다. 그러나 반유대주의가 하나의 체계가, 조직화된 운동이 된다면, 그는 그것을 혐오감과 함께 즉시 거부한다. 이를 누가 모르겠는가? (니체의 사유가 위험하다는 것은 사실이다. 그는 우리에게 먼저 다음의 사실을 가르쳐 준다. 만일 우리가 사유한다면, 휴식이란 없는 것이다.)

❖ 니체: "유대의 '구약', 신神의 정의正義에 대한 이 책 속에서 우리는 사람들과 사건들과, 그리고 너무 위대한 스타일로 씌어져서 그리스 문학과 힌두 문학에서 견줄 만한 아무것도 없는 말들과 만나게 된다. 우리는 이전 과거에 인간이 어떠했는가를 알려 주는 이 거대한 유적 앞에서 두려움과 존경의 염念에 사로잡히게 되며, 또한 고대 아시아와 관련해, 그리고 그 작은 반도에 불과한, 그 앞에서 '인간의 진보'를 육화시켰다고 자부하는 선진 유럽과 관련해 어떤 슬픈 상념에 내맡겨지게 된다." ─ "단 하나의 같은 책을, 성경, 최고의 책을 만들기 위해 모든 점에서 로코코 취향에 따르는 기념물인 이 신약을 구약에 나란히 묶어 놓았던 것, 바로 그것이 아마 가장 경솔한 짓, 근대 문학이 가책을 느끼고 있을, '정신에 반하는' 가장 큰 '범죄'일 것이다." 여기서 니체는 무엇을 의미하고자 하는가? 그는 스타일·취향·문학이라는 말들

을 하고 있지만, 그러한 단어들이 함의하는 바를 더 두드러지게 만들어 놓고 있다. 나는 이 사실을 강조하고자 하는데, 여기서 그리스 문명과 마찬가지로 기독교 문명 역시 타격을 입고 있다. 다른 곳에서 기독교는 비록 성경을 직접 읽는 것을 금지하기는 했지만 성경에 대한 존중심을 유지시킬 줄 알았다는 점에서 찬양된다. "**성경**에 대한 존중심을 우리 시대에 이르기까지 전체적으로 유지시켰던 것이 아마 관습들을 훈육시키고 세련되게 만드는 방법에 대한 최상의 예가 될 것인데, 유럽은 기독교 덕택으로 관습들을 그렇게 만들 수 있었던 것이다. 어떤 **궁극적 의미**(내가 강조했다)를 보관하고 있는, 그러한 깊이를 가진 책들은 수천 년이 **지속**되는 동안 살아남기 위해 외부의 어떤 전제적 권위에 의해 보호될 필요가 있으며, 그 책들이 갖는 의의가 철저히 규명되고 완벽하게 이해되기 위해 지속되는 그 수천 년의 시간이 반드시 필요하다." 여기서 말하여진 것은 사실 우리를 유대교에 가깝게 데려가지는 않지만 니체에 대한 우리의 판단들을 판정한다. 거의 같은 표현들로 씌어진 한 다른 책에서도 마찬가지이다. "**구약**, 그것은 전혀 다른 것이다. 구약 앞에서 모자를 벗어 아래로 내려라! 거기서 나는 위대한 인물들을, 어떤 장렬한 풍경과 세계에서 보기 드문 것들 가운데 하나를, **강직한 심장**이 보여 주는 비할 데 없는 단순성을 발견한다. 더 나아가 거기서 나는 어떤 민중을 발견한다."

❖ 장소도, 정식定式도 찾지 않으면서.

❖ "**오직 한 권의 책만이 폭발한다.**" 한 권의 책. 그것은 다른 책들 가운

데 하나, 또는 단 하나의 본질적인 마지막 **리버**Liber(책), 또는, 보다 정확히, 언제나 아무 책일 수 있으며 중요하지 않거나 중요성 그 너머에 있는 대문자 책le Livre이다. '폭발', 한 권의 책. 이는 책이 결국에는 성취된 어떤 전체성을 수고를 들여 회집시켜 놓은 것이 아니라는 점을 말해 준다. 오히려 책의 존재는 바로 책 없이는 생겨날(그 자체로 긍정되면서 뚜렷이 드러날) 수 없는 침묵의 소란스러운 파열에 있으며, 한편 책은 급작스럽게 넘쳐나고 파열되는, 존재 밖에 놓인 존재에 귀속되면서 스스로부터 고유한 방식으로 배제되는 폭력을 통해, 수긍될 수 있는 것을 섬광같이 거부함으로써 스스로를 가리킨다. 즉 책은 섬광으로 생성되는 중에 있는 바깥이다.

모든 책인 한 권의 책이 죽어간다는 것은 부른다는 것이고, 그 부름에 응답해야만 한다. 그러나 오직 한 시대의 상황에 대해, 거기서 나타나는 위기와 준비되고 있는 전복에 대해 성찰함으로써만 응답해야 한다는 것은 아니다. 큰일들이 있을 수도 있고 별다른 일들이 없을 수도 있으며, 그 일들이 우리에게서 모든 것을 요구할지도 모른다(이를, 혁명에 자기 존재 전체를 내걸기 위해 책상 아래로 펜을 던져 버릴 준비가 되어 있었던 횔덜린이 이미 말했다). 하지만 죽어가는 한 권의 책의 부름에 대한 응답은 시간과, 어떤 **다른** 시간과, 우리를 평온하게 우리와 같은 시간에 놓여 있는 자들로 남도록 더 이상 내버려 두지 않는 시간성의 어떤 다른 양태와 관계있다. 그것은 추측에 따르지 않는, 필연적으로 침묵하는 응답일 수밖에 없으며, 언제나 이미 가로막혀 있고, 고유한 주인이 없으며 충분하지도 않다. 그것은 단지 폭발하는 어떤 말의 메아리라는 점에서 무언無言의 응답이다. 아마 들어보지 못한 경고

와도 같은, 매우 가까이 있는 한 시인의 생기 넘치는 말을 인용해야만 할 것이다. "들으십시오. 귀를 기울이십시오. 매우 멀리 떨어져 있다 할지라도 사랑하는 책들, 중요한 책들이 죽어가면서 숨을 헐떡이기 시작했습니다"(르네 샤르).

❖ (하나의 원초적 장면?) 통속적이거나 섬세하게 이해된 나르시시즘의 특성이 있는데, 말하자면 라 로슈푸코La Rochefoucauld의 자기애와 마찬가지로 모든 점에서 그리고 어디에서나 나르시시즘이 작용하고 있다는 사실을 폭로하기는 쉽다는 것이다. 그것을 이렇게 형용사로 바꾸는 것으로 충분하다. 무엇이 나르시스적이지 않을 수 있는가? 존재와 비-존재의 모든 위치들이 나르시스적이다. 존재가 부정되기까지 폐기될 때조차, 존재는 그 자체를 모호하게 만드는 수수께끼 같은 부분으로 인해 끊임없이 수동적으로 능동적인 것이 된다. 말하자면 금욕, 즉 공허에 이르기까지 절대적으로 물러나는 것은 나르시스적인 방법으로, 낙담하거나 자신의 정체성에 대해 확신하지 못하고 있는 어떤 주체가 스스로 무화되면서 스스로를 긍정하는 꽤나 무기력한 방법으로 알려지는 것이다. 이는 대수롭지 않게 넘길 수 있는 이의제기가 아니다. 우리는 거기서 모든 가치들을 동일자에 갖다 놓는 데에서 비롯된 서양의 현기증을 다시 목도하게 되는데, 포착된 동시에 상실되는, 덧없이 소멸되어 가는 잘못 구성된 '동일자'가, 즉 변증법적 움직임들 가운데 선호된 주제가 관건이라면 우리는 더더욱 그럴 수밖에 없다.

신화학자들은 오비디우스(지성적인 문명화된 시인, 그의 판본에 나타난 나르시시즘에 대한 개념은 마치 정신분석학적 지식을 담고 있는 것 같은 서사의 모든 움직임을 따라가고 있다)가 나르시스의 신화를 보다 더 접근하기 쉽게 만들고 개진改進시키기 위해 수정했다는 사실을 잘 보여 준다. 그러나 오비디우스가 결국 망각한, 그 신화의 놀라운 점이 있는데, 샘에서 목매단 나르시스는 물이 그에게 반사시킨 흘러가는 이미지에서 자신을 알아본 것이 아니라는 것이다. 따라서 그가 설사 오인에 의해서라도 사랑하거나 욕망하는 자는 자기 자신이, 아마 존재하지 않을 '내'가 아니다. 그가 자신을 알아보지 못한다면, 그가 보는 것이 어떤 이미지이기 때문이고, 어떠한 것과도 닮지 않았다는 특징을 가진 그 이미지가 아무도 반영하지 않는다는 점에서 유사성을 갖고 있기 때문이다. 그가 그 이미지와 '사랑에 빠졌다면', 그러한 이미지 ─ 모든 이미지 ─ 가 미끼가 된 죽음과 공허 자체가 주는 매혹으로 인해 매혹적이기 때문이다. 우화로 변한 모든 신화가 교훈적인데 그러한 신화가 가르쳐 주는 바는, 속일 뿐만 아니라 (그 점으로부터 플로티누스의 안이한 해석이 비롯된다) 모든 사랑을 상궤를 벗어난 것으로 보여 주는 이미지들이 주는 매혹에 빠져서는 안 된다라는 것이다. 왜냐하면 욕망이 즉각적으로 만족되지 않는 상태로부터 태어나게 하도록 하기 위해서는 어떤 거리가 있어야만 하기 때문이다 ─ 이를 오비디우스는 나르시스로 하여금 (마치 나르시스가 말할 수, '자신'에게 말할 수, 독백할 수 있는 것처럼) "소유는 나로 하여금 소유를 박탈당하게 만들었다"라고 말하게 하면서 자신의 미묘하게 덧붙인 말을 통해 잘 표현하였다.

  이 신화에서 신화적인 점은, 거기서 죽음이 거의 명명되지 않은 채

물과 샘에서, 그리고 지하의 무시무시한 심연으로 통하지는 않지만 그 심연을 가까운 수면의 환상에 위험하게 (광기에 따라) 비추는 명정한 황홀이 만들어 내는 꽃의 흔들림에서 현전한다는 것이다. 나르시스는 죽어가는가? 아마 그렇지는 않을 것이다. 이미지가 되어 그는 자신이 가져 본 적이 없는 어떤 삶을 상실하면서, 알지 못한 채 스스로 녹아 들어간 이미지적인 것이 부동의 상태로 와해되어 가는 가운데 와해되어 가는 것이다. 왜냐하면, 우리가 언제나 합리성을 추구하는 과거의 해석자들로부터 나온 어떤 점을 염두에 두어 본다면, 나르시스는 한 번도 살아가기를 시작한 적이 없기 때문이다. 이 어린아이-신 (나르시스의 이야기가 신들 또는 반신半神들의 이야기임을 잊지 말자)은 타인들을 자신과 접촉하도록 내버려 두지 않고, 말하지 않으며, 자기 자신을 알지 못하는데, 왜냐하면 자신이 받아들인 질서에 따라 그는 자기로부터 돌아선 채로 있어야만 하기 때문이다——따라서 그는, 세르주 르클레르가 우리에게 말해 주었던, 이미 언제나 죽어 있지만 불확실한 죽음에 다시 예정되어 있는 경이로운 어린아이와 매우 가깝기 때문이다.

  그렇다. 무너지기 쉬운 신화, 무너지기 쉬움에 대한 신화를 통해, 아직 형성되지 않은 의식 그리고 보이고 보이는 것을 매혹적인 것으로 변형시키는 무의식 양자의 흔들리는 사이에서, 우리는 인간——인간인가?——이 이미지에 따라 만들어질 수 있다면, 그보다 자신의 이미지에 따라 무너질 위험에 더 확실하게 노출되어 있다는, 이미지적인 것에 대한 해석들 가운데 하나를 이해할 수 있게 하는 거점을 확보하게 된다. 따라서 그 해석에 의하면 인간은 어떤 유사성이 가져오는 아마도 아름다운, 아마도 죽음을 부르는 환상에 열려 있는 것이다. 그러나 여기서 죽음은 묵언 속에서 어떤 것을 인식하지 못함이 반복되는 가운데 그 전체가 군림하는, 달아나 버리는 죽음이다. 물론 그 신화는 그렇게 명백한 아무것도 말해 주지 않는다. 그리스 신화들은 일반적으로 아무것도 말하지 않으며, 신탁 속에 감추어진 어떤 지혜──그것을 깨닫기 위해 짐작해서 알아맞히는 무한한 유희를 벌여야 한다──를 통해 유혹한다. 우리가 의미, 나아가 기호라고 부르는 것이 그리스 신화들에서는 생소한 것이다. 그 신화들은 의미를 주지 않은 채 신호를 보내며, 보여 주었다가 감추고, 언제나 명쾌하며, 투명한, 투명성이 가져온 신비를 말해 준다. 그에 따라 모든 주석은 서사를 밝히는 방식으로 제시될수록 우둔하고 수다스러운 것이 되어 버린다. 신비한 이야기가 이번에는 막연한 어떤 명확성을 담고 있는 풀어 설명된 에피소드들로 알아듣기 쉽게 전개되는 것이다. 아마 하나의 전통을 이어가면서 오비디우스가 나르시스의 우화에 요정 에코의 인상 깊은 운명에 대한 이야기를 도입한다면, 우리를 부추겨 우리가 이후에 덧붙일 언어에 대한 어떤 교훈을 되찾게 하기 위해서이다. 하지만 다음과 같은 사실이 알려 주는 바가 있다. 에코가 자신을 보여 주지 않은 채 나르시스를 사랑하기에, 바로 ──다른 아무것도 아닌── 마지막 말만을 언제나 반복하도록 예정된, 몸에서 나오지 않는 어떤 목소리를, 대화가 아닌 어떤 것을 나르시스가 만나게 된다는 것이다. 그것은 타자를 나르시스에게로 오게 만드는 언어이기는커녕 운韻을 맞추어 모방하는, 말을 가장한 동일자음 반복일 뿐이다. 나르시스는 고독하다고 여겨지는데, 자기 자신에게 지나치게 현전하기 때문이 아니라,

예언(너는 너 자신을 볼 수 없을 것이다)에 의해 다른 삶과 살아 있는 관계를 맺을 수 있게 할 반영적인 이 현전──자기 자신──이 그에게 결여되어 있기 때문이다. 그는 침묵한다고 여겨지는데, 자신에게 같은 것을 말하는 어떤 목소리를 반복적으로 듣는 것 이외에 다른 말을 갖고 있지 않기 때문이다. 또한 그는 그 목소리를 자신의 것으로 만들 수 없다. 그 목소리는, 그가 그것을 사랑하지 않는다는 점에서, 그가 사랑할 **다른** 아무것도 그에게 가져다주지 않는다는 점에서 정확하게 나르시스적이다. 어린아이는 마지막 말들을 반복할 운명이라고 우리는 믿지만, 그 아이는 언어가 아닌, 마법을 거는 웅웅거리는 웅얼거림 속에 있다. 마찬가지로 말들로 서로 접촉하고 말들과 맞닿아 있는 서로 사랑하는 자들은 그렇게 끝없이 자신들을 반복해서 표명할 수 있고 가장 진부한 것에 경탄할 수 있는 운명이다. 왜냐하면 그들의 관용어는 관용어일 뿐 언어가 아니기 때문이고, 신기루로부터 되풀이해서 감탄으로 넘어가면서 서로 안에서 서로를 비추어 보기 때문이다.

거의 확실하게 늦게 나타난 이 신화에서 가장 인상적인 점은, 거기서 보는 것을 금지하는 명령이 또다시 메아리로 울려 퍼지고 있다는 것이다. 가시성의 장소로, 또한 다수의 외현들로 나타난다는 점에서 이미 신적인 현전의 장소로 남아 있는 그리스의 전통에서 그 명령은 항구적으로 주어진다. 언제나 보지 말아야 할 어떤 것이 있는데, 모든 것을 바라보지는 않아야 하기 때문이라기보다는, 신들이 본질적으로 보이며 보이는 것이라면, 시선이 정면으로 보고 소유하려는 오만함으로 인해 자제하고 물러나는 방식으로 보지 않게 될 때마다, 바로 본다는 것이 우리를 신성한 것이 가진 위험에 노출시켜 놓기 때문이다. 도움을 주는 예언자 역할은 지나치게 많이 하는 테이레시아스를 부르지 않고, 또한 두 가지 신탁의 말을 갖고——그 둘을, 즉 '너 자신을 알라'라는 말과 '자신이 누구인지 모른다면 그는 살아갈 것이다'라는 말을 의도적으로 미리 서로 반대되는 것들로 여기면서——유희를 벌이지 않더라도, 나르시스가 자신이 알아보지 못하는 이미지를 보면서 그 안에서 자신도 모르게 자신의 것이 되어 버린 살아 있지 못한 영원한 부분(왜냐하면 이미지는 부패하지 않기 때문이다)을 보고 있다고, 또한 그가 헛된 욕망에 사로잡히지 않고서는 바라볼 권리가 없다고 오히려 생각해야만 한다. 그에 따라 우리는 그가 불사의 존재이기에, 그가 꽃(장례의 꽃, 수사修辭의 꽃)으로 변신한 사실이 증명해 주듯이, 외현의 불사성으로 인해 죽는다고 (만일 그가 죽는다면) 말할 수 있다.

❖ 다자多者를 따라가고 일자一者의 비대肥大 현상으로부터 벗어나려는 사유에 대한 요구. "다자, 항상 그러하듯 어떤 상위의 차원을 도입해서가 아니라, 반대로 우리가 갖고 있는 차원들에서, 즉 언제나 n-1에서 가장 간결하게, 간소한 힘에 따라 그것을 이루어 내야만 한다. 일자는 언제나 빼내어짐으로써 다자의 부분을 이룬다"(들뢰즈Deleuze-가타리Guattari). 그로부터 우리는, 일자가 더 이상 일자가 아니라, 다자——하지만 거기서 단일성은 결여된 것으로 기입되지 않는다——가 다수로 증식되면서 구성되게 만드는 빼내어진 부분이라고 결론 내릴 수 있을 것이다. 일자가 그러하다는 것, 그것이 가장 어려운 점인데, 따라서 어떤 특수한 지식에 따라 규정된 어떤 규범적 모델이 관건이 되는 것은 아닌가?

다자는 애매하지만, 먼저 어떤 것인지 규정하기 쉬운 애매성을 갖고 있다. 왜냐하면 변증법적이거나 실천적인 이성의 결집된 행보에 따라, 나아가 신비한 융화를 호소하는 데에 따라 단일한 전체성을 구성하는 다자가, 여러 가지가, 변화하는 것 또는 다양한 것이 있기 때문이다. 그것들은 매개의 방법 또는 계기로 변질되거나, 소진시키거나 융합시키는 거대한 불속으로 내던져져서 단일한 전체성 내에 보존된다. 따라서 다자, 여러 가지이거나 서로 분리된 것들은 일자가 주는 매혹에 빠져 단지 일자를 위한 가교나 감각적 형상들이나 명의인名義人 역할만을 할 뿐이며, 그와 다른 방식으로는 가까워질 수 없는 것에 접근해 갈 뿐이다. 즉 완성하거나 가장해야만 할 하나로-된-것univers(우주) 속에서 완성을 기다리거나 그 완성의 수단이 될 뿐이다. 다자, 떨어져 나온 것, 다른 것은 다만 일자, 즉 (설사 언제나 이중으로 균열되고 헛되게 욕망하는 주체라 할지라도) 주체로부터 보편적이거나 지고한 일자로 넘어가는 이행의 통로일 뿐이었다. 즉 이름을 갖지 않을지라도 최고주권적 지고함을 갖고 있다고 축성되는 대문자 현전을 반영할 뿐이었다. 변증법 그리고 구원의 희망에 근거한(신비한) 상승을 대담하게 뒤섞는 것, 그러한 행보를 경시해서는 안 된다. 왜냐하면 거기서 관건이 된 것은 중요하며, (오늘날에 이르기까지, 또는 지난날에) 거의 모든 도덕과 모든 지식이 목표로 삼는 것이기 때문이다.

일자의 법은 준엄하고 다가갈 수 없게 찬란하게 우위를 점하고 있으며, 설사 우회에 의해서라도 타자를 동일자로 되돌려 놓음으로써, 또한 차이를 문제 삼지 않은 채 단순히 다른 것으로 대치함으로써 여전히 다자로서의 다자를 배제한다. 그럴 정도로, 거주할 만한 어떤 우주(거기에서 모든 것이 포착할 수 있는-포착할 수 없는 대현전에 참여하면서 현전할 것이라는——따라서 이미 현전한다는——약속이 우리에게 주어진다)에 부응하는 말을 구성하는 것이 필요하며, 권능을 가져온다. 동일자와 일자가 갖는 그러한 최고주권은 (가까이에서 정립된 것이든 회구해야 하는 것이든) 장엄한 것이든 단순히 사실상의 것이든 미리 모든 것을 지배하며, 존재와 모든 존재에 군림하고, 자체의 궤도 내에 모든 본질과 모든 외현을, 말해지는 모든 것과 말해야 할 모든 것(정식들, 허구들, 물음들, 대답들, 진리와 오류의 명제들, 긍정들, 부정들, 이미지들, 상징들, 삶 또는 죽음의 말들)을 끌어들여 규정한다. 그 최고주권은, 바로 일자와 전체의 최고주권 바깥에서, 우주와 그 너머의 바깥에서——죽음이 만족한 삶의 형태로 실현되어 모든 것이 완성되었을 때——타자(다자, 박탈당한 자, 흩어져 있는 자)의 적법하지 않은 요구가 언제나 완성으로부터 벗어나서 보다 강경한 방식으로 주어진다는 것을 분명히 가리킨다. 그에 따라 완성되어 둔화된 만족한 사유 앞에서 그러한 사유가 알아채지 못하는, 우리가 (비현전의) 타인에 대해 끊임없이 강박적으로 깨어 있다는 사실이 긍정(텅 빈 긍정)되어 나타난다. 다만 그러한 사유는, 타인의 비-현전이 밤의 카오스로서 회귀하는 데에 따라, 스스로 영속적으로 와해될 수밖에 없다는 것만을 알 뿐이다. 그 와해를 아마 어떤 글쓰기가 전제하고 있으며, 그 와해에 따라 그 글쓰기는 주기적인 회전을 완료시키는 것이다.

❖ 단순한 것이 우리를 이끄는 점은, 그것이 일자(말하자면 우리가, 펼쳐진 채로만 알 수 있는 전체, 그 전체는 접히면서 '단 한 번' 존재했던 것

을 살해하고 그것의 무한한 풍요로움을 감추어 놓는다)의——주어진 적이 없는——선물이라는 데에 있다. 따라서 우리는 언제나 이렇게 말할 권리가 있다. 단순한 것은 단순하지 않다. 그러나 그러한 정식에 따라 우리가 다름 아닌 접근 불가능한 일자와 그 매혹적인 초월성을 보존하고, 일자가 존재로부터 이탈한다는 사실을 인정하기에 이르는 것은 아니다. 복잡한 것은, 분석에 주어져서 분석에 의해 분해되지만, 존재-전체를 유지하는, 어느 정도 위계화된 얽혀 있는 것으로 남는다. 마찬가지로 다자는 수 또는 최대한의 수로 구성되는 한 쉽게 환원될 수 있다. 부동의 일자에 참여함으로써 얻어지는 단일성이 다자를 구성하는 동인動因이 되는 한에서 그렇다. 그러나 다자**로서의** 다자는 우리를 **알스-슈트룩투어**Als-Structur로, 즉 '로서의'의 구조로 되돌려 보낸다. 그 구조에서 복수성은 단일성으로부터 **빠져나가며**, 단일성은 언제나 통합되지 않는 타자로 인해 **빠져나가고**, 타자와의 관계가 놓이게 된다. 나아가 단순히 다른 것과 무관한 차이가, 파편들 없는 파편적인 것이, 써야만 할 그 **여분의 것**이 카오스처럼 글쓰기와 말의 모든 시작을 무력화시키면서 언제나 앞서 나가게 된다. (하지만 '로서의'의 구조——다수인, 그 **자체**로서의 다수 또는 즉자적 다수——는 분리된 것을 결합시키고 어떤 형식 내에서 안정적으로 통합시킴으로써 비-동일한 것의 동일성을, 비-일자의 단일성을 복구시키는 데에로 나아간다. 다자에 대한 사유가 다시 **지연되는데**, 이는 사유될 수 없는 차이가 영구적일 수 없다는 사실과 관련 있는 것이다.)

❖ "**최고주권은 아무것도 아닌 것이다.**" 그렇게 표명된 아무것도 아닌

것은 다만 와해되어 가는 최고주권을 함의하는 것만은 아니다. 왜냐하면 최고주권적인 와해는, 여전히 최고주권이 거대한 아무것도 아닌 것을 드높이면서 스스로를 긍정하는 하나의 방법일 수 있기 때문이다. 언제나 매복 중인 부정성의 도식에 따라 최고주권은 최고주권 자체를 부정하는 데에로 나아가면서 절대성 가운데 펼쳐질 것이다. 그러나 여기서 아무것도 아닌 것이 작업 속에 들어가 있지 않을 수 있으며, 이름 붙일 수 없는 것 속에, 중성적인 것, 언제나 중성화되는 중성적인 것 속에 감추어진 것을, 극단적이고 뚜렷한 형태 아래에, 다만 감추어 놓고 있을 수도 있다. 중성적인 것으로 이미 미리 넘어가 있지 않은 아무 최고주권적인 것도 없다. 일자의 부주의 속에서든, 타자의 부정적인 각운脚韻을 통해서든, 부정하지도 긍정하지도 않는 부정은, 반복이 가져오는 무한한 침식 작용에 따라, 현전과도 현전의 부재와도 관계하지 않는다는 표식으로 타자를 가리키고, 타자로부터 그 표식을 떼어 냈다가 다시 그 표식으로 타자를 가리킨다.

❖ "아니 전혀, 언제나
　불가능한 것의 날개가 펼쳐지면서
　너는 깨어난다, 절규와 함께
　그 자리에서, 하나의 꿈에 지나지 않을 절규와 함께······"
　(이브 본느프와Yves Bonnefoy)

❖ 경구 같고 파편적이지 않은, 고립된 한 문장이, 마치 오직 그 자체만으로 완전한 의미를 가졌기에 스스로 충분한 것이 되는 어떤 신탁의

말처럼, 울려 퍼져 나간다. 내가 기억에 의존해(기억은 단순화시킨다) 인용하는, "철학은 언어를 수단으로, 이성의 요술(황홀)에 대항해서 벌이는 전투일 것이다"라는 비트겐슈타인의 문장을 고립시켜 본다면, 그 문장은 일종의 명백성 때문에 강한 인상을 남긴다. 말하자면 우리는 어떤 ─의심의 여지없이 '문학적인', 나아가 '철학적인' ─ 언어에 매혹되는 것으로부터 벗어나 '순수' 이성을 보존하면서 '순수' 이성에 이르러야만 하는 것이다. 그러나 어떻게 그 전투를 이끌어 갈 것인가? 다시 언어를 수단으로. 우리가 『논고』Tractatus의 희망을 포기하자마자, 바로 언어 자체에 대항하는 언어의 어떤 싸움이 문제가 되리라. 따라서 변증법의 필연성을 다시 받아들여야 할 것이다. 아니면 침묵하는 어떤 단순한 이성에 전적으로 종속되어 있을 일종의 진리 자체인 정확한 언어를 찾아나서야 하지만, 그러한 이성은 그 자체가 이상理想이며, 그 자체가 판단의 주인 역할을 하는 감추어진 폭력을 가져오는 것이라고, 진리의 말함이 변형되지 않은 채 전달될 중립적 중앙으로 언어를 환원시켜 놓을 수 있는 지식과 힘의 권위를 가진 것이라고 즉시 규탄될 것이다. 그러한 이성은 마치 말하지 않은 채 말하는 것과 같은데, 그 사실을 엄밀하게 본다면 수긍할 수도 있지만, 엄격하게 이성적이지는 않은 의미에서 그럴 수 있을 뿐이고, 따라서 곧 모순들이 가로막는다. 설사 우리가 중성적인 것이 언어의 무한 속에서 관건이 된다고 예감한다 할지라도, 중성적인 것은 언어에 중립성을 가져올 고유한 능력을 갖고 있지 않다. 중성적인 것은 무한에 이르지 않고서는 포착될 수 없다. 우리가 중성적인 것을 포착하자마자, 그것은 부정성과 연관된 물음이 되어 일자로 향해 떨어지거나, 그 자체가 물러나는 움직임에 따라 간직해서 반복적으로 드러내는 타자로 향해 떨어진다. 따라서 그것은 어떠한 전체성도 담아 둘 수 없는 언어의 무한성과 관계있다. 언어의 무한성이 긍정된다면, 이는 우리가 인식하기 위해 알고 있고 사용하는 부정과 긍정 밖에서이다. 그로부터 우리가 지식의 한계 내에 있다는 것을 알지 못한 채 언어에 **대해서** 말해서는 안 되며, 오직 언어가 포함하고 있는 말할 수 없는 것에 대한 요구에 따라서만 언어를 출발점으로 삼아야 하고, 바로 그러한 한에서 언어**로부터** 말해야 한다는 의무가 생겨나는 것이다.

그러나 여전히 비트겐슈타인의 문장은 지워지지 않는다. 아마 그것은, 누군가 말했던 바이지만, 사유에서의 가장 큰 대담성은, 비장함, 심오한 것을 말하는 요술, 본질적인 것을 말하는 마술에 도취되지 말고 간소함을 유지하는 대담성이라는 점을 말하고 있다——그 점은 중요하지만, 또 다른 위험을, 즉 질서의 엄격함에 유혹되는 것을 염두에 두어야 한다는 조건하에서 그렇다. 따라서 철학은 또한 이성적인 것에 대항해서 벌이는 이성의 전투일 것이다.

❖ '하늘의 푸른빛', 이것이 하늘의 허공을 가장 잘 말해 주고 있다. 즉 **카오스는 별들이 만들어 놓는 피난처 밖으로 물러나며 신성한 자연을 거부한다.**

❖ 우리가 받아들여야 했으며 동시에 우리를 받아 주었던 도발적인 도전으로 여겨진 언어에 자신을 맡기면서.

❖ 비밀을 지킨다는 것, 그것은 분명 비밀을 비밀이 아닌 것으로 말한다는 것이다. 그 점에서 비밀은 말할 수 없는 것이다.

❖ 아포리즘으로 된 고립된 문장은 마음을 이끄는데, 마치 그 자체와 관련해 그 바깥에서 더 이상 아무것도 말할 수 없는 것처럼 결정적으로 긍정하기 때문이다. 마찬가지로 고립된 암시적인 문장은 말하면서 말하지 않고, 말하는 동시에 말한 것을 지우며 애매성에 어떤 가치를 부여한다. '내가 아무것도 말하지 않은 것으로 해둡시다.' 이 말을 첫번째 종류의 문장이라고 본다면, 그것은 규범적이다. 이 말을 두번째 종류의 문장이라고 본다면, 그것은 진리의 환상으로부터 벗어났다고 믿을 수 있지만, 사실 진리라고 여겨지는 어떤 환상에 붙들려 있고, 한 번 씌어졌던 것은, 보존될 수 있다고 믿고 있다. 파편적인 것을 요구한다는 것은 이러한 두 종류의 위험에 노출되어 있다. 즉 간결함이 파편적인 것에 대한 요구를 충족시키는 것은 아니라는 것이다. 또한 완성되었다고 가정된 어떤 담론의 여백에서, 또는 그러한 담론으로부터 물러나서 파편적인 것에 대한 요구에 따라 반복해서 간결하게 토막글들을 써 가지만, 우리가 회귀의 환영 속에서 그것들로부터 추출되어야 할 것이 보장되지 않는다는 것을 알 수 없다라는 것이다. 이러한 경고를 들어 보자. "나는 거의 아무것도 말하지 않고, 말하지 않는 것을 즉시 취소한다'라는 생략법에 따르는 것 같은 단상에서 우리가 이어지는 것들과 보충되어 와야 할 것들을 미리 검토하면서 억제된 모든 담론을 갑절로 통제하고 있다는 사실을 두려워해야만 한다"(자크 데리다).

❖ 언제나 물어야만 하는 물음: '다자는 결국 둘로 귀착되는가?' 그에 대한 하나의 대답: 둘을 말하는 자는 단지 일자(또는 둘로 된 단일성)를 **반복해서 말할** 뿐이다. 만일 두번째 항이 타자로서 무한하게 다수적이지 않다면, 또는 모든 일자를 (아마도 허구에 따라) 흩뜨려 놓기 위해서만 일자를 반복하고 유지시키지 않는다면 그럴 수밖에 없다. 따라서 두 가지 담론이 있지 않다. 담론discours이 있으며, 그리고 체계·질서로부터, 말의 가능성을 포함하는 모든 가능성으로부터 벗어나 있고 전체성이 초과에 이른 곳에서 아마 글쓰기가 가동시키는 것이라는 점을 제외하면 우리가 거의 아무것도 '알지' 못하는, 담론의-추이에서-빠져나온-것dis-cours이 있을 것이다.

❖ 나르시스가 보지 말아야만 할 것을 보고 있는 물은 명확하고 뚜렷한 어떤 이미지가 어려 있는 거울이 아니다. 그가 보는 것은 보이는 것 속에서 보이지 않는 것, 형상 속에서 형상화되지 않는 것, 현전하지 않는 어떤 표상(어떤 모델을 반영하지 않는 표상)에서 불안정한 알려지지 않은 것이다. 다시 말해 그것은 오직 그가 갖지 못한 이름만이 멀리서 붙잡아 놓을 수 있을 익명의 인간이다. 그것은 광기 그리고 죽음이다. (그러나 우리**에게** 그렇다. 나르시스의 이름을 부르는 우리는 그를 둘로 쪼개진 동일자로 간주하는데, 다시 말해 우리는 그가 모르게 ——그가 모른다는 사실을 알면서—— 동일자 내에 타자를, 살아 있는 자 속에 죽음을 숨겨 둔다. 아마 그러한 비밀의 본질 ——하나가 아닌 분열——에 따라 우리는 그에게 나 없는 갈라진 어떤 나를 가져다주고, 그 나로부터 타인과의 모든 관계를 박탈시켜 놓는 것이다.) 샘물의 흐름은 명료한 어떤 것을,

어느 누구의 매혹적인 이미지를 보이게 만들었지만, 동시에 그것을 분명하게 흐려 놓으면서 깨끗이 보이는 어떤 것(우리가 전유할 수 있을 것)이 안정되게 고정되지 못하게 막으며, 모든 것 ──보도록 부름 받은 자와 그가 본다고 믿는 것──을 욕망과 공포(감추어진 것을 다시 감추는 한계들, 한 번에 끝나지 않는 어떤 죽음)가 뒤섞여 있는 곳으로 가져간다. 라쿠-라바르트는 매우 소중한 성찰을 통해 "모든 시인들은 나르시스들이다"라는 슐레겔의 말을 되돌려 보게 했는데, 우리는 그 말에서, 창조──포에지──는 절대적 주관성의 소산이고, 시인은 자신을 반영하는 시에서 살아 있는 주체가 되며, 또한 시인은 자신의 삶에 순수한 주관성을 육화시키면서 자신의 삶을 시적으로 만들고 변형시킴으로써 시인이라는 낭만주의의 자취만을 피상적으로 다시 발견하는 데에서 만족해서는 안 되며, 의심할 바 없이 그 말을 다르게 이해해야만 하는 것이다. 다시 말해 시인은 자신이 씌어지고 있는 시에서 자신을 알아보지 못한다. 쓰거나 '창조하면서' 시인은 스스로 겪었을 모호한 경험의 부분을 가장 고귀하게 의식화한다는 인본주의적인 안이한 희망을 상실한 채, 자신을 의식하지 못한다. 오히려 씌어진 것으로부터 내버려지고 배제되어, 그것에서 **자신**의 죽음 자체의 비-현전을 통해서도 스스로 현전하지 못한 채 그는 (살아 있고 죽어가는) 자기와, 이제 타자에 속해 있거나 어디에도 속해 있지 않는 것과의 모든 관계를 포기해야만 한다. 시인은, 나르시스가 반反-나르시스인 한에서, 나르시스이다. 즉 자기로부터 우회해서, 그 우회를 촉발시키고 견디면서, 자신을 다시 알 수 없기에 죽어가면서, 일어나지 않았던 것의 흔적을 남기는 자인 한에서 나르시스이다.

❖ 오비디우스는 나르시스에 대해 이러한 염두에 두어야 할 말을 한다. "**그는 자신의 눈 때문에 스러져 간다**"(즉 신 안에서 자신을 보면서——이는 신을 본 자는 죽는다라는 말을 연상시킨다). 그리고 "**불행한, 왜냐하면 너는 타자가 아니었기 때문이다. 왜냐하면 너는 타자였기 때문이다.**" 왜 불행한가? 불행은 자식을 가질 능력의 부재와 마찬가지로 가계家系의 부재와 연관 있다. '불임不姙'의 고아의 불행, 고독한 삶의 부침浮沈의 이미지. 타자가 아닌 채 타자라는 것. 그것은 변증법적 발전을 가능하게 하거나, 반대로, 포에지가 배제되어 있지 않은, 포에지가 가진 부동의 엄밀성에 따라 확고한 것으로 남는다.

❖ 살아 있지 못한 채 살아가는 것, 마찬가지로 죽음 없이 죽는다는 것. 글을 쓴다는 것은 우리를 이 수수께끼 같은 명제들로 되돌려 보낸다.

❖ 언어는 '지하에' 놓여 있는데, 언어가 이론화될 수 없는 초과의 총체이기 때문일 뿐만 아니라, 또한 단어들이 사물들이 되고 안이 바깥이 되는 지하층을, 동굴이 있는 장소를 감추어 놓고 있기 때문이다. 그러한 의미에서, 또한 해독이 비밀을 비밀 속에 간직해 두기 위해 필요한 한에서, 언어는 해독될 수 없는 것이다. 기호 체계는 더 이상 충분한 것이 아니다. 해석은 무한하다. 하지만 우리는 무엇인가를 열 수도 있고 그렇지 못할 수도 있는 열쇠가 되는 단어를 찾아내야만 한다. 그에 따라 상실된 것이 풀려 나타나게 만들고, 그것이 가져올 선물을 거부하는 어떤 것이 복원된다. "**나**'는 **어떤 내면의 법을 내 안에, 나를 배제하고, 바깥에 가져다 놓음으로써만 복원한다**"(데리다). 이는 한없이

전개될 수 있는 문장이다. 하지만 '내'――내 안의 타자――가 단어들-사물들을 그 안에 어떤 비밀을 묻어 주기 위해――그 비밀을 향유하지 못한 채 향유하기 위해, 그것을 소통시킬 수 있다는(어떤 **부분**의 결여 속에서 그것을 다른 어느 누구와 **분유**分有할 수 있다는) 희망과 그에 따르는 두려움 속에서――전유할 때, 우리는 바로 전달될 수 없는 것만 전달시키는 어떤 화석화된 언어와 관계하게 된다. 그러한 지점으로 '욕망의 관용어'가 방향 지워져 있으며, 그것을 추진하는 모방의 동기는 결국 동기를 갖지 않는 것이고, 절대적으로 해독될 수 없는 것으로 해독되는 것이다. 물론 글쓰기가 가져오고 글쓰기를 실행시키는, 글을 쓰려는 욕망은 일반적 욕망이 아니지만, 교묘하게 감추어져 있거나 드러나 있는 다수의 욕망 안에서 굴절되어 반영된다. (그 다수의 욕망이 가져오는 중구난방이 아닌 효과들――수수께끼 문자들, 리듬, 내면의 각운, 문자들의 마술적 유희――에 따라 언어는 가장 '이성적인' 것이, 말하자면 그 자체가 말할 수 없는 것이 범람하는, 그 자체가 말한 것에 부합하지 않는 과정이, 잘 지켜지거나 그렇지 않은 비밀을 통해 포착할 수 없는 비고유성이 표명되는 뒤틀린 과정이 된다.)

글쓰기를 욕망하지 않은 채, 글쓰기를 원하지 않은 채 쓰는 것. 그것에 따라, 욕망될 수 없는 것과 비자발적인 것의 단순한 회귀가 아닌 것 속에서 무엇이 감추어져 있는가? 이렇게 간단히 대답할 수 있다. 거기에서 가장 극단적인 수동성(거기에 어떠한 자동기술법écriture automatique도 이를 수 없었다)에까지 이르는 글쓰기의 참을성을 알아볼 수 있으며, 마찬가지로 거기에서, 이중의 충돌에 따라, 죽어감의 욕망을 알아볼 수 있다. 글쓰기의 그 극단적인 수동성과 죽어감의 욕망은 각각 소진되어 가면서 서로가 서로에 의해, 시간이 어긋나는 것처럼 보이거나 적어도 변화되는 연속성 가운데, 다시 깨어나는 것이다. 그에 따라 그것들은 안정될 수 없는 카오스를 쇠락에서 소멸되지 않게 하는 것이다.

❖ "우리가 말하지 않는 어떤 특정한 것의 경우 그 비밀을 간직한다는 것은 그것을 말할 수도 있다는 것을 가정하고 있으며, 이는 전혀 특별한 게 아닙니다. 그 경우 비밀을 간직한다는 것은 약간 달갑지 않은 억제인 거지요.──그러나 어떤 비밀을 간직한다는 것은 이미 비밀 일반에 대한 물음과, 비밀이란 모든 것이 말해졌을 때 여전히 말해야 할 어떤 것과 연관되어 있지 않냐고 스스로에게 묻는다는 사실(그러나 그것은 하나의 사실이 아닙니다)과 관계됩니다. 즉 말함(여기서 이 단어에 영광스러운 강조점을 찍어야 합니다)은 모든 것이 말하여졌다는 사실을 언제나 초과하는 것입니다.──다시 말해 모든 것이, 즉 전체가 분명히 드러날 때 나타나지 않는 것은 물러나고, 모든 것을 폭로하라는 요구에 의해 감추어집니다. 거기에 열려 밝혀진 것에 드리우는 어두운 모호함, 또는 진리 자체가 가져온 실수가 있습니다.──분명 더 이상 '이후'를 사유하도록 내버려 두지 않는 절대지絶對知 이후의 비-지非-知가 있습니다.──그러한 절대지 이후는 오직 이후에, 마찬가지로 이전에 전체를 '탈의미화'하며, 전체를 현재에 들어오지 못하게 막아서 지정될 수 없는 것으로 만드는 회귀의 '필연성' 아래에서만 사유될 수 있습니다.──비밀은 포착되지 않고, 결코 한계 내에 있지 않으며, 무한계로 나아갑니다. 비밀 속에 감추어져 있는 바는 감추어져 있어야만 한다는 필연성입니다.──아무

비밀도 있지 않다는 것, 어디에도 비밀이 없다는 것, 바로 그것이 비밀이 말해 주는 바입니다.──그러나 바로 그것을 말하지 않으면서. 왜냐하면 '아무'와 '있지 않다'라는 단어들과 더불어 수수께끼가, 우리로 하여금 자리 잡고 휴식하지 못하게 막으면서 계속 지배하기 때문입니다.──비밀의 전략은, 비밀 자체를 드러내는 데에, 또는 비밀 자체를 보이지 않을 정도로 지나치게 보이게 만드는 데에(따라서 비밀이 비밀로서 사라져 가는 데에), 또는 비밀은 모든 비밀이나 비밀처럼 보이는 모든 것이 없어지는 곳에서만 비밀이라는 점을 납득시키는 데에 있습니다.──비밀은 어떤 '내'가 연루되어 있는 것이 아니며, 상호 주관적이라고 말할 수 없는, 공간의 흰 부분에 있습니다. 왜냐하면 타자가 주체가 아닌 한에서, 차이가 가져온 불평등 가운데, 즉 공동체 없이, 소통에서 공통의 것이 없이 나-주체는 타자와 관계되기 때문입니다.──'그 아이는 이제 비밀 속에서 살아갈 것이다.' 그에 따라 이 불편한 문장이 해명됩니까?──마치 그에게 죽음은 삶 속에서 완성될 것이다라고 말하는 것과 같지요.──아마 침묵만을 말하는 이 문장을 침묵에 맡겨 둡시다."

❖ 나는 우리가 무시할 수도, 가볍게 다룰 수도 없는 이러한 긍정의 단언을 살펴본다. "반항의 윤리는 우리에게 또 다른 역사를 도래하게 함으로써 어떤 빈 장소를 구성하고 보존하며 마련한다는 점에서, 최고 주권적 선善에 대한 모든 담론에, 마찬가지로 모든 도덕적이거나 비도덕적인 주장에 대립한다"(기 라르드로Guy Lardreau, 크리스티앙 장베Christian Jambet). 이에 대한 첫번째 고찰. 반항, 그렇다. 참을성의 극단이 책임의 극단과 관계되고, 시대가 변하는 곳에서 전회를 요구하

는 반항. 그러나 우리는 반항과 반역을 유사하다고 여길 수 없다. 반역은 전쟁을, 즉 지배와 통치를 위한 싸움을 다시 가져올 뿐이다. 이는 지배자에 대항해 그가 사용한 지배의 방법으로 싸움을 벌여서는 안 된다는 것을 말하지 않으며, 그러한 싸움과 동시에, 그것과 더불어 어디에도 의지하지 못한 채 "무한히 다수화되는 뒤틀림"에 호소해야만 할 이유가 있다는 것을 말한다. 그 뒤틀림 속에서 지배의 힘과 욕망은 절대적으로 군림하면서 스스로도 모르게 (정확히 왜냐하면 그것들은 모든 것을 알지만, 오직 전체만을 알고 있기 때문이다) 결코 일자로 귀결되지 않는 또 다른 다자에 부딪히게 된다. 그렇다면 **또 다른** 역사란 무엇인가? 그 특성이 **히스토리에**Historie라는 의미에서도, (회집의 이념을 담고 있는) **게쉬히테** Geschichte라는 의미에서도 하나의 역사가 되지 않는 데에 있다면, **또 다른** 역사란 무엇인가? 자체 내에서 어떠한 현재적인 것도 일어나지 않는다는 점에서, 어떠한 사건이나 도래에 따라서도 가늠되거나 분명해지지 않는다는 점에서, 언제나 일직선상에서 연속으로 이어지는 것(설사 그것이 변증법만큼이나 얽혀 있고 갈지자로 나아간다 할지라도)과 무관하다는 점에서 그 역사는 세계의 복수성이나 수적인 복수성이 아닌 어떤 복수성이 펼쳐지는 역사이다. 이 여분의 역사, 이 분리되어 있는, '비밀 속의' 역사는 보이는 역사의 종말을 가정하고 있는 반면, 그 자체 내에는 시작과 끝에 대한 모든 관념이 배제되어 있다. 그 역사는 알려지지 않은 것과 언제나 관계되어 있지만, 그 알려지지 않은 것은 모든 것이 인식되는 유토피아를 요구하는데, 왜냐하면 그것을 벗어나기 때문이다. 그 알려지지 않은 것은 이성 너머의 비이성적인 것과, 이성이 갖는 어떤 비이성적인 것과도 연관

없으며, 아마 '탈의미화'의 고된 작업을 통해 어떤 **또 다른** 의의로 회귀하는 데에서 비롯된다. **또 다른** 역사는 일종의 가장된 역사이지만, 단순한 아무것도 아닌 것이 아니고, 장소가 아닌 곳에서의 빈 곳을, 그 자체가 결핍되어 있는 결핍을 환기시킨다. 그 역사는 믿을 수 없는 것인데, 어떠한 믿음에 대해서도 확고한 것이 될 수 없기 때문이다.

❖ 회고. (예를 들어) 비트겐슈타인에 대해 말한다는 것은,──철학자로서──철학자이기를 원하지 않았고 알려지기도 원치 않았던, 우리가 알지 못하는 어느 누구에 대해 말한다는 것이다. 그는 그랬을 뿐만 아니라 마찬가지로 마지못해 강의를 했고, 마찬가지로 사람들이 출판했던 것의 대부분은 그 자신이 인가하지 않았던 것이다. 그로부터──아마──수많은 그의 질문들이 파편적이며, 파편적인 것으로 열려 있다는 사실이 유래한다. 우리는 그를 하나의 파괴자로 만들어 놓을 수는 없다. 질문을 던지는 자는 언제나 저 너머로 나아가는데, 뒤흔들어 놓은 사유의 간결함은, 격정적인 것을 거부하면서 사유를 존중하는 데에서 언제나 비롯되는 것이다. 그는 철학사로부터 떨어져 나와 있다는 인상을 주는데, 그는 자신이 고립된 자──그러나 누구도 고립된 자일 수 없다──라는 것뿐만 아니라, 또한 우리가 사유와 같은 것이라고 명명할 수밖에 없는 것의 역사적이지 않은 어떤 역사가 있다는 것을 예감하게 한다.

❖ 기다리는 자는 분명 **너**를 기다리지 않는다. 그러나 바로 그렇게 너는 기다려지지만 호명되지 않는다. 너는 부름을 받지 않은 것이다.

❖ 왜 신神-일자인가? 왜 일자는 어쨌든 신 위에, 발음할 수 있는 하나의 이름을 갖고 있는 신 위에 있는가? 일자는 분명 숫자가 아니며, '하나'는 '여럿'과 대립하지 않는다. 일신교, 다신교, 거기에 차이가 없다. 영零도 마찬가지로 숫자가 아니고, 숫자의 부재도 아니고, 더욱이 하나의 개념도 아니다. 아마 '일자'라는 것은 '신'을, '선한' 그리고 특히 '신성한'으로부터 시작해 모든 수식어로부터 보호하도록 예정되어 있을 것이다. '일자'는──설사 무한히 먼 것과의 결합이라 할지라도──결합을, 하물며 신비한 상승과 융합을 가장 최소한도로만 용납하는 것이다. 단일성이 없는 일자는 그 엄밀성과 불가능성으로 인해 목표로 주어진 초월성을 자신에게 부여할 수조차 없다. 일자는 지평들, 의미 지평을 갖고 있지 않다. 일자는 유일한 것이지조차 않으며 단수적이지도 않다. 모든 변증법과, 마찬가지로 사유의 모든 움직임으로부터 빠져나오는 데에 따라 일자는 사유에 권위 있는 영향력을 행사한다. 사유한다는 것은 (마치 바늘이 그 자체가 가리키지 않는 극점을 향해 돌듯이 사유가 일자를 향해 돌지만──돈다? 차라리 우회하는 것이다) 사유를 엄밀하게 벗어나는 일자에 대한 사유를 향해 길을 간다는 것이다. 일자는 아무것도 명령하지 않는 엄격성에 따라, 모든 명령보다 우월하고 너무 높아서 드러날 높이가 존재하는 않는 대법大法, la Loi 속에 있는 명령될 수 없는 것을 환기시킨다. 대법은 그 자체에서 우리가 알아보게 되는 모든 정당성 위의 권위를 통해──그렇기에 대법이 합법적인지 비합법적인지는 중요하지 않게 된다──, 높지도 낮지도 않고, 유일하지도 이차적이지도 않은 일자를, 자신을 그대로 놔두는 모든 동등한 것들(동일자, 단순한 것, 현전)을 받아들이는 일자를 격하

시킨다. 그러나 일자는 오직 자신을 위반을 통해 알기 위해서만 자신에 적대적으로 대립되는 모든 개념들을 보다 더 많이 요청한다고 말할 수 있다. 우리가 논리적 일관성에 따라 사유할 필요를 느끼거나 우리의 지식을 통합하지 못해서 곤란을 겪을 때, 일반적으로 통용되는 단일성이 존재하기 때문에 그러한가? 아니면, 아무것도 지시하지 않는 일자(그 일자를 윤리적으로든 아니든 번역하는 초자아나 나아가 선험적 '나'를 발견할 때마다, 우리는 그 일자를 아주 잘 느끼게 된다)에 대한 어떤 망각된 존경 때문에 그러한가? 만약 우리가 일자를 교란시킬 수 있다면, 무엇이 일어나겠는가? 어떻게 일자를 교란시킬 수 있겠는가? 아마 말하면서, 일종의 말을 통해서 그럴 수 있을 것이다. 이는 의심할 바 없이 카오스의 전투일 것이다. 어쨌든 그것이 일자에 대항해서 일자를 위해 싸웠던 카프카의 전투였는가?

❖ 횔덜린: "그런데 어디로부터 오직 일자만이 있기를 원하고 오직 일자의 부분만이 있기를 원하는 병적인 욕망이 인간들 사이로 오는가?"

❖ 수동성에 기반한 전투, 극단의 참을성 가운데 무효화되며, 중성적인 것이 성공적으로 가리킬 수 없는 전투는 전투에 명칭을 붙이지 않기 위해 행하는 전투이다. 지시된 것 밖에 물질적인 것 또는 실재하는 이미지화할 수 없는 것이 있으며, 마찬가지로 지시된 것 밖에 일자가 있다——이는 어떠한 이분법도 구성하지 않는다. 어떻게 담론을 가능하게 하는 조건을 배제하거나 동시에 담론을 미리 차단시켜 버리는 것으로 주어지는 것을 고려 항목에, 나아가 담론 내의 차이 속으로 들어

가게 할 수 있겠는가?

❖ 카프카가 우리에게 주었던 것, 우리가 받아들이지 않는 선물, 그것은 문학을 통한, 문학을 위한 일종의 전투, 목적이 빠져 있는 전투이다. 동시에 전투라는 명칭이나 다른 명칭들로 우리가 알고 있는 것과는 너무나 달라서, 알려지지 않은 것이라고 말해도 우리에게 감지되지 않은 전투이다. 왜냐하면 그것은 우리에게 기이한 만큼이나 또한 익숙한 것이기 때문이다. '필경사 바틀비'도 단순한 거부라고 말할 수 없는 어떤 것을 통해 같은 전투에 참여하고 있다.

❖ "인간들에게 끼치는 문학의 영향력을 받아들이는 것 ——아마 그것이, 성경의 민중으로 하여금 자신을 알아보게 만드는, 서양의 궁극적 지혜일 것이다"(레비나스).

❖ 몇몇 해석자들이 카 K.가 『성』의 마지막에 광기에 들어가도록 예정되어 있었다고 본 점은 기이하다. 그가 하는 모든 것이 합리적인 것과 관계없지만 절대적으로 필연적인 것, 즉 정당하거나 정당화되는 것인 한에서, 처음부터 그는 이성이냐 비非이성이냐는 논란 밖에 놓여 있다. 마찬가지로 그가 (영벌을 받아서이든 아니면 구원받아서이든, 그러나 이는 거의 중요하지 않다) 죽는다는 것은 가능하지 않아 보이는데, 다만 그의 전투가 살거나 죽는다는 말로 설명될 수 없기 때문만은 아니며, 그가 죽을 수 있기에는 너무 피로(그의 피로, 그 특성만이 이야기와 함께 부각된다)하기 때문이다. 말하자면 그의 죽음의 도래가 끝없

는 비非도래로 전환되지 않을 정도로 피로하기 때문이다.

❖ (몇몇 해석학자들이 말하는) 유대의 메시아사상은 우리로 하여금 도래와 비도래의 관계를 예감하도록 한다. 메시아가 걸인들과 문둥병자들 사이에서 로마의 관문에 서 있을 때, 우리는 그의 암행暗行이 그 자신을 보호해 주거나 그 자신의 도래를 방해한다고 믿을 수도 있지만, 분명 그는 알려져 있다. 물어야만 한다는 강박관념에 쫓겨 어떤 사람이 그에게 묻는다. "당신은 언제 올 것인가?" 따라서 거기에 있다는 사실이 도래는 아닌 것이다. 거기에 있는 메시아 주위에서 언제나 부름이 울려 퍼진다. "오소서, 오소서." 그의 현전은 보증이 되지 못한다. 미래에 있을 것이든 과거에 있었던 것이든 (메시아가 이미 왔었다고 적어도 한 번은 말해진 적이 있다) 그의 도래가 어떤 현전에 부합하는 것은 아니다. 마찬가지로 부른다고 충분한 것도 아니다. 알려져 있는 조건들——인간들의 노력, 그들의 도덕성, 그들의 회개——이 있다. 그러나 알려져 있지 않은 조건들이 또한 언제나 있다. "당신은 언제 도래하는가"라는 물음에 어쩌다 메시아가 "오늘"이라고 대답한다면, 그 대답은 물론 놀라울 정도로 인상적이다. 따라서 오늘인 것이다. 지금 그리고 언제나 지금인 것이다. 기다릴 일이 없지만, 이는 마치 기다려야만 한다는 의무와도 같다. 그런데 지금은 언제인가? 일반적 시간에 속하지 않고, 필연적으로 그 시간을 뒤흔들어 놓으며 유지시키지 않고 불안정하게 만드는 어떤 지금이다. 특히 우리는, 엄격하게 허구적인 한 이야기 속의, 텍스트 밖의 그 '지금'이 그 자체가 실현 가능한——실현 불가능한——조건들에 다시 매달려 있음을 알려 주는 텍

스트로 되돌아가고 있다는 것을 기억해야 한다. 그 조건들은 "지금 조금이라도 네가 내게 주의를 기울인다면, 또는 만일 네가 내 목소리를 잘 듣기를 원한다면"이다. 결국 그리스도의 인성人性에 대해 기독교에서 말하는 바와는 반대로, 메시아는 신성한 아무것도 갖고 있지 않은 것이다. 위로하는 자, 의인들 중의 의인인 그가 실제하는 한 인물인지, 특정 어느 누구인지조차 확실하지 않다. 한 해석자는 그는 아마 나일 것이라고, 그는 자신을 드높이지 않는다고 말한다. 각자는 그가 될 수 있으며, 되어야만 하지만 그가 아닌 것이다. 왜냐하면 '절대적 외재성이 갖는 절대적 내밀성'이라는 헤겔적 언어로 메시아에 대해 말한다는 것은 부적당하기 때문이다. 더 그럴 수밖에 없는데, 메시아적 도래는 아직 역사의 종말을, 즉 어떠한 예언도 알릴 수 없는 보다 더 먼 미래의 어떤 시간의 소멸을 의미하지 않기 때문이다. 우리는 이러한 신비롭고 수수께끼 같은 텍스트에서 그러한 시간을 읽을 수 있다. "모든 예언자들은――예외 없이――오직 메시아적 시간(**에포케**épokhè?)*을 위해서만 예언했다. 미래의 시간에 대해서라면, 그것을 어떠한 눈이 주님 당신 바깥에서, 당신에게 충실한 기다리는 자를 위해 행동하는 당신 바깥에서 보았는가"(레비나스와 숄렘Scholem).

❖ 왜 기독교는 신으로서의 메시아를 필요로 했는가? 참을성이 없었기 때문이라고 말하는 것은 충분하지 않다. 그러나 우리가 역사적 인물들을 신성화한다는 것은 참을성이 없는 데에서 비롯된 기만이다.

---

* [옮긴이] 괄호 안의 부분은 저자가 삽입한 것이다.

왜 메시아에 대한 관념이 있는가? 왜 우리는 끝이 없는 것을 참아 내지 못하며 욕망하지 않는가? 역사가 정치적으로 다만 전제적인 혼란 상태만으로, 의미를 상실한 과정만으로 나타날 때, 메시아에 대한 희망——두려움이기도 한 희망——이 강요된다. 하지만 만일 이번에는 정치적 이성이 메시아적인 것으로 변하면, 이성적인(이해 가능한) 역사에 대한 탐구에서, 마찬가지로 메시아사상에 대한 요구(도덕성의 완성)에서 진지함이 결여되게 만드는 이 착란은 다만, 너무나 고뇌에 차고 너무나 위험해서 의존할 수 있는 모든 방법이 정당화되는 것처럼 보이는 어떤 시간을 증거할 뿐이다. 아우슈비츠가 일어날 때, 뒤로 거리를 두고 물러설 수 있는가? 어떻게 아우슈비츠가 일어났다고 말할 수 있는가?

❖ 최후의 심판은, 독일어 표현에 의하면, 가장 새로운 날, 날들 너머의 날에 내려진다. 심판이 시간들의 끝에 예정되어 있다는 것이 아니다. 반대로 정의正義는 기다리지 않으며, 매순간 완성되고 이루어지며, 또한 성찰되어야(배워야)만 한다는 것이다. 각각의 정의로운 행위(그러한 것이 있는가?)는 그날을 최후의 날 또는——카프카가 말하듯——마지막 최후의 날이 되게 하고, 이어지는 평범한 날들 가운데 이루어지지 않으며, 평범한 날을 특별한 예외적인 날이 되는 가장 평범한 날이 되게 만든다. 수용소와 동시대인 자는 영영토록 한 명의 살아남은 자이다. 죽음이 그를 죽게 내버려 두지 않는 것이다.

❖ 현대에 법을 규칙들로 대체하려는 것은, 금지의 힘을 탈신비화시키

려는 시도처럼 보일 뿐만 아니라, 또한 기술의 서로 연관성이 없는 다양한 가능성들을 관습적으로 제시함으로써 사유를 일자로부터 해방시키려는 시도처럼 보인다. 그러나 법이라는 이름 아래에 언제나 어떤 애매성이 존재했다. 최고주권으로서, **신성한** 법은 스스로 자연이기를 요구하고, 피의 위세를 내세워 스스로를 고양시키며, 권력이 아니라 전능한 힘이다——법 이외에 아무것도 없는 것이다. 법이 실행되면서 반대하는 것은 아무것도 아닌 것이다. 말하자면 인간성이란 존재하지 않으며 단지 신화들과 괴물들과 어디에 매혹되는 것만이 존재한다. 유대의 법은 **성인**聖人의 것이지 신성한 것이 아니다. 그 법은 자연을 죄로 물들게 만드는 마법을 행사하지 않으며, 자연 대신에 관계들을 가져오고, 자연 대신에 결정들·교서敎書들을, 즉 의무의 말들을 내세운다. 의식儀式들은 종교적이다. 하지만 그것들은 일상에서 종교적 감정이 지배하도록 기능하지 않으며, 오히려 일상에서 실천과 봉사의 의무를 갖게 하고, 역사적으로 기억하고 예견하는 즐거운 날 아래에서 서로 공감하는 미세한 망을 조직함으로써 일상을 역사 없는 시간으로부터 해방시키는 기능을 한다. 그러나 심판이 남아 있다. 그것은 가장 높은 자에게 맡겨져 있다. 오로지 신만이, 말하자면 또다시 일자만이 심판하는 것이다. 일자는 스스로 군림할 수 있는 하늘도 없고, 측정될 수 있는 척도도 없으며, 그 자신을 사유될 수 있는 유일한 존재로 깎아 내리는 사유도 존재하지 않는다는 점에서 해방을 가져온다——그로부터 일자를 부재 속에 용해시키고 싶어 하는 유혹이 비롯되거나, 일자를, 실천 속에서 실행되기보다는 공포로 떨게 만드는 법으로, 즉 검토보다는 매혹과 숭배에 따르는 독서가 만들어 내는 가혹한 법으로 되돌려 놓으려 하는 것이다. 사도 바울은 우리가 법으로부터 해방되기를 원했다. 법이 신성神聖의, 신성한 비극의, 죽음으로부터 태어나 죽음과 분리될 수 없는 삶의 드라마 속으로 들어갔던 것이다.

❖ 법들lois ——법들의 산문성散文性 ——은 보이지 않는 위세를 가진 시간을 여러 가지로 제약된 공간으로 대체함으로써 대법으로부터의 해방을 가져다준다. 또한 법규들은 법이라는 이름의 제일의 권력이 환기시키는 것과 더불어 법과 함께 가는 권리들을 제거하며, 모든 것에 투자하고 모든 것을 통제하며 모든 몸짓을 관리하는——순수한 지식을 긍정하는——기술이 군림하도록 한다. 그에 따라 더 이상 해방의 가능성이 존재할 수 없게 되는데, 이제 우리는 더 이상 압제라는 말을 할 수 없게 되었기 때문이다. 카프카의 소송은 세 가지 군림하는 것들(대법, 법들, 법규들)이 얽혀서 벌어지고 있는 것으로 해석될 수 있다. 하지만 그러한 해석은, 그 자체를 받아들이게 하기 위해 다른 셋에 속해 있지 않는 네번째 군림하는 것——돌출해 나온 문학의 군림——을 전제해야만 하는 한에서, 불충분하다. 문학은 그러한 특권적 관점을 거부하지만, 그 자체를 상징화시킬 수 있다는 어떤 또 다른 질서에, 또한 어떠한 질서이든 거기(순수한 이해 가능성)에 종속되지 않는다.

❖ 『바틀비』에서 수수께끼는 복제(다시-쓰는-것) 이외에 아무것도 아닌 '순수한' 글쓰기로부터, 그 활동도 사라지게 만드는 수동성으로부터 비롯된다. 일상의 수동성(전사轉寫라는 재-생산)으로부터 알아차릴 수 없게 갑작스럽게 완전한 수동성 그 너머로 **넘어가는** 것이다. 죽

어감 가운데 감추어져 있는 정숙함을 간직하고 있는 삶은 너무나 수동적이어서 죽음을 출구로 여길 수 없고, 죽음을 하나의 출구로 만들지 못한다. 바틀비는 복제한다. 그는 끊임없이 쓰며, 통제 비슷한 어떤 것에 굴복하려고 멈출 수 없다. "**그렇게** (하지) **않고 싶습니다.**" 이 문장이 우리의 밤들의 내밀성 속에서 말한다. 부정적인 경향傾向, 경향을 없애고 경향을 통해 없어지는 부정, 해야 할 일이 아닌 것 속에 있는 중성적인 것, 자제, 완강하다고 말할 수 없는, 그 몇몇 단어들로 완강함을 물리치는 부드러움. 언어는 영속화되면서 입을 다문다.

❖ **고통과 함께 사유하기를 배울 것.**

❖ 사유는 직접적인 것처럼 보이지만(나는 생각한다, 나는 존재한다), 연구와 연관되며, 사유하기 위해서는 일찍 일어나야만 한다. 사유해야만 하고, 결코 사유를 확신해서는 안 된다. 우리는 충분히 깨어 있지 못하다. 깨어 있음 그 너머에서 깨어 있어야 한다. 깨어 있는 밤이 주시한다. 고통, 그것은 단일성을 파괴한다. 그러나 보이게 드러난 방법을 통해서가(구경거리가 될 만한 어떤 붕괴나 분리를 통해서가) 아니라, 침묵의 조용한 방법으로, 말들 뒤의 소음을 잠재우면서. 상실된, 망각된, 영속적인 고통. 그 고통은 사유를 고통스럽게 만들지 않는다. 그것은 구조해 주지 않는다. 더 이상 바라보지 않으며 회귀에 내맡겨져 결코 떠나지 않을 자에게, 사라져 간 하늘과 땅이, 서로가 서로 속에서 지나가 버린 낮과 밤이 남겨 둔 미소, 똑바로 쳐다볼 수 없는 얼굴에 번지는 근심 어린 미소.

❖ 썩어진 말. 우리는 더 이상 그 말 속에서 살아갈 수 없는데, 그 말이 '어제가 끝이었어'라고 통고하기 때문이 아니다. 그 말 가운데 우리는 일치하지 못하며, 그 말은 덧없는 단어가 가져온 선물인 것이다.

❖ 영원을 일시적인 것으로 만들기 위해 영원을 나누자.

❖ 남겨진 말해야만 하는 것.

❖ 번쩍이는 고독, 하늘의 빈 곳, 연기된 죽음, 즉 카오스.

옮긴이 해제
# 한 어린아이

> 내 유년 시절 바람이 문풍지를 더듬던 동지의 밤이면 어머니는 내 머리를 당신 무릎에 뉘고 무딘 칼끝으로 시퍼런 무우를 깎아 주시곤 하였다. 어머니 무서워요 저 울음소리, 어머니조차 무서워요. 애야, 그것은 네 속에서 울리는 소리란다. 네가 크면 너는 이 겨울을 그리워하기 위해 더 큰 소리로 울어야 한다.
>
> 기형도,「바람의 집―겨울 版畵 1」

우리가 읽었거나 읽게 될 모리스 블랑쇼의 『카오스의 글쓰기』는 그의 후기 사유를 대변하는 저작들 가운데 하나이자, 그의 사유 전체를 마지막으로 집약시켜 보여 주고 있는 작품이다. 블랑쇼의 사상은 급격한 반전이나 결정적인 방향 전환이나 심각한 모순 없이 끝까지 일관되게 유지되어 왔다고 볼 수 있지만, 그의 '후기 사유'라고 말할 수 있는 것이 있다면, 그것은 에마뉘엘 레비나스의 타자의 철학으로부터 촉발되어 준비되었던 윤리적·정치적 전회 이후에, 즉 『무한한 대화』\*에서부터 본격적으로 표명되었던 사유를 가리킨다. 물론 『카오스의 글쓰기』 이후에 출간된 블랑쇼의 중요한 저작들이 있지만, 각각 한정된 몇몇 주제들 내에 머물러 있을 뿐이고, 바로 이 책에서 그의 사유 전체를 관통하는 흐름의 궤적이 마지막으로 그려져 있다.

  그러나 가장 철학적이고 가장 방대한 후기 저작 『무한한 대화』가 여기에 아직 소개되지 않은 상황에서, 우리가 이 책 『카오스의 글쓰

---

\* 모리스 블랑쇼, 『무한한 대화』, 최정우 옮김, 그린비 근간.

기』를 통해 블랑쇼의 후기 사유에 접근하는 데에는 어려움이 없지 않아 보인다. 왜냐하면 단상 형식으로 씌어진 이 책에서 그 사유는 매우 압축적으로만, 매우 암시적으로만 제시되어 있기 때문이다. 보다 정확히 말해 그것은 이 책 여기저기에 어떻게 보면, 모든 상황을 알지 못하는 입장에서 보면 '흩뿌려져' 있을 뿐이다! 자신이 다루었던 주제들 사이의 연결고리들을 명확히 밝히면서 전체적인 담론체를 구성할 의도 없이 마치 일기를 쓰듯이 하루에 일정 분량을 쓴 결과로 나온 이 책에서 분명 블랑쇼는 자신의 이전 글쓰기들을 충실히 따라왔고 그것들에 익숙한 사람들을 독자들로 상정하고 있다. 그가 그러한 사람들을 염두에 두고 『카오스의 글쓰기』를 써 내려갔음은 의심할 바 없다.

따라서 이 책을 여기에 소개하는 입장에서도 그것을 어떻게 설명해야 하는지, 어떻게 그 전체적 윤곽을 보여 줄 수 있는지, 어떻게 거기에 접근할 수 있는 하나의 길을 가리킬 수 있는지, 어려움이 없지 않아 보인다. 이 작품에 주어져 있는 모든 주제들을 하나하나 밝히고 하나의 끈으로 묶는 일은 애초에──설사 능력 부족 때문이라 할지라도──가능하지 않아 보였고, 단상 형식으로 씌어진 이 파편적 글쓰기를 배반하는 것으로, 그 안에 담겨 있는 뉘앙스들과 그 어조를, 특히 그 '목소리'를 무시하는 것으로 여겨졌다. 오히려 이 책 전체를 떠받치고 있지만 마치 수수께끼처럼 가장 난해해 보이는, 적어도 우리 입장에서는 가장 중요해 보이는 하나의 주제를 집중적으로 조명하는 편이 바람직할 것으로 여겨졌다.

그 주제는 한 어린아이의 죽음인데, 『카오스의 글쓰기』에서 '하나의 원초적 장면?'이라는 제목하에 세 번에 걸쳐 무대화된다. 첫번째

'하나의 원초적 장면?'은 그 어린아이가 다른 한 어린아이 안에서 죽어가는 순간을 보여주고 있고, 두번째 것에서 그 어린아이의 죽음에 대해 두 화자가 대화를 나누고 있으며, 세번째이자 마지막 것에서 그 어린아이는 고대의 나르시스로 등장해서, 우리가 익히 알고 있는 나르시스의 이야기가 '해체'되어 감에 따라, 자신의 정체를 드러낸다. 그렇다면 도대체 그 어린아이는 어떠한 어린아이인가? 누구인가? 이 물음에 대해 정확히 답하려는 시도가 있어야겠지만, 『카오스의 글쓰기』의 저자가 객관적 시간('시계의 시간')을 기준으로 일어났던 어떤 현실적인 사실이나 어떤 에피소드를 말해 주기 위해, 즉 한 특정 아이의 생물학적 죽음을 묘사해 보여 주기 위해 '하나의 원초적 장면?'들을 무대화한 것은 전혀 아니라고 일단 말해 두자. 또한 그 어린아이는 특별하거나 정해진 한 아이가 아니고, 어떤 특정 집단에만 속해 있는 한 아이도 아니며, 우리 모두 안에서, 보다 정확히 말해 바로 '내' 안에서 살아가고 있는, 죽어가고 있는, 오직 죽어감에 따라서만 살아가고 있는 그 어린아이라고 일단 간단히 대답해 보자.

그러나 한 어린아이의 죽음이라는 주제는 블랑쇼에게만 고유한 것이 아니며, 그가 처음으로 제출했던 것도 아니고, 그가 거기에 부여한 중요성이 컸던 것만큼이나, 다른 사상가들도 오랜 시간에 걸쳐 중요하게 다루어 왔던 것이다. 그 주제는 가령 이 책에서 명시적으로 참조된 세르주 르클레르Serge Leclaire가 정신분석학적 관점에서 먼저 개진하였던 것이며, 블랑쇼가 세 개의 '하나의 원초적 장면?'뿐만 아니라 이 책 곳곳에서 암시하고 있듯이, 알렉상드르 코제브Alexandre Kojève가 자신의 헤겔 해석 통해 제시했던, 또한 이후에 조르주 바타유Georges Bataille가 그 해석에 대해 다시 해석하면서 심화시켜 놓았던 '언어와 죽음'이라는 주제와 밀접하게 연결되어 있다. 여기서 우리는 블랑쇼를 거슬러 올라가서, 또한 그가 이 책에서 직접적으로 말했던 것들 바깥에서 한 어린아이의 죽음이라는 주제를 헤겔-코제브와 르클레르와 바타유를 배경으로 비추어 보고자 한다. 왜냐하면 그렇게 함으로써——이 책이 가리키고는 있지만, 그 안에서 아마 우리가 분명히 알아보기는 쉽지 않을——그 주제의 범위와 맥락 그리고 그 주제에 함의된 쟁점들이 명확히 밝혀질 수 있다고 보기 때문이다. 그렇게 함으로써 이 책을 이끌어 가는 아리아드네의 실타래가 되는 중요한 그 주제가 보다 심도 있고 보다 광범위하게 해명될 수 있다고 보기 때문이며, 그에 따라 이 책 전체를 가로지르고 있는 움직임의 궤적을 추적할 수 있다고 보기 때문이다.

 그러나 블랑쇼의 사유와 관계있지만, 관점들·강조점들·범위들이 서로 다른 사유들을 한자리에 불러 놓은 결과, 애초에 의도했던 바는 아니지만, 우리가 읽게 될 이 텍스트가 블랑쇼의 사유만을 충실하게 따라가게 되지는 않을 것이다. 물론 이 텍스트가 그 사유의 흐름을 완전히 비껴 나가는 경우는 없을 테지만, 또한 『카오스의 글쓰기』를 이해하는 데에 도움이 되는 하나의 시도이기를 원할 테지만, 그것은 다른 사유들을 참조함으로써 제시된 주제(한 어린아이의 죽음, 언어 그리고 죽음 자체)를 해명하는 데에서 반드시 블랑쇼만의 것이라고 말할 수 없는 하나의 시각에 입각해 있다. 그 시각은 정치적 그리고 (또는) 윤리적인 것인데, 진부한 문제인 정치와 언어의 관계를 다시 한 번 조명하고자 한다. 아니, 정치와 언어의 관계라는 문제는 아마 정치와 역사나 정치와 경제나 정치와 사회의 관계라는 주제보다는 상대적으로 생소한 것인지도 모른다. 우리는 그 문제 안으로 들어가는 데에서 물론 블랑쇼를 염두에 두지 않지는 않았지만, 아마 블랑쇼 안에 충실히 머물러 있지도 않게 될 것이다. 아니면, 그의 안에 언제나 머무를 것이라고 장담할 수 없는 것이다. 이는 이 자리에 어울리지 않고 의도한 적도 없는 독창성과 같은 어떤 것에 대한 선언이 전혀 아니고, 다른 사유들과 다른 입장들·방향들을 참조하고 하나의 설정된 시각을 따르면서 이르게 된 결과에 대한 보고일 뿐이다.

### 비현실성 또는 죽음

헤겔은 죽음에 새롭고 심오한 의미를 부여하면서 그것을 '비현실성 Unwirklichkeit'이라고 정의했다. 여기서 죽음은 우리가 일반적으로 이해하는, 이해하지만—그것이 '나 자신'의 죽음이라고 본다면—경험할 수 없는 생물학적 죽음이 아니고, '나 자신'이 자신도 모르게 이미 들어가 있는 동시에 경험할 수 있는 죽음을 가리키는데, 인간에게 고유한 지성(오성)의 관념 구성 능력에 따라 자연의 전체적 존재로부터 떨어져 나오는, 분리되어 나오는 작용을 의미한다. "분리 작용Tätigkeit des Scheidens은 지성의Verstandes, 가장 놀랍고 가장 큰 역능의, 또는 차라리 절대적 역능의 힘과 활동이다."* 관념들을 구성하는 능력인 지성의 힘에 의해 촉발되는 인간의 움직임이, 즉 자연적·전체적 존재(주객 분리 이전의, 사유되기 이전의 단순히 주어져 있는 단일한

---

* 헤겔, 『정신현상학』, I, 임석진 옮김, 지식산업사, 1988, 91쪽. 번역 수정.

감각적 세계)로부터 의미의 세계(의식에 투과되어 사유되고 구성된, 관념화된 세계, 헤겔은 관념화되었다는 점에서, 즉 감각적이고 물질적인 토대를 상실했다는 점에서 그 세계를 '비현실적'이라고 부른다)로 넘어가는 이행이, 주어져 있는 존재를 규정되어 정립된 존재로 전환(지양)시키는 부정의 움직임이 바로 죽음이다. 왜냐하면 그 부정의 작용은 감각에 **여기 지금**hic et nunc, 바로 이곳에 지금 직접적으로 주어진 생생한 것들을 '죽여서' 이미 지나간 과거의 것들의 잔해 또는 '시체'일 수밖에 없는 관념화된 것들로, 즉 의식에 재현再現된 것들로 전환시키는 작용 이외에 아무것도 아니기 때문이다. 인간에게 고유한, 의식의 그 부정성Negativität에 따라, 우리는 생생하게 살아 있는 감각의 구체적이고 개별적인 **여기 지금**으로부터 쫓겨나 표상représentation된, 재-현재화re-présentation된, 즉 이미 과거인, 죽은 추상적이자 보편적인 관념적 공간에 머무를 수밖에 없게 되기 때문이다. 그러나 바로 그 부정 작용 덕분에 자연적(직접적) 전체적 존재로부터 분리되어 추상적 사유·이해·인식·판단의 공간에 거주할 수 있기에, 간단히 말해 '죽을 수 있기에', 헤겔이 정확히 지적한 대로, 우리는 동물과는 다른 자유롭고 창조적인 존재가 된다. 단순한 자연적 존재가 아닌 사유하고 이해하고 판단하는 의식적이자 사회적·문화적인 존재가, 어린아이가 아닌 어른이, 한마디로 '인간'이 된다. '인간'이 되기 위해 "우리가 비현실성이라고 부른" "가장 두렵고 가장 큰 힘을 요구하는"* 죽음을 견뎌 내고 붙

---

* "이 죽음이야말로 가장 두려워할 만한 것이거니와 더욱이 우리가 이 죽음을 확고하게 손아귀에 움켜잡으려고 할 때에는 그 무엇에도 비길 수 없는 큰 힘이 필요할 것임에 틀림없

들고 있어야만 한다.

### 지성 또는 담론의 능력

헤겔이 새로운 관점으로부터 열어 놓은 죽음의 문제를 첨예화시키고 의미심장한 것으로 만들어서 다시 여러 사람들(예를 들어 조르주 바타유, 자크 라캉 그리고 블랑쇼)에게 넘겨주었던 사상가는 알렉상드르 코제브이다. 그는 그 문제에 대한 성찰을 통해 이렇게 말할 수 있었다. "헤겔은 **죽음**을 부정성으로서의 '비현실성irréalité' 또는 '부정적이거나–부정하는–실체'라고 부른다. 그러나 인간이 행동이라면, 또한 행동이 죽음으로 '나타나는' 부정성 가운데 있다면, 인간은 자신의 인간적이거나 말하는 실존에서 **죽음**에, 어느 정도 유예되고 죽음 자체를 의식하고 있는 **죽음**에 지나지 않는다."*

인간의 그 행동, 즉 부정하는 행동은 주어져 있는 존재로부터 분리되어 지성의 추상적·의식적 공간으로 넘어가는 것이지만, 코제브가 분명히 밝힌 대로, 그것은 근본적으로 '말하는' 행동, 언어를 가동시키는 행동이다. 헤겔이 자신의 시대에 비합리성과 주관성이라는 혼란과 병폐의 발원지로 낭만주의자들을 지목했을 때, 그의 구체적이고 실질적인 비판은, 주관적인 내면에만 머무르는 '아름다운 영혼들'인 그들이 자신들의 사유를 객관적이고 명료하게 외화시키지, 즉 개념적인 학學으로 승격시키지 못한다는 데에 있었다. 하지만 여기서 헤겔

---

다"(같은 책, 92쪽).
* A. Kojève, *Introduction à la lecture de Hegel*, Gallimard, 1947, p.548.

이 다만 학의 형식으로서의 논리성의 결여만을 낭만주의자들에게 지적하고 있는 것은 아니다. 정신이 마치 법전처럼 확인될 수 있고 검증될 수 있는 개념들로 표현되어 객관적으로 외화될 때에만 역사와 사회에 대해 현실적으로 구속력 있는 내용을 정립할 수 있다는 것이다. 그렇게 개념적 인식과 표현의 중요성을 강조한 헤겔("정신은 [……] 학이다. 학은 정신의 객관적 현실성이다")에게서 코제브가 읽어 내고 부각시키고 개진시킨 점(어떻게 보면 그가 헤겔보다 더 멀리 더 앞으로 나갔다고 볼 수 있게 하는 점)은, 헤겔이 인간의 "가장 놀랍고 가장 큰 역능", 나아가 "절대적 역능"이라고 간주한, 인간을 비현실성으로 넘어가게 만드는 그 지성이 바로 "담론의 능력 faculté du discours"이라고 규정한 데에 있다. "여기서 '지성'이 인간 안에서 고유하게 진정 인간적인 것을 의미한다는 사실은 명백한데, 그것은 인간을 동물 그리고 사물과 구분 지어 주는 담론의 능력이기 때문이다."*

  근대 철학에서 칸트에 의해 인간 정신에 내재하는 동시에 사유를 가능하게 하는 선험적 능력으로 정의되었던 지성이 헤겔에게서는 담론의 능력, 즉 언어 능력 이외에 아무것도 아닌 것이 되어 버린다. 그 사실을 분명히 밝힘으로써 코제브는 인간의 이해·인식·판단과 같은 모든 지적인 사유 작용이 언어에 의존하고 있다는 사실을 '폭로한다'—'폭로한다', 왜냐하면 그 사실을 말한다는 것은 철학의 전통에서, 칸트에 이르기까지, 존재에 접근하는 내밀하고 신비한 움직임이라고, 나아가 인간 정신에 내재적이기에 선험적으로 보편적이라고 여

---

\* 같은 책, p.541.

겨져 왔던 사유를 언어라는 '물질적' 조건에 종속시킴으로써 탈신비화시키기 때문이다. 다시 한 번 코제브가 덧붙이는 대로, 지성의 "절대적 역능", 즉 부정의 역능은, 인간을 자연적 존재로부터 분리시켜 비현실성의 한가운데로 데려가는 힘은 바로 담론에, 따라서 언어에 근거한다. "헤겔은 지성(=인간)이 '**분리** 활동' 내에서 그리고 '**분리** 활동'에 따라, 보다 정확히 말해 '**분리**시키는-행위scheiden'로서 나타나는 '**절대적 역능**'이라고 우리에게 말한다. 그러나 그는 왜 그렇게 말하는가?/지성의 활동, 다시 말해 인간의 사유는 본질적으로 **담론적**이기 때문에 그는 그렇게 말하는 것이다."*

### 철학자·전사의 죽음

따라서 정신Geist은 어떠한 형태로든 미리 주어지고 이미 완성되어 있는, 인간에 외재하는 실체도 아니고, 인간에 내재적이지만 마찬가지로 미리 주어져 있는 선험적 구조도 아니며, 다만 담론이 구성되는 데에 따라, 언어가 조립되는 데에 따라, 따라서 단번에가 아니라 시간적으로 표명되는 의미들(내용) 가운데 드러날 뿐이다. 정신은 단 한 번에 또는 미리 완성되어 진리의 실체적 토대로 우리에게 주어져 있지 않으며, 시간성에 따라, 헤겔의 표현대로 '역사성'에 따라 완성을 향해 나아간다. 이는 언어로서의 담론이 끊임없이 자연이라는 전체적이고 단일한 존재를 '살해하는' 동시에 그에 따라 창조된 비현실적 공간으로 인간을 끊임없이 이주시켜 놓아야 한다는 사실을 전제한다. 인

---

* 같은 책, pp.541~542.

간은 정신의 완성을 위해 언어라는 칼을 휘둘러서 직접적으로 주어져 있는 것들을 끊임없이 무화시키면서 죽음의 비현실적 공간에 머무를 줄 알아야만 한다. 오직 그에 따라서만 인간은 또 다른 전체성에, 주어져 있는 물질적 전체성이 아닌, 그 전체성을 담론을 통해 변증법적으로 지양(부정)함으로써 얻어진 즉자대자적인 전체성에, 즉 역사에 진입할 수 있다. 헤겔에게서 변증법적 움직임의 세 단계가 있다. 첫번째는 즉자적 단계(즉자적 동일성, 즉 주어져-있는-존재, 자연, 정립), 두번째는 대자적 단계(대자적 부정성, 부정하는 창조적이고 자유로운 행동, 인간, 반정립)이며, 마지막으로 즉자대자적 단계(즉자대자적 전체성, 역사, 종합)가 있다.* 두번째 대자적 부정의 단계에서 개인성이 산출되는데, 거기에서 인간은 자신에게 고유한 담론(언어)을 구축함으로써 모든 이미 주어져 있는 전체성과 더불어 주어져 있는 신神으로부터 분리되어 나오고(무신론적 부정) 자유의 존재 또는 주체적 존재가 된다. 세번째 즉자대자적 종합의 단계는 역사성이 실현되는 장소인데, 거기에서 주체적·의식적 개인들은 변증법적 종합에 이르기 위해 투쟁할 수밖에 없으며, 그 투쟁은 본질적으로 정신적 투쟁, 즉 서로 다른 담론들 사이의 전쟁이고, 그 전쟁은 종합을 쟁취하려는 싸움이다. 따라서 그 변증법적 종합은 역사의, 즉 무신론적 부정 이후에 나타난 또 다른 신의, 인간인 신(보다 정확히 말해 개인이 아닌 국민 또는 민중으로서의 신)의 완성 이외에 아무것도 아닐 것이다.

    그렇게 헤겔은 자연을 역사로, 개인들을 인간 공동체(국가)로 지

---

\* 같은 책, p.534 참조.

양하는데, 그 전제 조건은 '자연의 침묵'을 개인적·주체적 언어들로, 이어서 그것들을 전체적 언어(역사적 담론)로 지양하는 데에 있다. 이는 우리가 알고 있는 근대의 의미심장한 상황들 가운데 하나를 보여 준다. 그 철학적이자 정치적인 근대적 상황, 근대의 결정적 상황은 공식적으로는 철학자가 아니었지만, 헤겔 철학의 원토양이 되었던 프랑스 대혁명을 이끌었던 막시밀리앙 로베스피에르Maximilien Robespierre 가 역사에서 최초로 열어 놓았던 것이다. 로베스피에르는 가톨릭의 종교적 담론이 구체제 지배세력의 권익을 유지시켜 주고 있는 가장 근본적인 토대임을 간파했었고, 그것을 완전히 붕괴시키려는 의도로 그가 개최했던 이성의 축제가 잘 보여 주고 있듯이, 그는 그것을 철학적 담론으로 대체하기를 시도했다(종교의 시대로부터 철학의 시대로 넘어가는 최초의 장면). 또한 그는 철학적 정당성이 궁극적으로는 어떠한 논리적 정당성도 아닐뿐더러 사상 그 자체 내에 내재해 있지도 않고, 나아가 토론이나 합의에 의해서도 확보될 수 없으며, 오직 정치적 투쟁('현실 정치'의 투쟁뿐만 아니라, 그 이전의 정신들 사이의 투쟁, 언어들·의미들 사이의 전쟁) 한가운데에서 전투를 통해서만 주어질 수 있다는 사실을 간파했다. 죽음을 어느 누구보다도 더 끝까지 견지하는 것이 승리의 조건이었다.

결국 자연과 물질에 얽매어 있는 노예 상태로부터 벗어나, 또한 개인적·주관적이자 부분적인 의미들의 지양을 거쳐서 공동체와 역사 전체를 포괄하고 가로지르는 전체적 진리(즉자대자적 진리)를 소유한 주인이 되는 것이, 죽음과 맞서는 동시에 죽음을 끝까지 견뎌 내고 끝까지 죽음 가운데 거하는 자유의 인간이 되는 것이 관건이었다. 노예가 아닌 주인이 되기 위해서는, 언어가 만들어 내는 비현실성의 공간을, 정신적이자 전체적인 의미의 공간을 장악해야만 했고, 이는 죽음을 지배하는 것과 다르지 않았다. 바로 그 '비현실적' 죽음이 근대 정치에서, 로베스피에르로부터 히틀러(민족정신을 추구하고 실현시키려는 피비린내 나는 '그의 투쟁')를 거쳐 근본적으로는 독일 관념론의 영향 아래에서 천황과 국가를 위해 자발적으로 죽음을 선택하는 지고한 의미를 일본 청년들에게 가르치면서 그들을 전쟁터로 내몰았던 니시다 기타로에 이르기까지 우리 곁에서 출몰했던 수많은 정치적·군사적 죽음들의 원인들 가운데 하나였다. (그렇기에 헤겔이 로베스피에르를 그대로 이어받았고 히틀러나 니시다로 그대로 이어진다는 말이 전혀 아니다. 헤겔은 설사 피로 물든 전쟁이 자유를 위한 하나의 투쟁이라고 보았다 할지라도 그들의 '범죄'나 '오점'이라 불릴 수 있는 것들을 '인륜성'이라는 이름으로 그대로 용인하지 않을 수도 있고, 그들이 진정한 의미에서의 역사적 자유를 위해 싸우지 않았기 때문에 충분히 '정치적'이지 않았다고 비판을 제기할 수도 있다. 그 이전에 어떠한 철학자나 사상가도 직접 정치에 뛰어들지 않았던 한에서 한 공동체의 어떤 정치적 결정과 행동의 직접적 원인으로 지목되어 단죄될 수 없다. 다만 우리가 말하고자 하는 바는, '비현실성'으로서의 죽음이 인간에게서 모든 폭력의 기원이 되는 가장 근원적 폭력이며, 그 죽음이 근대 정치의 역사와 현실에 개입하고 있다는 점——죽음의 작동 구조——을 헤겔이 꿰뚫어 보았고 정식화했다는 것이다.) 헤겔의 죽음에 대한 사유는 실존적 차원을 넘어서서 공동체적·정치적 차원, 즉 역사적 차원에서 결론을 발견했고, 전쟁이라는 문제와 결부되는 지점에서 정점에 오른다.\* 헤겔이 부각시킨 죽음은 지혜로운 자(철학자)이자 전사(정치적·군사적 투사)의 죽음이지, 결코 어떤 '윤리적'(이 '윤리적'이라는 표현이 무엇을 의미하는지 이후에 살펴보아야 할 것이다) 죽음이 아니다.

### 언어의 광기

근대는 바로 지혜로운 자이자 전사인 유형의 인간의 시대였다. 즉 철학(또는 헤겔이 말했던 '학Wissenschaft')과 정치의 시대, 철학적 담론과 정치가 가장 밀접히 결합되어 있었던 시대, 철학적 담론이 종교를 대신해서, 그러나 '종교적' 위치에서——인간 정신을 지배할 수 있는 위치에서——정치의 중심(인간들 사이의 관계의 질서·기준, 사회를 떠받치고 있는 전체적 의미의 토대, 간단히 말해 이념 또는 이데올로기)을 장악했던 시기, 거기서 그러나 철학자이자 투사는 죽어야만, 즉 세계(세상)의 흐름을 거슬러 올라가 지고한 최고주권적인 '비현실성'의 의미의 공간 안에 위치해야만, 어떤 '형이상학적'(목적론적·역사적 또는 '역사주의적') 높이에 올라가 있어야만 했다. 그는 의미(언어·담론)의 '칼'을

---

\* 조르주 바타유에 의하면, 헤겔에서 죽음은 궁극적으로 "군인의 죽음mort militaire"이다 (G. Bataille, "Hegel, la mort et le sacrifice", *Œuvres complètes*, XII, Gallimard, 1988, p.339 각주). 코제브의 헤겔 해석을 재검토하고 있는 이 텍스트 「헤겔, 죽음 그리고 희생」에서의 바타유의 그러한 관점은 코제브가 헤겔에게서의 죽음의 문제를 성찰하면서 내린 이러한 결론으로부터 유래한다. "따라서 바로 살상을 벌이는 전쟁이 역사적 자유와 인간 자유의 역사성을 보증한다. 인간은 오직 국가의 삶에 능동적으로 참가하는 한에서만 역사적이며, 국가의 삶에 그렇게 참가하는 행동의 정점은 어떤 순수하게 정치적인 전쟁에서 삶을 자발적으로 위태롭게 하는 데에 있다. 따라서 인간은 오직 전사이거나 적어도 잠재적으로 전사인 한에서만 진정 역사적이고 인간적이다"(A. Kojève, *Introduction à la lecture de Hegel*, p.560).

휘둘러서 세계 내에 이미 주어져 있는 것들을 죽이고, 세계에 내재적이지만 동시에 초월적인 역사 안으로 들어가서 그 역사의 흐름을 간파하고 주도해야만 했지만(그렇기에 근대에서 역사가 신을 대신한다), 그 '칼끝'은 언제나 다시 그 자신을 겨냥하고 그는 다시 죽어가야만 했다.

우리의 논의는 대자적 부정성의 영역을 넘어서 이미 즉자대자적 전체성(역사, 변증법적 종합)의 영역으로 넘어와 있다. 다시 말해 우리의 논의가 문제 삼고자 하는 것은 단순히 부정에 머무는 주관적 담론이 아니라, 종교를 대신해서 시간적 전체(역사)와 공간적 전체(공동체, 국가)를 **창조하는**, 자연의 전체성을 지양하는 동시에 완성하는 정신의 전체성을 규정하는 전체적·역사적·철학적 담론이다. 그 전체성의 담론이 자연적 존재를 존재 자체 또는 진정한 존재와 전혀 다르지 않은 존재의 전체적 의미 내에로 지양한다. 그러나 어떤 지혜의 인간, 어떤 철학자가 그러한 담론을 제시할 수 있기 위해서는 담론 자체의 수준에서 어느 순간 비현실성의 극단에 위치하는 죽음을 무릅써야만 하며(그래야만 하는데, 그렇지 못하면 역사도 진보도 있을 수 없기 때문이다), 마찬가지로 역사의 수준에서 자발적으로 의지적으로 죽을 수 있거나 생명을 걸 준비가 되어 있어야만 한다. (정치와 역사의 현장에서 죽음으로 다른 누구도 아닌 자신의 존재를 증명해야만 했다는 것, 그것이 근현대 정치의 가장 극적인 단면이 아니었던가! 그러나 다시 한 번 강조해야 할 필요가 있는데, 그러한 단면을 역사적 무대로 만들어 놓았던 자는 헤겔이 아니며, 사실상, 즉 역사상 그 무대에 실제로 최초로 등장했던 인물은, 헤겔이 언제나 주목했던 로베스피에르이다. 정확히 말해 헤겔은——좋은 의미로든 나쁜 의미로든——다만 그 역사적 무대에 다만 관조자로, 즉 '철학자'

로 남아 있었을 뿐이고, 그 흐름에 실려 가거나 떠밀려 갔을 뿐이다.) 진정한 철학자라면, 진정한 전사라면, 간단히, 진정한 인간이라면 그러한——서로 연관이 없지 않을뿐더러 밀접히 연관된——두 종류의 죽음과 대면해야만 한다. 중요한 점은, "인간은 그 자신을 자발적으로 초월할 수 있고, 그 자신으로, 즉 한 **인간적** 존재로 남아 있는 채 스스로 자신의 '타고난 자연' 그 너머로 나아갈 수 있다는 것이다. 그러나 그에게 지주가 되는 동물에게 그 초월은 죽음을 의미할 뿐이다. 오직 **인간** 동물에게서만 그 죽음은 외부에 있지 않다. 말하자면 그는 자신 자체로서(인간으로서) (동물로서의) 자신의 죽음의 원인인 것이다. 오직 그 '자율적'이거나 '자발적'인 죽음만이 의식적일 수 있고, 또한 자유롭게 받아들여지거나 **원할 수**voulue 있다(생명을 거는 위험). 오직 그 죽음만이 진정 인간적이거나 인간을 인간되게 하거나 인간을 생성시킨다."\*

　　동물에게 자연적으로 수용된 필연적 죽음이 아닌 자발적인 죽음, 즉 다른 자 아닌 '내'가 **원한**, 스스로 **의지한**vouloir 죽음, 그것이 바로 인간으로 하여금 자연적 자기인 동물을 초월해서 인간이 되게 한다. 또한 바로 의지가 추진하는 그 초월적 죽음이 전체적 담론의 구성 과정 한가운데에 개입한다. 이는 전체적 담론이 지성의 담론의 능력을 통해서만 논리에 따라 저절로 구성되지 않으며, 비현실성의 극점에서 버티고 그 극점마저 뛰어넘으려는 광기의 의지 또는 의지의 광기를 반드시 요구한다는 사실을 의미한다. 지성을 초월한다는 의미에서 '비합리적인' 그 의지 또는 그 광기가 사실상 전체적·역사적(역사주의

---

\* 같은 책, p.553. '원할 수'는 인용자 강조.

적) 담론을 지배하고 좌우하고 있는 것이다. 그것은 다름 아닌 구성되어 정립된 어떤 전체적 의미체계를 완성시키기 위해——가령 국가·공동체와 역사를, 또한 인간 자체를 현실화시키기 위해——모든 '타고난' 주어진 자연적인 것을 어떻게 해서든 정신의 전체성에 종속시키려는 '살해'의 의지 또는 광기이며, 따라서 타인들의 생명을 파괴하는 것에 무관심할 뿐만 아니라 특히 자신의 생명을 무로 돌리는 것에 무감각한 광기(신의 부재와 죽음의 가능성을 증명하기 위해 자살을 시도한 키릴로프에게서 블랑쇼가 보았고 『문학의 공간』에서 자발적인 가능한 죽음을 시도하게 만드는 원동력으로 제시했던 광기, 전형적인 사드적 광기, 그 이론의 광기가, 무감각apathie의 극단적 열정이 프랑스 대혁명을 지배했음을 사드는 간파했고, 또한 근현대의 영웅적 열정이 될 것임을 사드는 예언하지 않았는가——헤겔이 보았던 대로 영웅이 되기 위해서는 자신의 죽음을 두려워하지 않아야 하며, 나아가, 우리는 이 점을 강조하고자 하는데, 자신의 죽음 앞에서의 그 불굴의 용기를 증명하고 전시해야만 한다)이다. 그것은 언어(명제, 정식, 이념, 의미)에 매개되고, 언어에 의해 촉발되고 추진되었다는 점에서 합리적·지성적이지만, 결국 언어를 초월하는 지점을 향해 나아간다는 점에서, 언어에 의존하지만 언어를 넘어서 자아(자기의식)의 초월적·절대적 현전을 포착하고 증명하고자 한다는 점에서 '비합리적'이다(헤겔에게는 그가 그토록 비난했던 낭만주의적 비합리성이 잔존한다). 그것은, 공동체(국가)라는 관점에서 본다면, 모든 법을 초월하는 지점으로 올라가거나 모든 법의 토대로 내려간 '공통의 언어'(동일성의 언어, 이념적 절대, 절대의 이념)를 추진시키는 원동력이라는 점에서 '신비한' 어떤 것이다. 근현대의 수많은 지식인들·철학자들이 사로잡혀 있었던 것은 단순한 지식에 대한 욕망이 결코 아니다. 그것은 담론 아래에 깔려 있으면서 담론을 작동시키는 그 '비합리적이고 신비한' 의지 또는 광기였다. 그렇지 않았던가? 그것은 담론 내에 내재해 있는 그 광기의 열정이 아니었던가? 그 열정의 광기, 즉 '살해'의 광기가 아니었던가? 또한 바로 그것이 수많은 현실 정치가들에게서 공유되면서 역사적·정치적 투쟁의 여러 현장에서 또 다른 인간들의, 어떻게 본다면 "타고난 자연"의 수준에 머물러 있었던 "동물들"의 피를 요구하지 않았는가? 그 이전에 과연 다른 이 아닌 바로 '나 자신'을 위해, '나 자신'을 증명하기 위해 비현실성의 극점에서 스스로 죽어가야만 했는가? 과연 언어가, 바로 비현실성의 숙주가 살해하는 것이다. 왜냐하면 언어가 인간이 손에 쥐고 있는 가장 예리한 칼, 가장 강력한 무기이기 때문이며, 인간이 실행할 수 있는 모든 폭력의 근원에 있는 근원적 폭력이기 때문이다.

**언어가 가져온 필연적 결과: 죽음의 (존재론적·실존적) 슬픔**

이러한 모리스 블랑쇼의 문장들에 주목해 보자. "지식을 간직하고 있고 구축하는 이론의 종말. 이론이 허구에 따라 죽음의 위험에 놓이게 된 곳에서, '허구의 이론'으로 열려 있는 공간이 있다. 당신들 이론가들, 당신들은 죽을 수밖에 없으며, 이론이 당신들 안에서 이미 죽음 자체라는 사실을 알기를. 그 사실을 알기를, 당신들의 동반자를 알아보기를. 아마 '이론화하지 않고는 당신들은 한 발자국도 앞으로 나갈 수 없다'는 것은 사실일 것이지만 그것은 진리의 심연을 향해 한 발자국 더 내딛는 것도 아닐 것이다. 그 심연으로부터 침묵의 웅성거림이, 무언無言의 강도가 올라온다"(88). 또한 이러한 문장들이 있다. "헤겔적 체계 내에서(즉 모든 체계 내에서), 죽음은 쉼 없이 활동하고 있으며, 아무것도 죽지 않고 죽을 수 없다. 체계 이후에 남아 있는 것은, 나머지 없는 잔금은 반복되어 새롭게 된, 죽어감의 격동이다"(91).

여기서 블랑쇼는 전체성을 목표로 삼은 이론뿐만 아니라 모든 이론이 죽음의 위협 앞에 놓여 있으며, 언제나 '허구'로 떨어지게 될 수 있는 통로인 공간(비현실성의 공간)으로 열려 있다는 점을 말하고 있다. 전체성의 이론 이전에 이론 자체가 문제이며(그러나 어쨌든 블랑쇼든 우리든 어떠한 이론도 필요 없다거나 모든 이론은 거짓이라고 주장하지 않는다), 이론 이전에 언어 자체가 문제이다. 전체성의 이론을 추진하는 최고주권적인 힘인 의지의 광기는 결코 어떤 자연적인 광기가 아니며(도대체 자연 자체에서 비롯된 광기가 있는가), 근본적으로 언어로부터, 언어의 지극히 단순한 동일화·보편화 작용(모든 돌들을 '돌'이라고, 모든 개들을 '개'라고, 모든 인간들을 '인간'이라고 규정하는 것)으로부터 자라난다. 그러나 언어의 그 단순하지만 필연적인 작용 때문에 이론에의 의지의 광기는 '인간적인' 광기 자체가, 모든 폭력은 인간만의, 지극히 '인간적인' 폭력이 된다. 그것 때문에, 의식적일 수밖에 없는 인간만의 폭력이 동물들 사이에서 벌어지는, 차라리 '자연의 순환작용'이라 불러야 마땅할 모든 잔인한 힘의 시위보다 더 잔인한 것이 되고 더 전면적으로 실현될 수 있는 것이다. 그러나 '내'가 가진, 모든 것을 부정하고 무화시킬 수 있는 가장 예리한 칼인 언어를 내가 휘두를 때마다, 그 칼끝은 동시에 언제나 '나'를 향해 있다.

말하자면 의식이 언어를 토대로 부정성에 따라 작동하는 곳에서,

인간은 그 부정성의 작용의 원인이기만 한 것은 아니고, 그 결과가 되어 버리는 것이다. 인간이 언어를 사용할 때마다 인간은 비현실성의 죽음을 자기 아닌 것들에 부여하는 주체인 동시에 스스로가 죽음이 부여되는 대상이 되는 것이다. 인간은 의식적 부정의 힘에 의존해서 직접 주어진 자연적 존재를 변형시키고 무화시키는 동시에, 스스로 그러한 존재로부터 분리되어 마찬가지로 자연적인, 즉자적인 자기 존재를 무화시킨다. 죽이면서 동시에 죽는 것이다. 존재의 지주를 제거하면서 동시에 자신의 지주를 제거할 수밖에 없는 것이다. 이중의 죽음, 이중의 무화, 인간은 비현실성을 창조하면서 스스로 비현실적이 되어 비현실성-부정성 내에 머물러야만 한다. 그 의식의 비현실성-부정성을 바로 언어가 촉발시키며 끊임없이 추진해 나간다. 헤겔-코제브의 강한 영향 아래에서 문학과 죽음의 문제와 마주했던 블랑쇼는 이렇게 말한다. "내가 말할 때, 나는 내가 지적한 것의 실재를 부정하고 있으며 또한 그것을 말한 자의 실재를 부정하고 있는 것이다. 만일 나의 말이 존재를 비실재 가운데 드러낸다면, 존재의 그 드러남에서, 나의 말은 말하는 자가 비실재라는 사실로부터, 그가 자신에게서 멀어져 자신의 존재와는 다른 자가 될 수 있는 능력으로부터 발설된다."*

언어를 사용하는 자는, 즉 우리 모두는 언어 자체의 부정성으로 인해 자연적 자기 자신(그가 바로 이후에 우리가 집중적으로 조명해야

---

* M. Blanchot, "La Littérature et le droit à la mort", *La Part du feu*, Gallimard, 1949, pp.313~314. 여기서 인용된 「문학과 죽음의 권리」에서 블랑쇼는, "헤겔에게 이해는 살해와 같은 것이다"(같은 책, p.312 각주)라는 테제로부터 중요한 여러 성찰들을 끌어낸 코제브를 참조하면서 자신의 문학에 대한 사유의 핵심을 보여 준다.

할 '어린아이'일 것이다)과 의식적·대자적 (나아가 사회적·문화적) 자아 사이의 심연에, 즉——헤겔이『정신현상학』서문에 썼고, 이후에 바타유가 각별한 의미를 부여하면서 우리에게 반복해서 제시했던 표현인——'찢김Zerrissenheit, déchirement' 속으로 떨어지게 된다. 헤겔에 의하면 인간은 '아픈 존재'이다. 이는 인간이 내적으로 자기 자신과 분리되어 있는 동시에 외적으로도 주어져-있는-존재(자연)와 분리되어 있으며, 그러한 한에서만 인간이라는 사실을 의미한다. 그 이중의 분리가 인간에게 바로 죽음이다. 인간이 언어로 인해 자연의 전체성으로부터 떨어져 나오는 동시에 자신의 자연적 토대로부터 떨어져 나와서 모든 직접적·물질적 지주를 상실한 채 비현실성의 공간(의식) 안으로 내몰리게 되는 것, 바로 그것이 죽음이다. 인간의 의식의 공간 내에서, 내면성 내에서 근본적으로는 어떠한 물질적·구체적 버팀목의 지지도 받지 못하는 단어들만 부유하는 것이다. 바로 그렇게 떠도는 단어들이 '나'를 지배하고, '나'는 공허한 단어들에 의해 짓눌리는데, 그렇게 나는 존재의 총체성으로부터 분리된다. 분리, 즉 고독, 언어가 만들어 낸 고독, 인간의, 인간만의 고독, 그렇기 때문에 바타유는 코제브가 헤겔의 죽음에 대한 사유를 성찰하면서 내놓았던 해석을 다시 해석하는 자리에서 "언제나 의식 배후에 있는, 죽음의 슬픔"\*이라고 썼던 것이다. 문제는 모든 것에 대해 모든 것을 말할 수 있고, 역사라

---

\* G. Bataille, "Hegel, la mort et le sacrifice", *Œuvres complètes*, XII, p.340. 또한 이 중요하고 널리 읽힌 바타유의 텍스트「헤겔, 죽음과 희생」의 초두에 제사題詞로 나오는 "동물은 죽어간다. 그러나 동물의 죽음은 의식의 생성이다"라는, 코제브도 인용했던 헤겔의 말을 되돌려 보자.

는 이름하에 자연적 전체성을 지양해서 정신이 주재하는 즉자대자적 전체성으로 끌어올릴 수 있는 한 철학자라 할지라도 죽음 가운데 놓여 있어야만 하고 스스로 죽어가고 있다는 데에, 고독(분리)이 강요하는 슬픔으로부터 벗어나 있지 못하다는 데에, 또는 슬픔을 무시해야만 한다는 데에 있다. (분명 우리 모두는 어떤 한도 내에서는 그 슬픔을 무시해야만 하고, 언제나 무시하고 있다! 그러나 끊임없이 그렇게 무시하는 것이 바로 모든 타자에 대해 문을 닫는 것이라면…….) 그러나 그 슬픔이 심리적인 것도, 주관적이거나 자의적인 것도, 더욱이 감상적이거나 낭만적인 것도 아니며, 다만 필연적이자 '존재론적'이라는 점을 강조해야만 한다. 왜냐하면 그것은 언어로 인해 단 하나의 전체적 존재가 필연적으로 둘로 나누어지는 데에서, 즉 인간이 '찢긴 존재'가 되는 데에서 발생하는 어쩔 수 없는 감정이기 때문이다. 또한 모든 종류의 '인간적인' 슬픔의 지류들로 뻗어 나가는 원천이 바로 언어로부터 발원하는 그 '존재론적·실존적' 슬픔이다.

### 언어가 가져온 죽음에 대한 의식

언어가 가져오는 죽음은, 즉 의식이 언어 작용에 떠밀려서 자연적 전체성으로부터 떨어져 나온 결과인 죽음, 인간이 언어를 사용하면서――정확히 말해, 이 점이 중요한데, **언어에 사용되어**――존재와 더불어 자기 자신에게 끊임없이 부과하는 죽음은, 우리가 흔히 이해하는 죽음과, 우리가 기다려야 하며 우리를 기다리고 있는, 미래의 어느 시점에서 아마도 '나'라는 존재가 부재하는 지점에서 실현될 결정적 죽음과 무관하지 않다. 왜냐하면, 우리가 이미 살펴본 대로, 언어의 부정성으로 인해 인간이 지속적으로 겪을 수밖에 없게 되는 죽음이, 직접적으로 주어지는 감각적 존재자들의 **여기 지금**hic et nunc의 구체적 시공간들이 상실되어 의식의 화석화된 추상적 관념들로 전환되는 데에 있다면, 마찬가지로 결정적 죽음도 의식의 타자인 그 구체적 시공간들의 전체로부터 우리를 결정적으로 분리시키는 데에 있기 때문이다. 두 죽음은 모두 몸의 주어진 감각들이 퇴색되어 가고 그것들의 물질적·자연적 지주가 무화되어 간다는 공통의 특성을 갖고 있다. 즉 분리된다는 공통의 사실, 그 사실이 고독을 가져오고 두 종류의 죽음 모두(그러나 두 죽음은 서로 무관한 것들이 아니다)를 두려운 것으로 만든다. 동물로서의 인간은 동물보다 훨씬 더 결정적 죽음을 두려워하며, 훨씬 덜 의연하게 그 죽음과 마주한다. 결정적 죽음이 몸이 구체적 공간(세계)으로부터 결정적으로 분리되는 데에 있다면, 의식은 언어로부터 자양분을 얻으면서 매순간 몸을 **여기**로부터 분리시키고 그에 따라 죽음을 진행시킨다. 본질적으로 언어가 가져오는 분리가 죽음을 두려운 것으로 만든다.

그러나 무화되었지만 '바깥'(블랑쇼가 말하는 '바깥', 언어의 바깥, 따라서 의식의 바깥)에 잔존하는 그 물질적·자연적 지주는 어느 시점에서, 어떤 계기를 통해 '나'의 모든 언어를 빼앗아 가려 하고, 그에 따라 언어로부터 형성된 '나'의 내면적 의식(자아)을 깨뜨리려고 한다──바깥이 주는 공포, 또는 『카오스의 글쓰기』의 표현대로 "카오스의 위협". 사회로부터의 배제(추방)나 병듦이나 사랑·우정의 상실이나 경제적 토대의 붕괴나 정치적·사회적 아노미 상태의 경험 또는 블랑쇼 자신이 부각시킨 글쓰기의 시련과 같은 '심각한' 계기가 개입되는 상황에서 각각의 계기가 강요하는 어떤 특정한 고통(몸의 고통, 배고픔의 고통, 심리적 고통 등)은 존재론적(실존적) 고통으로 덧난다. 말하자면 바깥의 자연 또는 바깥이라는 자연은 '나'의 모든 언어를 와해시키고자 하고, 그에 따라 '나'의 의식적 자아를 붕괴시키려고 하지만, '나'는 자신의 자아를 붙들고자 하고 보존하고자, 즉 '나'의 언어를 지키고자 하는 것이다──그로부터 자아의 힘을 통해, 의식적 힘을 통해 죽음을 극복하고 무화시키려는, 블랑쇼가 『문학의 공간』*에서 무대화했던 키릴로프의 형이상학적 자살의 시도가, 또한 블랑쇼가 끊임없이 부각시키면서 그 한계를 지적했던, 하이데거가 말하는 '모든 불가능성의 가능성인 죽음의 가능성'에 대한 요구가 비롯된다. 바깥은 왜 '내'가 근본적으로 자연과 문화·의식 사이의 틈(구멍, 심연) 속에 끼어 있는 찢긴 존재인가를 분명하게 말해 준다.

인간이 단순히 스스로가 찢긴 존재임을 아는 것이 아니라 스스로 찢긴 존재가 될 때, 즉 죽음과 같은 시련의 경험을 겪어야만 할 때 자신의 내면적 자아와 그러한 자아로 인해 생겨난──또는 그러한 자아의 내면성으로 흡수되지 않았던──바깥이 전쟁을 벌여야 하는 상황에 들어간다. 그 상황은 자아의 안에서 언어가 분출하는 동시에 그 바깥에서 언어가 파편화되는 상황, 즉 '문학적' 상황이다. 하나의 담론이 다른 담론들과 전쟁을 벌이는 변증법적·철학적 상황보다 더 근본적이고 더 급진적인, 인간이 하나의 담론 내부에서 타인들이 아니라 자기 자신(즉 자신의 타자)과 벌여야 하는 '문학적' 전쟁 상황, 그 상황은

---

\* 모리스 블랑쇼, 『문학의 공간』, 이달승 옮김, 그린비, 2010.

헤겔-코제브가 말했던 언어의 부정성이 인간에게 마련해 주었던 자유와 창조의 공간에서 벌어지지 않는다. 그것은 담론이 정립되고 종합에 이르는 공간이 아닌 담론이 파열되고 와해되는 공간에서, 즉 담론의 토대가 부재하는 곳곳에 구멍 난 공간에서 벌어진다. 언어의 부정성 덕분에 열렸던 자유와 창조성의 공간이 바로 똑같은 그 언어의 부정성으로 인해 인간 존재에게 본질적이자 필연적인 불안정성의 공간으로, 절규의 공간으로 변하게 되는 것이다. 그러나 그러한 반전 자체 가운데, 이후에 집중적으로 다시 살펴봐야 하겠지만, 어떤 것 또는 어떤 자가 이미 죽었음에도 불구하고 다시 살아나 회귀하지 않는가? 되살아나 되돌아오지 않는가?

또한 다른 관점에서 언어의 부정성이 지속적으로 강요하는 죽음은 결정적 죽음과 무관하지 않은데, 전자가 후자를 예고하기 때문이다. 말하자면 언어는 **여기 지금** 생생하게 직접적으로 주어지는 감각적인 것들을 이해된 것들로, 의미들로, 즉 의식에 기억될 수 있는 것들로, **지금** 아닌 과거의 것들로, 기억에 남게 되는 화석화된 것들로 전환시키는데, 이는 시간의 시간성의 전개 이외에 아무것도 아니다. 언어로 인해 인간이 죽음 가운데, 비현실성 위에 놓이게 되었다는 것은, 언어가 허위나 착각이나 거짓을 가져온다는 것이 아니라, 여기 지금의 것들을 의식에 투과(내면화)시킬 시간을 확보한다는 것, 그것들을 과거로 돌린다는 것이다. 다시 말해 그것들을 표상(re-présentation, 재-현재화)하면서 성찰할 수 있게 된다는 것, 현재의 '폭력'으로부터 바리케이드를 친다는 것, 현재의 것들을 재-현재화하면서 과거로 돌리고 변형시키는 동시에 그것들을 굽어보면서 성찰(반성)할 시간을 확보한다는 것, 즉 시간 사이의 차이를 가져온다는 것이다. 한마디로 시간의 시간성의 전개, 따라서 죽음의 시간성의 전개, 죽음의 유예, 죽음을 통과해 나가는 의식적 삶의 전개, "동물은 죽어간다. 그러나 동물의 죽음은 의식의 생성이다". 만약 언어가 없었다면, '나'는 기억의 지배를 받지 않았을 것이고, 시간의 시간성을 이해할 수 없었을 것이며, '나'의 종말, '나'의 결정적 죽음을 예상할 수 없었을 것이다.

**끝없이 죽어가지만 죽지 않는 한 어린아이**
왜 철학자들도 대부분 마찬가지이겠지만 어른들은, 물론 전혀 예외가 없지는 않겠지만, 아이(자식)가 태어났을 때 기뻐하고 특별한 종류의 행복을, 나아가 말할 수 없는 환희를 느끼는가? 왜 아이는 어느 시점이 되기 이전에는 그토록 당당하고 그토록 자연스러워 보이는가? 왜 아이는 성인들이 줄 수 없는 경이와 매혹을 가져다주는가? 아이는 왜 부모에게, 설사 대단히 부유하고 사회적으로 성공한 남부러울 게 없는 부모라 할지라도, 위안을 주고 슬픔(개인적·주관적·심리적인 어떤 부정적 감정이 아닌, 앞에서 말했던, 언어가 발생시키는 필연적·존재론적 슬픔)을 치유해 주는 것처럼 보이는가? 어른과 비교할 때 아이는 왜 불안해 보이지 않고 분열되어 있지 않은 것처럼 보이며, 왜 어떤 자연적 통일성의 품 안에서 마치 동물처럼 살아가는 것처럼 보이는가? 왜 부모는 자신들에게 결핍되어 있었던 것들과 자신들을 고통스럽게 만들었던 것들로부터 아이는 면제되어 살아갈 수 있기를 원(소원)하는가? 이러한 물음들은 정신분석학자 세르주 르클레르의 중요한 저작 『사람들은 한 어린아이를 살해한다』의 통찰력 있는 논제들과 무관하지 않아 보인다.

『사람들은 한 어린아이를 살해한다』의 초두에서 르클레르는, 오이디푸스의 이야기에 나타난 친부살해의 공포가 정신분석학에서 끊임없이 되돌아가 보아야 할 중요 주제들 가운데 하나로 지나치게 부각되어 온 반면, 오이디푸스가 어른이 되어 자신의 아버지를 죽이기 이전 유아 시절에 살해당할 위기로부터 벗어났다는 사실과, 신이 자식(이삭)을 죽이려는 아브라함의 손을 멈추게 했다는 사실은 망각되었음을 의문과 함께 강조한다. 의사들이 '당신은 아직 당신의 아버지를 살해하지 못했군요!'라고 말하면서 수없이 친부살해에 대해 부각시켜온 반면, 아이 살해의 문제와 그 공포에 대해서는 주의를 기울이지 않았다는 것이다.* 르클레르는 우리에게 아버지의 죽음과는 다른 종류의 죽음에, 즉 어린아이의 죽음—"세대를 거쳐 부모의 꿈들과 욕망들을 증거하고 있는 놀라운(또는 끔찍한) 어린아이를 살해하는 데에 행사되는 죽음의 힘"—에 주목할 것을 촉구하는데, 그 어린아이는 물론 태어난 아이를 통해 현실화되지만, 우리 모두 안에, 우리의 무의식 안에 결코 완전히 죽어서 사라지지 않은 채 **원초적 나르시시즘의 대표 표상**représentation du représentant narcissique primaire으로 남아 있게 된다. 그로부터 현기증 나고 얼어붙게 만드는, 헤겔이 말했던 '찢긴 존재'로서의 인간을 다시 한 번 확인하게 해줄 딜레마가 비롯된다. 우리 각자는 그 어린아이를 그대로 살려 두어서는 안 되고 끊임없이 살해해 나가야만 하는데, 만약 그럴 수 없다면 자신 안에 갇혀 사회 안으

---

* S. Leclaire, *On tue un enfant*, Seuil, 1975, p.10. 또한 같은 책, p.16.

로 진입하지 못한 채 타인들을 이해하지도 사랑하지도 못하고, 동물이나 그야말로 '아이'로 남아 있을 수밖에 없을 것이기 때문이다. 그렇다고 우리 각자는 그 어린아이의 살해를 완벽하게 실현시킬 수도 없는데, 왜냐하면 불가능할뿐더러, 만약 그럴 수 있다면 각자는 삶의 모든 향유에 무감각한 마치 조종당하는 기계와 같은 존재가 되어 버린 채 살아갈 아무런 근거나 이유를 찾을 수 없게 되어 버릴 것이기 때문이다. "그 표상을 포기한다는 것, 그것은 죽는다는 것, 살아갈 이유가 없다는 것이다. 그러나 그 표상에 매어 있는 것, 그것은 전혀 살 수 없다는 판결을 [사회로부터] 받는다는 것이다. 각자에게 살해해야 할 어린아이가 하나 언제나 있으며, 지내야만 할 초상初喪이, 부동의 향유의 충만한 표상을 눈멀게 만들 빛으로 지속적으로 변형시켜서 재차 지내야만 할 초상이 있다."*

그 어린아이를 그대로 살려 둘 수도 없고, 단 한 번 초상을 지내면 충분하도록 완전히 죽여 버릴 수도 없다. 그 어린아이가 죽었지만 되살아나는 것을 용납할 줄 아는 어른이, 즉 주체가, 창조할 줄 알고 사랑할 줄 아는 인간이 되어야만 한다. 그러나 창조할 줄 안다는 것은 바로 주어져-있는-존재(자연)를 부정할 줄 안다는 것을, 또한 사랑할 줄 아는 욕망의 주체가 된다는 것은 주어져-있는-존재로부터 멀어져 가 분리될 줄 안다는 것을, 즉 고독 가운데 놓일 줄 안다는 것을 전제하지 않는가? 따라서 그 모든 것이 언어를 근거로 가능하게 되지 않는가?

---

* 같은 책, p.12. 또한 르클레르는 이렇게 말한다. "그 표상은 우리를 매혹시키고, 우리는 그 것으로부터 돌아설 수도, 그것을 붙잡을 수도 없다"(같은 곳).

### 한 어린아이의 원초적 생명

세르주 르클레르에 의하면, 어린아이를 끊임없이 살해해 나간다는 것과, 의식을 갖게 된다는 것 또는 사회화되어 간다는 것은 정확히 같다. 어린아이에 대한 지속적인 살해 행위에서 무기는 칼이나 총이 아니고 언어이다. "원초적 나르시시즘의 표상은 유아infans라는 이름을 가질 만하다. 그것은 말하지도 않고 결코 말하지 않을 것이다. 정확히 바로 우리가 그것을 살해하기 시작하는 한에서 우리는 말하기 시작한다. 우리가 그것을 살해하기를 계속하는 한에서, 우리는 진정으로 말하기를, 욕망하기를 계속한다."* "그 살인이 단 한 번에 이루어질 수 없다는 불가능성"과 더불어 "우리가 진정으로 말하게 될 때마다, 사랑하기 시작할 때마다 살인이라는 그 범행을 저질러야만 한다는 필연성"이 존재한다.** 어린아이에 대한 살해가 단번에 이루어질 수 없기 때문에, 그 살해를 되풀이해야만 한다. 따라서 그 불가능성은 그 필연성으로 귀결된다.

르클레르가 '원초적 나르시시즘의 표상'이라고 부른 것은——분명 르클레르도 동의할 바이겠지만——어떠한 왜곡도 없이 그 자체로 의식에 현전(표상)되지 않는 것이고, 따라서 그것은 사실상 일반적 표상들 가운데 하나가 전혀 아니다. 원초적 나르시시즘의 표상을 죽음 충동이 겨냥하는 것(가령 자살하기를 원하는 어떤 자가 죽여 없애 버리고자 하는 그것)이라고 보면서 르클레르가 그 표상이 어떠한 방식으로도 파괴될 수 없기에 자살은 자기모순에 빠져 버릴 수밖에 없다고 말

---

* 같은 책, p.22.
** 같은 책, p.14.

할 때,* 그는 그 표상이 의식·언어의 질서(한마디로 관념과 사실의 일치 adaequatio라는 질서)에 들어가 있지 않다고, 따라서 전혀 '인간화'될 수 없고 '인간적'인 것이 아니라고 말하고 있는 것이다. 그것은 사실 표상이 아니고, 따라서 '인간적'인 것이 아니다──르클레르가 그것을 '인판스infans'(라틴어 **인판스**는 말하지 못하는 자를 의미한다)라고 부른 이유는, 그것이 인간에게 속해 있지 않다는 사실을 말해 주기 위해서가 아닌가? 그것은──정신분석학 바깥에서 본다면, 그 바깥에서 보고자 하는데, 여기서 우리의 궁극적 관심사는 정신분석학 그 자체가 아니고, 우리의 능력을 훨씬 벗어나 있는 임상 자체는 더더욱 아니며, 오히려 헤겔이 말하는 '찢긴 존재'로서의 인간, '아픈 인간', 우리의 입장에서 본다면 '병들고 아픈' **인간 또는 동물**, 따라서 우리 모두이다──가령 칸트가 말하는 '물자체Ding an sich'가 인간 위가 아닌 인간 아래로 하강해버리면서 형성하게 되는 밑바닥에 속해 있지 않은가? 그것은 거꾸로 놓인 '물자체'에 속해 있다.

원초적 나르시시즘의 표상은, 보다 정확히, 쇼펜하우어가 '물자체'를 과감하게 번역하기 위해 말했던, 인간뿐만 아니라 모든 생명체가 그 존재의 뿌리에서부터 맹목적으로 매어 있는 '의지의 세계'에, 즉 '표상의 세계' 그 너머가 아니라 그 아래의 공간에 들어가 있다. 말하자면 쇼펜하우어의 영향 아래에서 니체가 해석한 대로, 눈에 보이지

---

* 같은 책, pp.13~14. 이러한 르클레르의 논의를, 블랑쇼는 『문학의 공간』에서부터 자신이 부각시켜 온 자살의 불가능성이라는 주제와 나아가 죽음의 가능성의 불가능성이라는 주제를 뒷받침하기 위해 『카오스의 글쓰기』에서 원용하고 있다.

않을뿐더러 의식화(표상화)되지 않는 원초적 생명 충동과 자연적·본능적 생명의 전개 과정 전체에, 의지Wille*에……, 다만 우리 입장에서 본다면, 의지(일반적 의미에서의, 의식적 지향의 힘으로서의 의지가 전혀 아니고, 니체가 밝힌 대로, 의식 이전의 몸으로부터 발원하기에, 우리가 의식적으로, 허무주의적으로 무를 원한다 할지라도 우리가 다시 따를 수밖에 없게 되는 생명의 명령)는 우리에게 그 자체를 맹목적이라고 염세주의적 관점에서 판단하도록(쇼펜하우어) 허락하지 않는데, 왜냐하면 우리의 존재와 삶의 가장 밑바닥의 조건을 구성하는 의지는 그 자체 위에서 우리가 내리는 모든 판단을 사실상 무시하기 때문이다. 의지가 모든 판단 이전에 주어져 있고, 우리는 어떠한 의식 작용을 통해서도, 나아가 무나 자살을 갈망하는 허무주의의 극단적 운동을 통해서도 그것을 초월할 수 없기 때문이다. 그러나 '원초적 나르시시즘의 표상'이라 불리는 그것을 '지배의 의지'(니체의 적지 않은 언급들에서

---

* 니체에 의하면, 의지는 생명의 충동 전체를 향해 있다. "과감하게 '작용'이 인정되는 곳에서는 어디에서나 의지가 의지에 대해 작용하고 있는 것이 아닌가——그리고 모든 기계적인 사건은 그 안에서 어떤 힘이 작용하는 한, 바로 의지의 힘, 의지의 작용이 아닌가라는 가설을 세워야만 한다.——그리하여 마침내 우리의 총체적인 충동의 생을 한 의지의 근본 형태가——즉 **나의** 명제에 따르면, 힘에의 의지가——형성되고 분화된 것으로 설명하게 된다면, 또 우리가 유기적 기능을 모두 이러한 힘에의 의지로 환원할 수 있고, 그 힘에의 의지 안에서 생식과 영양 섭취 문제도 해결하는 방안도——이것은 하나의 문제이다——찾아낸다면, 작용하는 **모든** 힘을 명백하게 **힘에의 의지**로 규정할 수 있는 권리를 얻을 수 있을 것이다"(니체, 『선악의 저편』, 『전집』, 14, 김정현 옮김, 책세상, 2002, 67쪽). 또한 그 의지는 의식적 주체 내부에 대한 탐구인, 니체가 말하는 '심리학'을 통해 밝혀질 수 없는 것이다. "심리학은 감히 심층까지 들어가지 못했다. 내가 파악한 것처럼 심리학을 **힘에의 의지**의 형태론과 **발달이론**으로 파악하는 것——이 점에 관해서는 그 누구도 아직 자신의 사상을 통해 언급하지 못했다"(같은 책, 44쪽).

발견되는 그 의지*)와 결부시킬 수는 없는데, 왜냐하면 '지배의 의지'는 반-사회적인 원초적 맥락을 벗어나서 이미 어떤 사회적인 맥락(사회적 역학 관계나 권력 관계)에 들어가 있기 때문이다. 모든 사회 이전의 완전한 고독의 상태에 주어지는(즉 '나르시스적인'), 그 표상 아닌 표상은, 아마도 니체가 말년에 채찍으로 얻어맞고 있는 말 한 마리를 보고 그 동물의 목을 부둥켜안고 통곡하면서 마주했었을 그것이거나, 그가 병석에서만 자신의 마지막 10년을 지내기 위해 길거리에서 쓰러졌을 때 '보았을', 자신 안의 어떤 자일 것이다. 그 표상화되지 않는 표상은 유아(**인판스**, 말할 수 없는, 말하지 못하는 자)가 우리에게 남겨 준, 죽음 충동에 따르는 자살의 시도로도 막을 수 없는 생명의 움직임이다. 인간 사회는 말하지 못하는 자에게, 인간 사회 바깥의 그 동물과 같이 고독한 자에게 어떠한 지배도 허락하지 않는다.\*\*

---

\* 니체는 지배의 의지로서의 의지를 긍정한다. "생명 그 자체는 **본질적으로** 이질적인 것과 좀더 약한 것을 자신의 것으로 만드는 것이며, 침해하고 제압하고 억압하는 것이며 냉혹한 것이고, 자기 자신의 형식을 강요하며 동화시키는 것이며, 가장 부드럽게 말한다 해도 적어도 착취이다. [……] 그 조직체는 살아 있는 힘에의 의지가 되어야만 할 것이다. 그것은 성장하고 뻗어 나가려 하고 자기 쪽으로 끌어당기고 우위를 차지하려고 할 것이다.—이것은 어떤 도덕성이나 비도덕성에서 나오는 것이 아니라, 오히려 그것이 **살아 있기** 때문에, 생명이야말로 힘에의 의지**이기** 때문이다"(같은 책, 273쪽). 그러나 우리에게, 마찬가지로 **도덕적이지도 비도덕적이지도 않은 관점에서**, 니체적 지배의 의지를 다시 문제 삼을 수 있는 가능성이 남아 있다. 또한 한마디 더 언급하자면, 우리는 니체가 말하는 '지배의 의지'가 그의 사상 전체에서 핵심적인 것이라고 보지는 않는다.
\*\* 블랑쇼는 세번째 '하나의 원초적 장면?'에서 그자(나르시스)가 절대적으로 고독하는 사실을 밝히고 있다.

## 언어 바깥의 그 어린아이

어린아이에 대한 살해가 단 한 번으로 끝날 수 없다는 불가능성이 그 살해를 무한히 반복해야 한다는 필연성으로 귀결된다는 사실, 그러나 그 사실은 무엇을 말해 주는가? 어린아이는 한 번의 살해 행위를 통해 죽지 않을뿐더러, 수많은, 나아가 무한한 살해 행위를 통해서도 죽지 않으며, 따라서 우리는 무한한 초상을 지내야만 한다. 이는 언어와 담론이 무한에 이르기까지 증식되어야 한다는 필연성을 말해 준다. 무한하게 말하고 듣고 쓰고 읽어야만, 무한하게 언어를 유통시켜야만 하고, 완전한 법——그것이 어떠한 종류의 것이든, 일반적인 의미에서의 입법의 결과이든, 도덕적 입법의 결론이든, 형이상학적 입법의 결론이든, 철학적·인간학적·역사적 입법의 결론이든——을 정립시키려는 시도를 무한히 반복해야만 하는 것이다. 그러나 그 시도가 완벽하게 이루어질 수 없고, 완료(종말, 목적의 성취, 역사의 완성)란 있을 수 없다는 것이며, 언어의 무한을 초과하는 어떤 것이 있다는 것이다. 어린아이가 죽은 채로, 언제나 이미 죽은 채로 다시 되돌아온다는 것이다. 결국 어떠한 언어도 자연으로 승격되어 자연을 대치할 수 없으며, 어떠한 담론의 변증법적 전체성도 자연적 전체성을 대치할 수 없다는 것이다. 존재와 우리의 삶이 어떠한 언어·담론으로도 수렴되거나 종속되지 않고, 어떠한 언어·담론을 통해서도 규정되지 않는다는 것이다. 어떠한 언어·담론도, 설사 무한이라는 지점에 이른다 할지라도, 찢긴 존재로서의 아픈 인간을 치료할 수 없고, 인간 안의 찢긴 틈과 뚫린 구멍을 메워 줄 수 없다는 것이다.

### 말하지 못하는 그 어린아이의 '말', 즉 침묵

왜 그럴 수밖에 없는가? 대답은 이미 주어져 있다. 우리가 이미 또는 이제 죽었다고 믿을 수도 있는 어린아이가 다시 회귀하기 때문이다. 어린아이의 회귀, 그것은, 그 어린아이가 언어·의식·표상의 모든 인간적 질서를 벗어나 있는 반인간적인—인간 그 너머가 아니라 그 이하의, 그 아래의, 따라서 신적 실체가 아닌—거꾸로 놓인 '물자체' 가운데 남아 있기에, 어떠한 형태로도, 감각을 통해서도, 의식적 표상을 통해서도 결코 경험되지 않는다(칸트가 말하는, 신적 영역에 들어가 있는 초월적인 '물자체' 역시 인식되지 않을 뿐만 아니라 어떠한 경험에도 들어오지 않는다). 우리는 언어를 배워서 말할 줄 알게 되고, 또한 끊임없이 말하면서 이미 레테를 건너와 이편에 들어와 있는 반면, 그 어린아이는 여전히 언제나 그 망각의 강 저편에 남아 있다. 그 어린아이는 살아 있는 채로, 즉 생생한 현전으로, 의식에 현전하는 것으로도, 몸의 감각에 현전하는 것으로도 경험될 수 없다.

그러나 그 어린아이는 어떤 지점에서, 어떤 계기를 통해 오직 죽어 있는 채로만, 경험이 아닌 비-경험 가운데, 어떤 시련 가운데 '나'와 조우한다. 그 어린아이가 죽은 채로 '나'와 만나게 되는, '내'가 이미 죽은 그 어린아이와 가장 가깝게 마주치게 되는 지점 또는 시점은, 아이의 탄생의 목격이나 사랑의 쟁취나 어떤 일의 성취와 같은 어떤 행복한 상황이 아니라, 삶이 파탄에 이르러 '나 자신'이 삶 가운데 남아 있기는 하지만 '죽어가는'(불가능한 죽음) 어떤 상황이다. 그 점에 대해 블랑쇼는 이렇게 말한다. "현전하지 않는 어떤 과거의 증거가 되는, 언제나 앞서 오는 그 불확실한 죽음은 결코 개인적인 것이 아니며, 또한 그것은 전체를 넘어선다(이는 이미 전체의 강림을, 그 완성을, 변증법의 종말 없는 종말을 전제하고 있다). 자아가 아직 없는 어린아이가 아직 존재하지 않기에 스스로 경험할 수 없는 충격적인 상태(몸부림치게 만드는 원초적 고통들)를 겪는데, 이후에 어른이 그 상태에 (그것을 욕망하기 위해서든, 공포 속에서 혐오하기 위해서든) 자신의 쪼개진 자아를 통해, 기억되지 않는 기억 가운데, 끝장나 버리거나 붕괴된 자신의 삶에서 이를 수 있다"(122~123). 그 어린아이와의 대면이 가져오는 시련의 증거(증거가 될 수 없는 증거)는 언어가 한계에 이른다는 데에 있다. '내'가 실제로 아무 말도 할 수 없다는 것이 아니라, 어떠한 말도 세계 내에 거주할 수 있는, 세계-내-존재의 가능성을 보증하지 못한다는 것이다. 레테 이편으로 건너와 있는, 즉 언어의 힘을 소유한 한 어른이 다시 레테 가까이로 되돌아갈 수밖에 없게 되면서 마치 언어를 배우기 이전의 어린아이나 언어를 상실한 어떤 자와 같이 되어 버리는 것이다. 삶이 붕괴되어 버린 한 어른이 쏟아 내는 말들은 "어린아이의 재잘댐"과 같을 뿐이고, 그의 말 못하는 무능력은 어린아이의 무력無力, impuissance과도 같다. "수다스러운 산문: 어린아이의 재잘댐, 반면 침 흘리는 사람, 백치, 더 이상 자제하지 못하고 늙어져서 눈물을 쏟아 내는 사람, 그 또한 힘을 박탈당한 채로 한마디 말도 못하고 있으며, 그는, 설사 지배력을 넘어서 행해지더라도 결국 자제하는 글쓰기보다는 흐르고 흘러나오는 말에 더 가까이 다가가 있다. 그러한 의미에서 씌어진 침묵만이 있으며, 찢김 속에서의 삼가함이, 상세한 설명을 불가능하게 만드는 깊이 파인 상처가 있다"(34).

그 어린아이는 살아 있는 채로, 어떠한 규정된 현전을 통해서도 경험되지 않는다. 그 어린아이는 레테의 이편으로 살아서 건너올 수 없다. 말하자면 어떠한 **알레테이아**(alèthéia, 즉 레테―망각―를 벗어남, 하이데거가 밝힌 대로 탈은폐脫隱蔽)를 거쳐서도 '나'의 거주 가능성을 보장하는 '진리'로 나타날 수 없다. 그 어린아이는 죽은 채로만, 즉 '나 자신'이 죽어가는 시점에서만 '말한다'. 즉 말하지 않는다. 정확하게, 말하지 않는다. 말하지 않고 말하지 못하게 만드는데, 왜냐하면 그 어린아이가 바로 **인판스**(말하지 못하는 자)이기 때문이고, 그 어린아이의 부재의 말 또는 말의 부재는 바로 죽은 자연의 침묵(침묵의 현전)이기 때문이다. 그 어린아이는 어떤 지점에서 어떠한 방식으로도 경험에 들어오지 않고, 다만 불일치나 부조화(모든 관념과의 불일치 또는 모든 감각과의 부조화, 모든 현전의 파열 또는 파편화, 가령 현기증, 절규, 탄식 또는 "눈물의 쏟아짐")가 표식이 되는 시련을 가져올 뿐이다. 이미 죽은 과거의 그 어린아이가, 가장 늙은 그 어린아이가 '나'의 자리를 점령한다는 그 시련의 징표는 말할 수 없다는 것, 할 말을 찾을 수 없다는 것이다. 언어의 부재, 언어의 불가능성, 침묵, 그 어린아이가 과거에 이미 죽었음에도 불구하고, 하지만 바로 죽었기 때문에 다시 돌아오면서 '나'에게 강요하는 그것, 언제나 침묵해 왔고 지금도 침묵하는 자가 '나'에게 침묵을 명령하면서, 기억될 수 없는 과거에, 모든 과거보다 더 먼 과거에 스스로 겪었던 "몸부림치게 만드는 원초적 고통들"을 '나'에게 전가하는 것이다.

그 어린아이는 이미 죽었고, 그럼에도 불구하고 끊임없이 죽어가야 했으며, 그 죽음의 '비현실적' 자리를 차지한 의식적 자아(가짜의 에고, 아니 그렇다기보다는 피상적 존재로서의 에고)가 바로 말하기 시작하면서 사회 내에 거주해 왔다. 그러나 삶(즉 사회적 삶, 다시 말해 '인간'의 삶, 모든 인간의 삶은 사회적이다)이 어떤 계기——병, 죽음의 위협 또는 타인들의 죽음? 사랑하는 자의 상실, 정치적 혼란? 또는 도덕의 위반?——를 통해 와해에 이르게 될 때, 인간은 바깥으로의 추방을 선고받게 되며(세계-내-존재의 불가능성), 바로 언어의 습득이 사회로의 진입을 위한 최초이자 최후의 과제였다면, 사회 바깥으로 내몰리게 되면서 인간은 침묵을 선고받게 된다. 이미 죽은 그 어린아이가 의식적·사회적 자아를 대신해서 말이 아닌 말을 하기 시작한다는 것은, 침묵의 자연(죽은 자연)이 침묵을 강요한다는 것과 정확하게 동일하다. 침묵을 언도받아 침묵 내에 매몰된다는 것, 그 침묵의 시련은 주관적이거나 심리적일 수도 있는 경험들 가운데 하나가 아니고, 정신분석학적 관점에서든 아니면 다른 관점에서든 병리적 치유에 호소하지도 않으며, 바로 언어가 존재론적 분리 또는 고독의 근거였다면, 그 시련은 그러한 분리나 고독의 역행 과정으로서 마찬가지로 존재론적인 것, 즉 인간 존재의 밑바닥으로부터 강요되는 것이다. 그것은 근본적으로 고독에 영원히 안주할 수 없다는, 분리 가운데 영원히 자족할 수 없다는, 즉 영원히 자아로 남아 있기 불가능하다는 데에서, 즉 무차별적으로 어디론가 열려 있을 수밖에 없다는 데에서 비롯된 시련이다.

**언어의 능력, 즉 무능력**
어린아이는 과거의 한 시점에서 죽은 후 무덤에 갇혀 고요히 누워 있지 않으며, 다른 어느 누구도 아닌 바로 '나'로 하여금 자신의 죽음을 대신 겪도록, 대신 반복하도록 강요한다. (이는 '나 자신'이 죽음에 다가가는 상황뿐만 아니라 '내'가 죽어가는 어떤 타인——타자——과 마주하는 상황에도 닥쳐오는 시련이다. 타자가 어린아이로서 '내' 안에서 침묵으로 말하며, 그러한 한에서 '우리'의, 공동의 인간이 타인과 '나' 사이에 들어선다. 타자와의 관계가 문제된다면, 레비나스가 강조하는, 타자를 '환대'하는 **유일한** '나'의 윤리적 주체성 때문이 아니라, '내'가 타자의 **볼모**이기 때문이 아니라, '내' 안의 공동의 결핍——따라서 주체의 부재, 어쨌든 윤리는 어떠한 윤리성·책임에 대한 요구로부터도 유래하지 않으며, 어떤 결핍 또는 어떤 망각으로부터 시작되지 않는가——, '우리'의 구멍, 즉 가장 늙은 그 익명의 어린아이 때문이다. 비인칭의, 공동의 그 어린아이가 윤리를 주체 바깥에 위치시킨다. 왜 주체가 아니라 주체의 결여를 통해서만 우리가 윤리로 열리는가라는 물음으로 이후에 다시 돌아가야만 할 것이다.)

어린아이의 죽음은 과거 어느 시점에서 완료되어 버린 남의 이야기나 에피소드가 전혀 아니고 하나의 신화도 아니며, 바로 '내'가 삶 가운데에서——또한 타자와의 관계에서——, 살아가면서, 삶에 묶여 있는 한에서 반복해야만 하는 죽음이다. '나'는 어차피 말 못하는 자의 입을 틀어막음으로써 그를 대신해서 말하기, 떠들기 시작했고, 그에 따라 말할 줄 아는 자들로만 이루어진 사회(언어를 토대로 구축된 인간 사회, 언어 위에 서 있지 않은 사회가 존재하는가) 내로 진입했으며, 거기서 살아가기 시작했고 살아왔다. 그러나 그 사회적 삶이, 간단히, 삶 그 자체가 흔들리고 위태로워지고 나아가 파탄에 이를 때, 입이 틀어막힌 그 어린아이가 이제 '나'를 대신해 '말하기'——그러나 그 어린아이는 과연 '말하는가'——시작한다. 즉 침묵을 침묵으로 드러내기 시작한다. 침묵의 현전으로서의 말, 모든 말의 원천으로서의 침묵, 모든 말의 근거를 되묻는 말, 이번에는 '그'가 '나'의 입을 틀어막고 침묵을 강요하기 시작하는 것이다. 언제나 죽어 있었던, 이미 죽은 줄 알았던 그 어린아이가 '내' 안에서 다시 울기 시작하는 것이다. 절규 또는 죽은 자연의 침묵, 죽은 자연이 또다시 빠져 들어가는 침묵, 침묵의 침묵, 침묵으로 또다시 열리는 침묵.

따라서 그 어린아이는 단 한 번 결정적으로 죽었던 것이 아닐뿐더러, 설사 우리가 그 어린아이를 반복해서 살해하면서 그 어린아이가 죽었다고 언제나 믿을 수 있다 할지라도, 사실 그 어린아이는 결코, 한 번도 죽었던 적이 없다. 다만 망각되었을 뿐이다. 그 어린아이의 반복되는 죽음은 인간 사회 내에서, 즉 인간적·의식적 질서 내에서 발생했을 뿐 '실제로' 그 어린아이는 단 한 번도 '죽었던' 적이 없다. 그 어린아이는, 르클레르의 표현을 빌리면 **원초적 나르시시즘의 대표 표상은 반인간적인 것**이기에, 즉 인간(문화·의식) 바깥에 있었고 있고 있을 것이기 때문에, 바로 그렇기 때문에 인간이 파괴할 수 없는 것, 따라서, 간단히, **파괴할 수 없는 것** l'indestructible이다. 단지 인간 스스로가 혼자서 사라져 간 그 아이가 남긴 빈 구멍을 집요하게 틀어막고 또 틀어막다가, 때때로 그 빈 구멍을, 그 공허를, 그 심연을 발견하고 놀라서 이번에는 자신의 입을 틀어막곤 하는 것일 뿐이다. 단지 인간 스스로 혼자서 '북 치고 장구 치고' 다 하는 것일 뿐이다.

따라서, 대부분의 경우 삶이 이러저런 계기들을 통해 와해되어 갈 때 우리를 아마도 사로잡을 죽음 충동의 표적이 되는 그 어린아이는, 설사 자살이 실행된다 할지라도, '살해당하지' 않는다. 왜냐하면 그 어린아이는 인간적 질서 내에 있지 않기 때문이다. 자살에 대한 인식·의지를 비롯해 모든 의식작용의 대상이 될 수 없고 어떠한 의식작용에도 포섭되지 않는 반인간적인 자, 거꾸로 놓인 '물자체'에 들어가 있는 자이기 때문이다. 애초에 인간적 질서 바깥에 놓여 있었고, 그 바깥에 언제나 놓여 있으며, 거기에 영원히 놓여 있을 것이기 때문이다. 따라서 자살이 불가능하다. 자살이 원래 의도했던 목표에 자살은 이를 수 없다. 그 어린아이는, 그 인간이 아닌 자는 '나'의 자살에 전적으로 무관심한 반면, 자살이란 지고의 '인간적' 행위가 아니던가! 자살이 불가능할뿐더러, 자살로 이어지든 아니든 '나'의 모든 죽음(들)——결정적 죽음뿐만 아니라 삶이 파탄에 이르게 되는 시점들·지점들—— 은 불가능한 것이다. 모든 가능성의 불가능성으로서의 죽음, 왜냐하면 에피쿠로스의 유명한 격언대로 '나'의 죽음의 순간(들)에 '나'는 없고, 그럴뿐더러 (인간적, 즉 의식적) '나'와 무관한 그 어린아이가 '나'의 자리를 차지할 것이기 때문이다. 『문학의 공간』에서의 키릴로프에 대한 블랑쇼의 분석과 모든 불가능성의 가능성으로서의 죽음을 역설하는 하이데거에 대한 그의 비판을 떠올리지 않을 수 없게 되는 여기서 이렇게 말해야 한다. '내'가 '나'의 죽음을 지배하지 못하는 것이다. '나'의 죽음의 주인은 '내'가 아니라 '나'의 타자이다.

 그 사실의 표식은 '나'의 죽음의 순간(들)에 침묵이 필연적으로 강요된다는 데에 있다. 누군가로부터 내려오는 침묵의 명령, '내'가 할 수 있는 모든 것은 오직 아무것도 안 하는 것, 특히 '떠들지' 않는 것뿐이라는, '나'의 모든 진실(진정성)은 입을 다무는 것뿐이라는 점이 명백해지는 것이다. (원칙적으로 그렇다는 것이다. 거기서 우리가 실제로 아무 말도 하지 말아야만 한다는 것은 아니다. 거기서 우리가 말할 수밖에 없기 때문에, 침묵을 끝까지 견뎌 내지 못하기 때문에 문학이 존재한다. 문학은 유죄이지만, 유죄임에도 불구하고 무죄이다.) 그러나 그 침묵의 명령에 대해 다시 한 번 주목해 봐야 한다. 죽은 그 어린아이가 '나'의 자아를 폐위시키고 그 자리에 대신 들어서서 한계 상황의 극단적 계기들(즉 죽음의 계기들)과 마주할 때, 바로 그 말 못하는 자가 '내' 안에서 단지 눈물을 쏟아 내거나 절규하거나 신음하고만 있기에 '내'가 아무 말도 못하고 할 수 없다는 사실은 분명 언어의 무능력을 증명한다. 그러나 그러한 극단적 계기들을 통해 증명되는 언어의 무능력은, 그러한 계기들 이전에, 즉 '내'가 평온하고 안정되고 '자유로운' 남성적 상태(어른의 상태, 헤겔이 말하는 '주인'의 상태, 주체로 남아 있는 상태)에서 이러저런 것들과 이러저런 타인들과 이러저런 현상들·사건들에 대해 인식하고 사유하고 판단하고 규정하기 위해 언어를 사용했던 그 모든 시간에, 바로 그렇게 '자유롭게' 언어를 사용하기 위해 필연적으로 요구되었던 전제가 아니었던가? 보다 단순하게 묻는다면, '내'가 묵언을 강요하는 그러한 계기들에 부딪히는 근본적인 이유는, 바로 '내'가 끊임없이 말해 왔기 때문이 아닌가? 즉 '내'가 언어의 부정하는 능력과 자유를 가져다주는 능력(언어의 부정성과 창조성의 힘)에 의존해서 자연의 전체성으로부터 분리되어 나옴으로써 관념적 의식의 공간으로 이동해서 거기를 지배하는 주인인 자아로 즉위하고, 이어서 거기서 군림해 왔기 때문이 아닌가? 그렇다면 언어의 부정하는 창조의 능력이라는, 모든 인간적 권력의 근원은 그러한 분리(인간만의 고독, 고독이라는 안정 상태, 고독이라는 자유의 상태)를 고착화시킨다는 점에서 언어의 무능력의 이면에 지나지 않는 것은 아닌가? 언어의 부정성·창조성의 능력은 필연적으로 언어의 무능력으로부터 비롯되었던 것이며, 또한 그 언어의 무능력으로 귀착되는 것이다. 바로 언어의 능력으로 인해 언어의 무능력이 군림하게 된다. 다시 말해 바로 언어의 능력이 인간을 찢긴 존재로 만들어 놓은 것이다. 그것이 어떤 경우 이미 죽은 그 어린아이를 되돌아오게 만드는 동시에, '나'로 하여금 입을 다문 채 말없이 땅만을 내려다보게 하는 것이다.

## 불가능한 죽음 또는 언어의 중지

다시 한 번 생각해 보자. 죽음(생물학적 죽음이 아니라 죽음으로 다가가는 시련, 어린아이가 자아의 자리를 빼앗는 상황, 즉 불가능한 죽음)이, 죽음 자체가 언어를 발생시키는 것이 아니다. 죽음의 순간 자체는 아무 말도 하지 않고, 어떠한 언어의 접근도 허락하지 않으며, 인간에게 어떠한 언어도 허락하지 않는다. 죽음 자체는 인간에게, 아직 삶 가운데 머무르고 있는 인간에게 허락된 유일한 '말', 정확히 자연의 침묵이다. 그것은 인간적 질서(의식·표상·언어의 질서, 따라서 사회적 모든 질서)로부터 애초에 벗어나 있었고 영원히 벗어나 있기 때문에 불가능한 것이다. 그것은 인간적 질서의 영역 바깥의 영역에 속해 있다. 그것이 사실상 과거에 언어의 절대 타자였고 현재에도 그러하며 미래에도 그러할 것이기 때문에, 사실상 그 어린아이가 완전히 죽지 않으며 완전히 사라지지 않고 되살아나는 것이다. 그렇기 때문에 이미 거듭 살해된 그 어린아이가 다시 한 번 살해된 이후에도 다시 되돌아오는 것이다. 언어는 '바깥'에 대한 방어막일 뿐, 그것을 완전히 파괴할 수는 없다.

죽음의 시간성이, 즉 죽음의 현재(현재가 부재하는 현재, 의식이 어떤 대상을 포착해서 정립할 수 있는 시간이 아닌 현재, 따라서 현전이 부재하는 현전)가 과거로 지나갈 수 있다는 사실이 언어를 가능하게 한다. 말하자면 죽음이 의식의 삶을 허락할 때, 의식의 삶이 가능해질 때 언어가 작동한다. 또는, 같은 말이지만, 죽음이 그 자체 언어로 번역되기를 허락할 때 의식이 작동한다. 그렇기에 죽음이라는 바깥에 충격 받은, 바깥이 휩쓸고 지나간 자리에 남은 상처라고 자임하는 문학에서 언어에 대한 불신이 가장 중요한 원칙으로 격상되곤 하는 것이며 (언어 예술로서 언어를 불신한다는 것이 문학의 가장 큰 아이러니이다), 언어를 허영이나 허위라고 보는 '문학적 자만심'이 존중되곤 하는 것이다. 적지 않은 경우 문학 자체의 목표가 반-언어, 언어의 부재, 즉 침묵이 되곤 하는 것이다.

### 인간 안의 자연과 언어의 불화

20세기는 인간이 신을 대신해서, 그러나 여전히 신적인 높이에서, 역사가 사실상 초월적인 높이에 오르게 되면서 즉자적 전체성을 역사적 담론의 전체성(모든 것을 포괄하는 최후의 담론, 모든 것에 대한 최후의 답이 될 수 있는 담론)으로 지양시키기를 열망했던 시대였다. 인간이 자기 자신의 권위와 이름으로 인간학적·철학적 절대의 담론을 정치에 개입시키면서 정치적 절대를 구축하기를 요구했던 시대, 또한 절대에 의해 정당화되는 투쟁들과 전쟁들과 폭력들이 지배했던 시대.

헤겔의 경우 "**존재**하는 '절대' 또는 전체성totalité은 동일성에, 주어져-있는-존재, 실체 또는 자연에 있지 않고, 정신에, 즉 말 또는 담론을 구성하는 이성(로고스)에 의해 드러나는 존재에 있다."* 먼저 헤겔은 죽음을 총체적 자연으로부터 분리되어 나오는 부정과 창조의 움직임이라고 간파했고, 이어서 죽음과 마주하고 죽음을 견디는 힘이 정신의 힘이며, 인간으로 하여금 의미들(인간적 의미들, 주체성의 의미들)을 역사의 장에서 구축하고 실현시키게 하는 동력이자 전제라고 보았다. 따라서 헤겔에게서 죽음의 힘은 동일성의 즉자적 존재로부터 이탈할 수 있는 능력일 뿐만 아니라, 역사 안에서 '정신적' 전쟁(헤겔에게서 '정신적'이라는 단어는 '변증법적'이라는 단어의 동의어이며, 따라서 그 '정신적' 전쟁은 의미들의 싸움, 담론들의 경합·전투이다)을 벌일 수 있는 능력이자, 거기에서 승리할 수 있는 능력이 된다. 누구보다도 더 과감하게 주어져-있는-존재로부터 떨어져 나올 수 있는 자, 즉 누구보다도 더 담대하게 죽음을 견뎌 내는 자가 역사의 장에서, 역사적 전쟁에서 승리자가 될 수 있다. 왜냐하면 그러한 자만이 안주하지 않고 진보를 향해 나아갈 수 있기 때문이다. 헤겔은 궁극적으로 죽음을 역사와 전쟁의 관점에서 파악했으며, 또한 그에게 모든 역사적·현실적 전쟁은 근본적으로 정신적 전쟁, 즉 담론들 사이의 변증법적 투쟁이다. 그 사실은, 헤겔 이후의 어떠한 유물론적 관점에서의 비판이 거기에 주어진다 할지라도, 타당한데, 인간이 '고귀한 정신적인' 존재이기 때문이 아니라, 개인이, 나아가 사회와 국가가 의미들과 담론들에, 결국 언어라는 '물질'에, 언어가 의식에 보장해 주는 현전의 확실성에 옭매어 있기 때문이다.

---

* A. Kojève, *Introduction à la lecture de Hegel*, p.573.

근대가 열리는 시기부터 20세기까지──아마도 지금까지?──여러 지식인들은, 특히 그들 가운데 많은 철학자들이 공간적 전체(공동체·민족·국가)와 시간적 전체(역사) 위에서서 인간 전체를 대리한다고 자임하면서 말해 왔다. 또한 그들은 스스로 그러한 시공간의 전체들에 이론적·담론적 전체로 응답해야 한다고 믿었고, 응답하기를 원했고, 또한 역사 위에 놓여 있는 자들로서 무한한 진보를 믿어야만 했고 '가르쳐야만' 했다. 그들에게 역사적 책임을 묻고자 하는 것이 아니다. 20세기에 이르기까지의 근현대에 여러 이데올로기들을 배경으로 벌어졌던 수많은 전쟁들·학살들·착취들의 책임이 바로 그들에게 있다고 말하려는 것이 아니다. 그 책임은 우리 모두에게 있거나, 아니면 그것들을 직접 사주하거나 조장하거나 실행한 자들(그들이 정치인들이었거나 지식인들이었거나 양자들 모두였거나 상관없다)에게 있다. 다만 문제는, 그러한 이데올로기적 폭력의 정치에 직접 가담하지 않았던, 다만 이론적 전체성을 믿고 추구했던 사상가들의 경우에도, 언어의 부정성이 갖는 한계에 대해, 진보·계몽을 향해 무한히 나아가는 언어의 부정성이 **진보·계몽과 무관한 인간 안의 '자연'**과 불화를 일으키는 지점에 대해 탐색해 보지 않았다는 데에 있다. 그들이, 이론의 구축과 담론의 변증법적 완성·완결에 대한 열정에, 관념들의 확실성을 믿고 실현시키려는 광기(비현실성의 공간 안에서 움직이는 관념적 광기, 무차별적 동일화를 추진시키는 광기, 담론은 어떤 비합리적 광기가 없는 한 변증법적 대단원으로 나아갈 수 없다)에 눈먼 언어들이 자신들 안에서 어떻게 작동하는지, 그러한 언어들 자체로 인해 스스로 자신들 안에 어떻게 갇히게 되는지 되돌아보지 않았다는 데에 있다.

그러나 그러한 문제는 이미 지나가 버린 과거의 것만은 아니다. '거대 담론'의 허구성에 대한 비판들이 이어진 이후에, 아마 헤겔이 추구했었던 것과 같은 전체성의 담론을 구축하려는 시도는 이제 더 이상 유효할 수 없게 되었는지도 모른다―하지만 그러한 시도가 완전히 사라졌다고도 말할 수 없는데, 역사의 종말을 확신하면서 역사의 정점 위에 서게 되고 누구보다도 더 깊숙하게 역사주의 속으로 들어갈 수밖에 없게 되는 프랜시스 후쿠야마를 기억해 보자. 그러나 적어도 사회·예술·문학, 정치 그리고 삶의 각 영역에서의 어떤 문제에 대한 답이 이론 가운데, 즉 관념 가운데 완결된 형태로 있거나 있을 수 있다는 믿음이 사라지지 않았다고 말할 수 있다. 자체 내에서 완결된 이러저런 관념들을 틀로서, 즉 구체적 어떤 상황을 미리 장악한 틀로서 제시할 수 있다는 믿음이 사라지지 않고 있다. 그러한 믿음은, 다시 한 번 강조할 필요가 있는데, 언어가 만들어 내는 관념이 현실 자체라고 보는, 의미가 현실의 중심에 놓여 있다고 보는 헤겔적 언어 형이상학(현실적인 것과 이성적인 것의 동일성), 또는, 간단히, 언어 형이상학에 근거한다.

　언어로 구성된 모든 담론은 전체를 구성할 수 없고 전체를 완결 지을 수 없을 뿐만 아니라, 상황에 앞설 수도 없고 상황을 완전히 포섭할 수도 없다. 왜냐하면 언어 자체가 전체를 가상으로 만드는, 전체 한가운데에 뚫려 있는 구멍에 빨려 들어가 있기 때문이다. 언어 자체가 죽음을, 분리를 가져오기 때문이다. 언어의 부정과 창조의 능력 자체가 오직 언어의 무능력을 바탕으로 해서만 발휘될 수 있기 때문이다. 언어의 능력 자체가 언어의 무능력이기 때문이다. 언어로 규정될 수 없는 것을, 언어로 규정되면 안 되는 것을 그대로 내버려 두어야 한다. 그게 아니라면 그것이 스스로 말하도록, 즉 파편화되도록 내버려 두어야 한다. 이러한 블랑쇼의 말을 다시 들어보자. "**오직 표현될 수 없는 것만을 표현할 것. 그러나 그것을 표현되지 않은 것으로 내버려 둘 것.**"\*

### 언어의 폭력, 실제의 폭력 그리고 침묵의 폭력

사람들은 한 어린아이를 살해한다. '사람들'(프랑스어 '옹on')은 여기서 불특정 다수의 인간들을 가리키지만, 그들은 어른들, 즉 사회 내에서 명시적으로 또는 암암리에 정립된 질서들을 따라가고 있고 규범들을 내면화한 자들, 따라서 우리 모두이다. 사람들은 한 어린아이를 살해한다. 그러나 그들이 물론 실제로 한 아이를 죽이는 것은 아니며, 언어가 모든 사회적인 것을 규정하고——의식적이자 사회적인 모든 동일화를 가능하게 만들고——있다고 본다면, 바로 언어가 한 어린아이를 살해한다.

알렉상드르 코제브가 '개chien'라는 단어(개념)를 예로 들어 설명하는 것처럼,\*\* 가령 '내'가 눈앞에서 **여기 지금** 꼬리치면서 짖고 있는 새까만 작은 이 개를 '개'라고 부르자마자 '나'는 세상에서 유일한 이 개를 즉시 '일반적인 개'로, '네발짐승' 또는 '동물'로 즉시 변형시킨다. 바로 **여기 지금** 생생하게 나타나는 단수적인 감각적·구체적 존재자를 어떠한 구체적인 시공간에도 존재하지 않는, 언제 어디서나 동일한

---

\* 모리스 블랑쇼, 『기다림 망각』, 박준상 옮김, 그린비, 2009, 33쪽. 인용자 강조.
\*\* A. Kojève, *Introduction à la lecture de Hegel*, pp.542~543.

하나의 관념에 종속시키는 것이다——그것이 '언어가 살해한다'는 말이 의미하는 바이다. 마찬가지로 내'가 이 개를 '개'라고 부를 때마다. 이번에는 '내'가 스스로 자연의 감각하는 존재자이기를 그치고, 그러한 존재자와는 다른 자가, 이해하고 규정하는 의식적 존재가 되어 버린다. 그렇게 자연적 존재자와 더불어 스스로를 변형시키면서 우리는 살해하고, 바로 그러한 언어의 부정성에 마찬가지로 의존해서 그 어린아이를 살해했고 끊임없이 살해하고 있으며, 또한 자신 안의 어린아이를 살해했고 끊임없이 살해한다. 이는 피할 수 없는 필연적인 의식화 과정, 따라서 사회화 과정이다.

모든 언어의 작동 원리인 부정성이 폭력적인 것은 사실이다. 단순히 '내'가 이 개를 '개'라고 부르는 것조차 사실상 폭력인데——물론 그렇게 불러서는 안 된다는 말이 아니다——, 왜냐하면 '나'는 그렇게 하면서 이 개가 차지하고 있는, **여기 지금**이라는 직접적이고 구체적인 공간·시간을 이 개로부터 빼앗아 버리기 때문이다. 그러한 언어적 폭력성이 동물 아닌 인간의, 인간만의 모든 '실제의' 폭력의 기원에 자리 잡고 있다는 사실을 부정할 수 없다. 몸에 대한 과잉의 규정·통제, 나아가 억압이나 훼손이나 살해는, 어떤 개인이나 어떤 집단에 대한 어떤 언어적·의식적 동일화 작용이 전제되지 않는다면, 이미 폭력(인간적 폭력)일 수 없게 되고, 아무리 잔인해 보인다 할지라도 하나의 자연현상이나 자연의 순환에 지나지 않게 된다.

언어의 부정성이 어떠한 경우라도 폭력적이라면, 즉 동일화라는 추상화·보편화 작용을 가져온다면, 바로 그 부정성이 우리에게 어떤 감각적·구체적 지주로부터 떨어져 나오고 그것을 무시할 수 있는 자유를 가져다주기 때문이다. 반드시 언어의 부정성에 근거하고 있는 인간적 폭력은, 간단히, 폭력은 언어가 우리에게 부여하는 자유 위에서 실행되는 것이다. 어떤 경우, 역사적 상황 내에서 그 폭력은 과도한 자유를 통해, 즉 전적으로 어떤 물질적·사실적 지주를 망각하거나 무시하면서 한 집단에 대한 '실제의' 과잉의 규제와 차별로, 나아가 '실제의' 폭력(감금·고문·살인·전쟁 등)으로 이어진다. 여기서, 언어가 가져오는 단순한 의식적 폭력이 문제되는 것이 아니라, 그 집단과 대립하는 다른 한 집단이 그 자체의 전체적 의미를 완성시키기를 열망하면서, 따라서 단순한 언어적·논리적 전개 과정과 사실들을 뛰어넘고 왜곡시키는 집단적 광기를 통해(한 공동체의 전체적 의미가 완성되기 위해서는, 그 사회의 토대와 목적과 전체적 가치가 '전체주의적으로' 규정되기 위해서는 반드시 언어와 논리 이전 또는 이후의 광기 어린 열정이 요구된다) 구성한 궁극적 담론이 가져오는 '실제의' 전면적 폭력이 문제가 된다. 그 폭력은 보편과 전체가 되기를 희구했던 한 집단의 이름으로, 전체성의 담론 위에서 말했던 자들이 저질렀던 폭력이며, 근현대에 우리가 지속적으로 마주해야만 했던 폭력이다. 그러나 바로 그 폭력이 한 집단의 전체적 의미뿐만 아니라 '우리 공동'의 의의의 마지노선(최소한의 의의)조차도 붕괴시켰다. 바로 그 어린아이가, 말하지 못하고 말할 권리 없는 어린아이가, 따라서 진보와 계몽과도 역사와도 절대적으로 무관한 그 야만인이 모든 의미의 한가운데 뚫린 구멍 속에서 진보와 역사를 거부하기 위해 침묵으로, 오직 침묵으로만 말하기 시작했던 것이다. 무의미한 침묵으로, 침묵의 무의미로, 그러나 진정한 의미에서의 정치적인 것은 바로 역사와 진보와 계몽을 거부하는 그 침묵과 그 무의미 가운데, 또 다른 '폭력' 가운데, 침묵과 무의미의 폭력 가운데 있지 않은가.

### 나르시스로서의 그 어린아이

세르주 르클레르는 우리 안에 각인되어 있는 원초적 나르시시즘의 대표 표상을 설명하기 위해 부모의 자식에 대한 사랑을 예로 든다. "모든 부모의 욕망 속에——그들 자신들의 어린 시절의 꿈을 포기하지 못했기 때문이라 할지라도——지내지 않은 초상이 있으며, 그들에게 언제나, 무엇보다 먼저 자손은 그들이 포기할 수밖에 없었던 것을 되찾게 해줄, 특권을 가진 훌륭한 후원자들이다."* 이와 관련해, 이를 분명히 밝히기 위해 곧이어 르클레르는 지그문트 프로이트의 「나르시시즘 서론」Zur Einführung des Narzißmus의 한 대목을 인용한다. "자식은 부모보다 나은 삶을 살아야 할 것이며, 사람들이 경험했던, 삶을 지배하는 곤궁들을 감수하게 되어서는 안 될 것이다. 병과 죽음, 향유의 포기, 의지에 가해지는 제한들이 자식과는 무관해야만 할 것이고, 사회의 법과 마찬가지로 자연의 법은 자식 앞에서 중지되어야만 할 것이며, 자식은 다시 창조의 중심 그 한복판에 놓여 있어야만 할 것이다. 마치 사람들이 이전에 자신들이 그랬을 것이라고 생각하는 존재인 **아기 폐하**His Majesty the Baby인 것이다. 남자아이는 아버지를 대신해서 위대한 인물, 영웅이 될 것이다. 여자아이는 왕자와 결혼함으로써 어머니에게 뒤늦은 보상을 베풀 것이다. 나르시시즘의 체계에서 가장

---

* S. Leclaire, *On tue un enfant*, p.24.

까다로운 지점은 자아의 그러한 불멸성인데, 자아는 자식에게로 피신하면서 현실에 의해 부정되는 자신의 불멸성을 보증해 줄 확고한 자리를 되찾는다. 부모의 너무나 감동적이고 요컨대 너무나 유치한 사랑은 그들의 다시 태어난 나르시시즘 이외에 아무것도 아니다."*

르클레르의 언급과 그가 인용한 프로이트의 말은 원초적 나르시시즘의 대표 표상이 현실 내에서, **세계** 내에서 어떻게 작동하는가를 잘 보여 준다. 말하자면 우리 각자의 자아는 자기 이외의 모든 다른 타인들과 차별화되는 특권적 동일자로서, 마치 그들로부터 섬김을 받는 군주처럼 최고주권을 가진 존재로 군림하기를 원한다는 것이다. 그러나 현실과 사회는 자아의 그러한 욕망을 끊임없이 좌절시키면서 그를 사회적·현실적 기준들과 규범들 내에 묶어 둘 뿐만 아니라, 그를 지속적으로 또는 결정적으로 이러저런 비참한 곤궁들에 맞부딪히게 만들고, 그렇게 좌절하고 좌초할 수밖에 없는 그는 자신의 실현되지 못한 나르시시즘을 자식에게 투영한다는 것이다.

지금까지 우리가 법·사회·역사의 지평들 안에서 언어와 담론이 어린아이를 지속적으로 살해해 온 과정을 살펴보았다면, 이제 문제는 그 어린아이가 그렇게 살해되어 왔음에도 불구하고 모든 보편적·객관적 기준들을 무시하면서 고유하고 유일한, 환원 불가능한 자아로 다시, 여전히 남기를 원한다는 데에 있다. 그 어린아이는 어떤 점에서는 분명 그러한 나르시스적 자아로 여겨질 수 있고, 그러한 한에서, 르클레르가 밝힌 대로, 부모의 자식에 대한 특별한 사랑이 설명될 수 있

---

\* 같은 책, pp.24~25.

다. 부모의 자식에 대한 예외적인 사랑만을 나르시스적 자아가 주재하는 것은 아닐 것이다. 자아의 나르시시즘은, 보편적·일반적 규칙들과 기준들에 종속되어 대세를 따라가기를 원하는 우리가 다른 한편으로는 때때로 그것들을, 프로이트가 밝힌 대로 "사회의 법과 마찬가지로 자연의 법"을 무시하거나 거부하면서 스스로를 예외적 주체(주관, 유일하고 독특한 주관)로 전시하기를 원하며, 그러면서 타인들의 사랑을 독점하는 남다른 고귀한 인간으로 부각되기를 원한다는 사실을 설명해 준다. 나르시스적 욕망은 타인들과 비교했을 때 탁월하고 특출한 어떤 인간이, 어떤 예외적인 모델이 되고 싶어 하는 욕망, 사회 내에서 사회와는 변별되는 개체가 되고자 하는 모순된 욕망이다. 또한 그렇게 타인들로부터 사랑받는, 평균화되지 않은 개성적인 인간이 되려는 욕망이 적지 않은 경우 사람들을 예술로 내몰거나, 사람들로 하여금 '예술'이라는 이름으로 자신들을 표현하게 만드는 것이 사실이며, 바로 그러한 욕망을 헤겔은 자신의 적들이었던 예술가형의 인간들, 즉 낭만주의자들에게서 발견하고 그들을 불신하고 경멸하면서 맹렬히 비판하기 시작했던 것이다.

물론 여기서 나르시스적 자아에 대한 욕망을 그 자체로 긍정하고자 하는 것도 아니고, 그것이 사회의 보편적 기준들을 따르려는 경향보다 더 근원적이라고 주장하려는 것은 더더욱 아니다. 르클레르도 그러한 의도를 갖고 원초적 나르시시즘의 표상이 부모의 자식에 대한 사랑에 개입한다는 사실을 밝힌 것은 아니다. 다만 르클레르는 현실에서, **세계** 내에서, 우리 안에서 그 표상이 작동하고 있는 하나의 일반적 상황에 대해 말했을 뿐이다. 당연히 우리 각자는 자신 안의 자기에 도취되어 있는, 자신을 거울로 삼아 자신만을 바라보고 있는 폭군 같은 어린아이인 나르시스를 지속적으로 살해해 나가야만 한다. 자기 안에 갇힌 나르시스를 극복해 나가야만 한다. 그래야만 하겠지만, 그러나 원초적 나르시시즘의 표상(부모로 하여금 자식을 사랑하지 않을 수 없게 만드는 그것)은 결코 완전히 극복될 수 있는 것이 아니다. 왜냐하면 나르시스 안에 또 다른 나르시스가 숨어 있기 때문이다.

**반-나르시스로서의 그 어린아이**
여기서 나르시스 이야기에 대한 블랑쇼의 중요한 성찰(세번째 '하나의 원초적 장면?')을 되돌려 보고자 하는데, 그것은 우리에게 결코 살해할 수 없고 살해되지 않는 어린아이가, 파괴될 수 없는 어떤 자가, 또 다른 나르시스가 있다는 점을 부각시킨다. "왜냐하면 [……] 나르시스는 한 번도 살아가기를 시작한 적이 없기 때문이다. 이 어린아이-신(나르시스의 이야기가 신들 또는 반신半神들의 이야기임을 잊지 말자)은 타인들을 자신과 접촉하도록 내버려 두지 않고, 말하지 않으며, 자기 자신을 알지 못하는데, 왜냐하면 자신이 받아들인 질서에 따라 그는 자기로부터 돌아선 채로 있어야만 하기 때문이다——따라서 그는, 세르주 르클레르가 우리에게 말해 주었던, 이미 언제나 죽어 있지만 불확실한 죽음에 다시 예정되어 있는 경이로운 어린아이와 매우 가깝기 때문이다"(212).

이러한 문장들을 통해 블랑쇼는 우리에게 원초적 나르시시즘의 대표 표상(앞에서 말했던 대로 결코 표상화된 적이 없고 표상화되지도 않을 표상, 표상이 아닌 표상)의 가장 원초적인 형태를 탐색해 보기를, 그것을 세계 내가 아니라 세계 바깥으로 끌고 거슬러 올라가서 살펴보기를 권유한다. 나르시스의 이야기에 대한 기존의 일반적 해석을 '해체'하면서 요컨대 나르시스가 전혀 나르시스적이 아니라고, 자기에게 도취되어 있지 않을 뿐만 아니라 도취될 수조차 없다고 말하는 블랑쇼의 이 독법은 너무나 오래된 옛날의 한 신화에 대한 또 하나의 해석에 머무르지 않으며, 궁극적으로 우리 각자의 삶·죽음의 현장을 비추는 데에로 나아간다.

도대체 어디에서 우리는 우리 안에서 그 어린아이와, 원초적인 그 표상 **자체**와 급진적으로 마주하게 되는가? 그 지점은 자식의 탄생을 목도하거나 커 가는 자식을 바라보거나 어떤 작품(일)의 완성을 경험하거나, 아니면 아름답고 평화로운 자연을 경험하거나, 어쨌든 세계 내에 거주할 수 있는 가능성을 보장해 주는 것 같은 시간들이 아니라, 어떤 극단적인 계기들을 통해 그 거주 가능성이 불가능성에 빠지게 되는 시간들이다. 세계로부터의 추방을 선고받고 삶 속에서 불가능한 죽음으로 열려 있을 수밖에 없게 된 순간들, 거기서 '나'의 모든 힘은 무력화되고 '내'가 마주할 수 있을지도 모를 '나 자신'(하이데거가 말한, 죽음 앞에서의 각자성各自性, Jemeinichkeit)의 자리에 익명의 타자가, 벌거벗은 자연의 어린아이가 들어서게 된다. 세계 가운데 거주할 수 있는 가능성의 파괴에 따라——하이데거가 본 바와는 반대로——'나'는 자신의 동일성을 다시 확보하게 해줄 어떤 본래적인 자기를 상관항으로 확보할 수 없다. 세계 내에 거주할 수 없게 된 '나'는 다만 자신의 비동일성만을 통고하는 그 어린아이와 마주할 수밖에 없게 되는 것이다. 그 어린아이가 '나'를 어떠한 방식으로도 '나 자신'으로 돌아올 수 없게 만들며, 바로 그렇기 때문에 '나'는 자신과 자기 반영적인 (수면을 거울로 삼아 '나'를 비추기) 관계 내에 놓일 수 없다. '나'의 진정한 타자인 숨어 있던 나르시스가 '나'를 타자가 되도록 이끄는 것이다.

세르주 르클레르는 그 어린아이(원초적 나르시시즘의 대표 표상)가 일반적으로, 세계 내에서 부모의 자식에 대한 특별한 사랑에 어떻게 개입하는가를 밝혔다. 부모는 자식을 '절대적으로' 사랑한다고 믿을 수 있겠지만, 수많은 경우 그들은 자신들의 사회 내에서 형성된 에고를 사랑하고 있다. 다시 말해 그들은 적나라하게 나타난 어린아이가 아니라 사회 내에서 의식적으로 형성된, 자신들의 자아를 사랑하고 있다. 그들은 사회의 이러저런 가치 기준들(부·명예·권력 등)의 틀 내에서 왜곡되고 포장된 어린아이에, 마치 자신들의 자아에 집착하듯이 집착하고 있다. 그러나, 이렇게 말할 수밖에 없는데, 부모의 자식에 대한 전근원적인, 사회적 의식에 앞서는, 실제의 '절대적' 사랑이 있을 수 있다면, 그것은 모든 사회적 기준을 뛰어넘어서 바로 적나라하게 벌거벗은 그 어린아이(감추어져 있던 나르시스)를 향해 있을 것이다. 자식에 대한 부모의 나르시시즘에 의해 왜곡된 사랑조차도, 그 밑바닥에 그 어린아이가 숨겨져 있다. 또는 이렇게도 말할 수 있다. 부모의 자식에 대한 관계에서뿐만 아니라 모든 관계에서 어떤 사랑이 극단의 지점을 향해 갈 때, 그 지점에서 너무나 오래된 과거에, 가장 오래된 과거에 이미 죽은 어린아이가, 그 **어린아이 자체**가 군림한다.*

---

* 우리는 부모의 사랑이 사회적 의식에 투과되면서 나르시시즘의 형태를 띠게 되고 왜곡된다는 점을 말했는데, 장-자크 루소는 일찍이 어떤 애정이 사회와 문화 내에서 변질된

나르시스를 이미 언제나 죽어 있는 경이로운 그 어린아이라고 보면서 블랑쇼가 나르시스의 이야기를 새로운 관점에서 이야기할 때, 그는 포장하고 왜곡시키는 모든 가상을 걷어 내고 바로 벌거벗은 타자, 우리 모두의 타자에게로 접근한다. '사랑'이라 부를 수 있는 것이든, '우정'이라 부를 수 있는 것이든, '효심'이라 부를 수 있는 것이든, '형제애'라 부를 수 있는 것이든 어떤 벌거벗은 관계에서, 죽은 그 어

다는 사실을 밝힌 바 있다. 루소는 부모의 자식에 대한 사랑이 아니라 '나'의 자기 자신에 대한 사랑을 문제 삼고 있는데, 그것은 잘 알려진 대로 두 가지로, 즉 자연으로부터 발생한 자기애amour de soi와 사회 내에서 인간들 상호 간의 비교에 따라 인위적으로 생겨난 이기심amour propre으로 나뉜다. "이기심과 자기애를 혼동해서는 안 된다. 두 정념은 그 성질로 보나 그 효용성으로 보나 크게 다르다. 자기애는 일종의 자연스러운 감정으로, 모든 동물들로 하여금 자기 보존에 관심을 갖게 한다. 인간의 경우에는 자기애가 이성에 따라 인도되고 동정심에 따라 변용되면서 인간애와 미덕을 낳는다. 그에 반해 이기심은 사회 안에서 생기는 상대적이고 인위적인 감정에 지나지 않는다. 그것은 각 개인이 자기를 누구보다도 우선시하며 사람들이 서로 간에 행하는 모든 악을 일깨우는 동시에 명예의 진정한 원천이 되기도 한다"(장-자크 루소, 『인간 불평등 기원론』, 주경복·고봉만 옮김, 책세상, 2003, 195쪽. 번역 약간 수정). 우리는 르클레르로부터 출발해서 자식에 대한 부모의 사랑에 대해 논했던 반면, 루소는 자기에 대한 사랑을 말하고 있다. 그러나 두 논의 사이에 전혀 연결점이 없는 것은 아닌데, 왜냐하면 우리는 부모의 사랑을 자기에 대한 사랑으로 보고 논의를 진행시켰기 때문이다. 나르시시즘의 일종으로서의 부모의 사랑은 자기에 대한 사랑과 무관하지 않을뿐더러 그것에 근거한다고 볼 수 있고, 부모의 사랑 역시 사회적 맥락과 자아라는 틀을 벗어나 뒤로 끝까지 되돌아가게 되면, 어떤 적나라한 형태의, 또는 무형태의 익명적이거나 '반사회적인' 근거로 귀착된다. 그 무차별적 근거에 "모든 동물들로 하여금 자기 보존에 관심을 갖게" 하는, 인간도 매어 있지만 궁극적으로는 반인간적인 생명이, 우리 모두의 생명이 자리 잡고 있다. 여기서 '우리 모두'는, 즉 "그들은 자연에 더 결부되어"(장-자크 루소, 『루소, 장-자크를 심판하다—대화』, 진인혜 옮김, 책세상, 2012, 29쪽) 있을 것이지만, 그들이 놓여 있는, 바깥이라는 자연(블랑쇼는 바깥 또는 카오스와의 대면과 관련해 "자연적인 것의, 자연의 은밀한 회귀"[91]라고 썼다)은 루소가 상상했던 평화롭고 행복하며 목가적인 자연, 즉 문화 이전의 자연이 아니라, 문화의 한가운데 뚫린 반문화적이자 반자연적인 '자연'이다.

린아이가 죽은 채로 '우리'의 죽음 가운데, '나' 아닌 '그' 또는 '그 누구'의 죽음 가운데, 즉 불가능한 죽음 가운데 되살아난다. 그 죽음을 통해 그 어린아이는 자신의 맨 얼굴을 드러낸다. 카오스의 경험, 그 경험될 수 없는 경험, 바깥에서의 시련, 바깥이 가져다주는 시련.

'나'의 존재의 선험적 조건: 과거의 그 어린아이

우리가 살아 있지만 죽어가면서, 죽어가지만 살아 있으면서 겪게 되는 불가능한 죽음을 그 어린아이가 주재하며, 그 죽음을 통해 우리는 그 어린아이에게 최대한 가까이 다가간다. 그 어린아이는 우리가 결정적 죽음(생물학적 죽음) 이전에, 어쨌든 태어난 이후에 삶 속에 남아 있는 채로만 만나게 되는 어떤 자이다. 그러나 동시에 그 어린아이는 우리가 언어를 배워서 삶 속으로 들어가기 전에 사라졌던, 따라서 단 한 번도 기억 안으로 들어온 적이 없으며, 단 한 번도 의식에 표상된 적이 없는, 영원히 림보에 머물러 있는, 르클레르와 함께 불랑쇼가 말하는 유아이기도 하다. "세르주 르클레르의 어린아이, 우리가 끊임없이 죽음으로 돌려보냄으로써만 우리 자신이 삶과 말에 도달해서 살해할 수 있는 무섭고 폭군 같은, 영광에 둘러싸인 찬란한 유아는 [⋯⋯] 살아가기 이전에 죽어감 가운데 침몰해 버렸던 자가, 어떠한 지식과 어떠한 경험에 비추어 봐도 그의 역사 가운데 과거의 어느 정해진 시점에서 죽었는가를 결정할 수 없는 어린아이가 아닌가?"(127~128) 그렇다면 '내'가 살아가면서, 살아가기 위해 끊임없이 살해해야만 했고, 불가능한 죽음에 빠져 들어가면서 그 어느 때보다도 더 가까이서 대면해야 할 그 자가 어떻게 단 한 번도 삶에도 기억에도 들어온 적이 없는, 여전히 그냥 림보에 머물러 있는 유아일 수 있는가? 어떻게 둘이 같을 수 있는가?

블랑쇼가 밝힌 대로 죽은 과거의 시점을 가리킬 수 없는 그 어린아이는, 시계의 시간을 기준으로 지적할 수 있는 어떤 시점(들)에서 살해되었거나 살해되어 온 것이 아니다. 여기서 시계의 시간, 양적인 시간의 균질적 흐름은 전혀 고려의 대상이 되지 못한다. '나'는 말하고 살아가면서 그 어린아이를 살해해 나가는 데 성공해 왔지만(비현실성으로의 이동, 언어를 칼로 삼아 그 어린아이를 지속적으로 살해하는 것, 그 경우 살해는 가능한 살해이고, 살해로 인한 죽음은, 블랑쇼의 표현을 빌리면, '가능한 죽음'이다), 죽었고 다만 언제나 또다시 죽음에 예정되어 있을 뿐이었던 그 어린아이가 어느 지점에서, 어떤 계기를 통해 죽은 채로 되돌아와 '나'의 입을 막고 '나'의 언어를 멈추게 만드는 것이다('나'의 동일성의 와해, 언어의 중지, 더 이상 살해가 불가능성이라는 사실, 즉 '불가능한 죽음'). 그러나 그때 되돌아오는 그 어린아이는 바로 결코 기억될 수 없는 과거에 림보에 여전히 남아 있던 가장 늙은 유아인데, 왜냐하면 그 어린아이는 '내'가 언어를 배우고 사용하면서 어른으로 살아가기 위해 반드시 요구되었던 필연적 조건이기 때문이다(어른의 삶을 위해, 의식적 자아의 삶을 위해 요구되는 필연적 조건). 간단히 말해 '내'가 그 어린아이를 끊임없이 죽임으로써만 살아갈 수 있었다면, 그 어린아이는 비록 죽은 채로나마, 사실은 림보 안이 아니라 '내' 안에 언제나 남아 있었어야, 죽은 채로 남아 있어야 하기 때문이다. 그 유아가 '내'가 살아가고 있었던 모든 시간에 언제나 '나'의 삶의 선험적 조건이었기 때문이다. 그 어린아이가 '내'가 언어를 배우기 전부터,

'내'가 자아로서 살아가기 이전부터, 결코 기억될 수 없는 과거에서부터, 따라서 '내'가 태어나기 전부터 '나' 자신도 모르게 '나'를 따라다니고 있었고, 바로 그러한 조건하에서만 '나'는 살아갈 수 있었기 때문이다. 그 어린아이로부터 끊임없이 달아나다가 어떤 계기를 통해, 어떤 한계 상황에서 불가능한 죽음에 맞닥뜨리게 되어서야 비로소 '내'가, '나 자신'이 바로 그 가장 늙은 어린아이임을, 모두의 타자임을 발견하고 그제야 눈물을 쏟아 내거나 눈물로 번지는 미소를 짓거나 그냥 묵묵히 땅만 바라보게 되는 것이다. '나'의 존재, 보다 정확히 말해 '나'의 비존재가, '나'의 결정적 비동일성이 그러한 단순하고 필연적인 몸짓으로 응결되면서 거기서 흩어져 갈 수밖에 없는데, '내'가 유아로 남아 있는 그 나르시스에게 다가가면 다가갈수록 '나'는 보다 더 깊숙이 언어의 부재 안으로 떨어지게 되고, 보다 더 깊은 침묵으로 들어가기를 요구받기 때문이다. '나'는 말할 수 없고, 그렇다고 죽음으로써 스스로를 끝장낼 수도 없다. 다만 유일한 목소리, 에코의 언제나 똑같은 목소리, 불가능한 죽음을, 다시 말해 익명적 삶을, 또는 우리 모두 공동의 삶-죽음을 끊임없이 통고하는 그 목소리를 들을 뿐이다. "나르시스는 고독하다고 여겨지는데, 자기 자신에게 지나치게 현전하기 때문이 아니라, 예언(너는 너 자신을 볼 수 없을 것이다)에 의해 다른 삶과 살아 있는 관계를 맺을 수 있게 할 반영적인 이 현전——자기 자신——이 그에게 결여되어 있기 때문이다. 그는 침묵한다고 여겨지는데, 자신에게 같은 것을 말하는 어떤 목소리를 반복적으로 듣는 것 이외에 다른 말을 갖고 있지 않기 때문이다. 또한 그는 그 목소리를 자신의 것으로 만들 수 없다. 그 목소리는, 그가 그것을 사랑하지 않는다는 점에서, 그가 사랑할 다른 아무것도 그에게 가져다주지 않는다는 점에서 정확하게 나르시스적이다"(213~214).

그 어린아이 또는 타자

나르시스, 즉 그 어린아이가 바로 '내' 안에 뚫린 구멍이고, '나'와 '나 자신'의 동일성을 항구적인 것이 되지 못하게 만드는, '나'의 한가운데 들어서 있는 타자이다. 보다 정확히 말해 그 유아는 우리 모두 안에 파여 있는 심연이다. 왜냐하면 그 유아는 우리의 모든 의식적·사회적 자아들이 존재하기 시작하기 이전의 가장 먼, 절대적 수동의 과거로부터 우리 모두의 공동 영역 내에 머물러 있었기 때문이다. 그 유아는 기억될 수 없는 가장 먼 과거에 우리 모두 안에 남은 결핍된 존재, 결핍으로서의 비존재일 것이다. 우리를 가장 오래된 과거에서부터 찢긴 존재로 예정해 놓은 자, 우리를 돌이킬 수 없을 정도로 아픈 존재로 미리 규정해 놓은 자, 우리에게 책임이 없지만 우리로 하여금 끝까지 책임져야 할 "망각된 불행"을 애초부터 가져온 자. 그 불행을, 우리 모두의 탄생 이전의 태고의 죽음을 견뎌 내는 것을 블랑쇼는 '참을성 patience'이라고 부른다. "또한 직접적인 것이 과거라는 견딜 수 없는 역설을 받아들일 수 있어야만 할 것이다. 그에 따라 우리는 카오스를 말할 수 있다. 직접적인 것에 대해 더 이상 우리가 생각할 수 없는 것과 마찬가지로, 절대적 수동의 과거에 대해 우리는 생각할 수 없는 것이다. 어떤 망각된 불행을 우리가 우리 자신 안에서 참아 낸다는 것은, 절대적 수동의 과거가 무의식적으로 이어져 왔다는 표식인 것이다. 우리가 참을 때, 우리는 우리 자신에게 현재 침투하지는 않지만 우리를 기억되지 않는 한 과거로 되돌려 보내는 어떤 무한한 불행과 관계하고 있다. 즉 우리의 불행 또한 불행으로서의 타인과"(60~61).

　이미 사라져 버려 현전하지 않지만 현전하는(비현전의 현전) 그 어린아이가 타인을 통해 다가옴을 견뎌 내는 수동적 행위, 거기에 윤리의 출발점이, 윤리로의 입구가 있다. 그러나 만일 '내'가 타인을 통해 자신의 죽음을 알리는 그 어린아이를 책임져야 한다면, 레비나스가 내세운 이유대로, '내'가 타인에 의해 책임의 주체로, 타자에 대한 책임을 감당하는 유일한 자로 지정되었기 때문은 아니다. 어떤 결핍을 견딜 수 없기 때문이고, 그렇기 때문에 동시에 그 결핍을 견뎌 내야 하기 때문이다. 그 어린아이가 '나'와 타인 사이에, 우리 안에 뚫려 있는 공동의 구멍, 공동의 결핍으로 현시現示, présentation(보이는 것의 현전이 아니라 보이지 않는 시간적인 것의 현전과 흩어짐, 기억될 수 없는 과거가 흩어짐으로써 현전함)되고, '나'는 '우리'의 그 결핍으로, '우리'라는 해소될 수 없는 그 결핍으로 다가가는 동시에 그것을 감당하라는 명령을 받기 때문이다. 레비나스가 말하는 윤리적 '비대칭성 asymétrie' 내에서 마치 주인이 손님을 접대하듯, 마치 부자가 과부와 고아를 환대하듯 타인을 책임져야 하기 때문이 아니다. 그 불행한 타인 안에 뚫려 있는 구멍을 통해, 그 헐벗은 타인 안에 난 오래된 찢긴 상처를 통해 '나'를, 즉 '나'의 비존재를, '우리'를 발견하기 때문이다. 따라서 인간이 그 어린아이보다 더 나은 점이 있다. 그 어린아이는 즉자적 존재로서 인간을 결코 알아볼 수 없는 반면, 인간은 그 어린아이를 알아볼 수 있을뿐더러 그 어린아이에게로 다가갈 수 있는 것이다.

　따라서 일찍이 헤겔이 인간을 정의하면서 문제 삼았고, 헤겔 이후로 계속 문제가 되어 왔던 '찢긴 존재'(인간은 '찢긴 존재'이다)가, 즉 자연과 문화·사회 사이에서, 감각·감정과 의식 사이에서 찢겨질 수밖에 없는 인간의 원초적 불행이 그 자체 내에 담고 있는 긍정적 요소가 있다. 인간이 어린아이를 알아볼 수 있게 된 것이다. 인간이 어린아이와 분리되는 고통과 불행 덕분에 어린아이를 알아볼 수 있게 된 것이다. 인간이 어린아이를 통해 타인과의 급진적 소통으로, 자신의 존재가 비존재로 뒤집어지게 되는 반전(불가능한 죽음)에 의해 추진되는 소통으로 열릴 수 있게 된 것이다. 인간이 자신 안에 뚫려 있는 구멍이 자신의 것이 아니라 공동의 것(공동의 틈새, 공동의 영역을 여는 틈새, 공동의 영역으로 열리는 틈새)임을, 우리 공동의 타자임을, 인간 스스로가 비존재임을 깨닫게 됨에 따라 타인에게로 향할 수 있게 되고 타인과 마주할 수 있게 된 것이다. 타인과의 관계에서 흔히 '사랑'이라 불리는 것은 찢긴 존재에게만, 즉 신도 동물도 아닌 인간에게만 허락된 것이다.

그러나 '내'가 아무리 타인을 사랑한다 할지라도, 아무리 타인을 책임진다 할지라도 그 공동의 구멍은 메워지지 않으며, '나'는 또 다시 찢긴 존재로 예정되어 있을 수밖에 없다. 또한 우리가 어떠한 완벽한 총체적 언어를 방어 도구이자 무기로 써서 더할 나위 없이 확고하게 존재를 결정 짓는다 할지라도, 우리는 '하나'가 될 수 없는 것이다. 말하자면 그 어린아이에 대한 살해를 완수했다고 믿으면서 이성적 어른들의 이상적 공동체를 완성할 수가 없는 것이다. 그럴 뿐만 아니라 우리는 감각과 감정의 어떠한 극단적·낭만적 고양을 통해서도 그 어린아이와 '일치'되고 합일을 이루어 '하나'가 될 수 없다. 우리가 예외

없이 찢겨져 있다는 사실은, 우리가 어떠한 이론적이거나 낭만적이거나 도덕적인 방법을 통해서도, 어떠한 총체적 방법을 통해서도 '하나'가 될 수 없다는 불가능성의, 그러나 동시에 서로가 서로에게 무한히 접근할 수 있다는—'나' 아닌 '우리'의—가능성의 선험적 조건이다. 인간은 스스로 타자화됨으로써만, 공동의 구멍 안으로 들어가 있음으로써만, 스스로 '우리'가 드나드는 공동의 틈새가 됨으로써만 타인을 향해 돌아설 수 있는 것이다. 소통이 어떠한 고정되어 결정된 지점에서도 완결될 수 없다는 사실, 소통의 확고한 토대의 부재, 그러나 그에 따르는 소통의 역동성, 소통의 무한성, 아마 그것을 블랑쇼는 '밝힐 수 없는 공동체communauté inavouable'라는 표현으로 정식화했을 것이며, 우리는 여기서 "어떤 공동체도 이루지 못한 자들의 공동체La communauté de ceux qui n'ont pas de communauté"라는 바타유의 말을 다시 한 번 마주할 수밖에 없다.

### 타자: 공동의 그 어린아이

그 어린아이의 현전, 그러나 그 어린아이는 어디에도, 타인 안에도 '내' 안에도 공간적인 것으로 현전하지 않는다. 가장 먼 과거로부터 되돌아오는 그 어린아이는 관계 내에서 어떤 것이나 어떤 자로 어떠한 현재에도 의식에 포착되어 고정되지 않기 때문에 무한히 다가가야만 할 미래로, 따라서 영원으로 미끄러져 달아난다. 그 어린아이는 어떠한 의식의 현재에도 현전하지 않으며, 다만 현재가 부재하는 시간 가운데 놓여 있다. 오직 시간 가운데만, 즉 실체로서의 영원이 아니라 시간의 응결과 파열(파편화)로서의 영원 가운데에만, 시간적 영원 가운데 또는 순간의 영원 가운데만 놓여 있는 것이다. 다시 말해 그 어린아이는 우리 밖의 영원이 아니라 우리 안의 영원에, 따라서 관계 내에 공간적 현전도 의식적 현전도 아닌 **시간 자체**의 현전으로 현시된다. 다시 말해 과거와 미래의 응집과 산개가, 시간의 전개인 동시에 영원의 전개가 관계 내에서 현시됨으로 공간화되는 것이다. 그 시간적 응집과 산개가 **관계 자체**를 이루는 것이다. 시간의 공간화, 동시에 공간의 시간화, 왜냐하면 관계를 극단의 시간성이 주재하기 때문이다. 관계가, 단순히 어떤 자들이 한 공간을 공유하기 때문이 아니라 과거와 미래가 이어지기 때문에, 공동의 시간이 스스로 펼쳐지고 응결되기 때문에 열리는 것이다. 관계가 '나'의 시간과 타인의 시간의 이어짐 이외에 아무것도 아닌 것이 되는 것이다.

    블랑쇼는 "오히려 삶이 끝나지 않는 죽음으로부터만 태어나기 때문이다"라는 보나벤투라의 말과 "자연 속에서 모든 죽음은 동시에 탄생이며, 바로 정확히 죽음 속에서 삶은 그 절정에 도달하게 된다"는 피히테의 말을 인용하고, 곧이어 여기서 "죽음이 초월성의 희망과 관계한다고 생각하지 않"아야 한다고 덧붙인다(71). 이미 죽은 그 어린아이가 다시 돌아오면서 나로 하여금 언어를 고수하지 못하게 하고, 그에 따라 자신에 대한 살해가 더 이상 가능해지지 않는 지점을 통고하는 것, 그것이 바로 불가능한 죽음을 통고하는 것이며, '나'는 가능한 죽음을 완료시키지 못한 채 다시 삶으로, 죽은 그 어린아이와 함께 하는 삶으로 되돌아오게 된다. 그러나 타인을 통해 '말하는' 죽었고 다시 죽어가는 그 어린아이와 함께 하는 삶, 타인과 함께 그 어린아이를 공동으로 분유分有하는 삶, 간단히, 타자와 함께하는 삶, 그것은 블랑쇼에게 (불가능한) 죽음 가운데에서의 삶의 절정이다. 절정의 삶, 그러나 "행복도 불행도 아닌"* 비인칭의 삶, 중성적인 것, 초월적 영원이 아니라 불멸(죽음의 불가능성, 오직 유한성으로부터만 열리는 무한, 오직 필사성必死性을 통해서만 마주하게 되는 불사不死), 가장 먼 과거로부터 이어져 온 삶, 그러나 단지 죽음의 현재가 있을 수 없기에 무한으로서 생성하는 미래로 열리는 불멸의 삶, 나의 것도 너의 것도 아닌 익명적 삶, 나와 타인이 공동으로 속해 있는 불멸의 시간.

블랑쇼는 레비나스의 윤리학에 아직 크게 영향받지 않았던 『문학의 공간』 시기에 눈 속에서 추위로 죽어가던 하인 니키타를 껴안고 대신해서 죽은 주인 브레후노프(톨스토이의 『주인과 하인』)에——즉 공동의 불멸의 시간에——주목하면서 그의 '타자를-위해-죽어감'에 대해 이렇게 썼다. "이러한 관점에서 죽어간다는 것, 그것은 언제나 니키타 위에 누우려고 하는 것, 니키타의 세계 위에 자신을 펼치는 것, **모든 타인들과 모든 시간을 껴안는 것이다**. 여전히 우리에게 고결한 회심, 영혼의 꽃핌, 위대한 우애의 움직임으로 그려져 있는 것은, 하지만 이러한 것이 아니다. 톨스토이에게서조차 아니다. 즉 죽어간다는 것, 그

---

\* 블랑쇼의 자전적 이야기 『나의 죽음의 순간』의 말미에 나오는 한 구절을 되돌려 보자. "하지만 총살형이 단지 실행되지 않았을 뿐인 그 순간에, 내가 어떻게 번역해야 할지 모르는 가벼움의 감정이 남아 있었다. 삶으로부터의 해방? 무한의 열림? 행복도 불행도 아닌. 공포의 부재도 아닌, 아마도 이미 저 너머로의 발걸음"(M. Blanchot, *L'Instant de ma mort*, Fata Morgana, 1994, pp.16~17). 이에 대한, 즉 중성적인 것에 대한 이러한 자크 데리다의 언급이 있다. "중성적인 것, 그것은 대립된 것들 가운데 어느 것에도 귀속되지 않고 그렇다고 대립을 넘어서지도 않은 채——이것도 저것도 아니며, 행복도 불행도 아니다——전개되는 사유나 정념의 경험이다"(J. Derrida, *Demeure*, Galilée, 1998, p.121).

것은 선한 주인이 되는 것도 자기 자신의 하인이 되는 것도 아니다. 그것은 윤리적 승격이 아니다. 브레후노프의 죽음은 우리에게 '선한' 것에 대해 아무것도 말하지 않고, 그리고 그의 몸짓, 그를 얼어붙은 몸 위에 갑자기 눕게 만드는 움직임, 그 몸짓 또한 아무것도 말하지 않는다. 그것은 단순하고 자연적인 것이다. 그것은 인간적인 것이 아니라, 불가피한 것이다."* 죽어가는 니키타를 껴안는 브레후노프의 몸짓, 그것은 반인간적인 것이며, 마치 자연의 명령에 따라 행해진 것과 같은 것이다. 브레후노프는 단지 자신의 시간을 니키타의 시간에 접목시킴으로써만, 비록 자신은 죽는다 할지라도, '우리'의, 익명적 인간의 불멸을 추구할 수 있는 것이다. 불멸을 불가피하게 추구하지 않을 수 없도록 명령을 받은 브레후노프, 어느 누구로부터도 내려지지 않은 명령을, 어떠한 윤리적·도덕적 명령도 아닌, 단지 '우리'를, 인간 존재를 무한한 미래에 이르기까지 긍정하라는 명령을, 왜냐하면 무한한 미래에 놓여 있는 자는, 브레후노프 자신은 아니지만 그 자신과 무관하지 않은 타자, 바로 어린아이로 나타나는 니키타이기 때문이다. "그는 지금 우리가 있는 곳에서 죽는 것이 아니라 완전히 미래에, 미래의 극단적인 지점에서, 자신의 현재의 실존뿐만 아니라 또한 현재의 죽음에서도 벗어나 죽기 때문이다. 그는 홀로 죽어간다. 왜냐하면 그는 모두로서 죽어가기 때문이다."**

설사 브레후노프의 죽음과 같은 극단적인 것이 아니라 할지라도,

---

\* 모리스 블랑쇼, 『문학의 공간』, 242쪽. 인용자 강조. 번역 약간 수정.
\*\* 같은 책, 240쪽.

진정한 의미에서의 윤리 또는 다수가 개입되어 있는 정치적인 것에는 타자가 회귀하는 계기가 반드시 개입한다. 그 증거는, 말 못하는 그 어린아이 '말함'의 이면인 '나' 또는 '우리'의 '말문이 막힘'이다. 그러나 그 묵언을 강요하는 압력이 반드시 어떤 예외적이거나 엄청난 상황에만 주어진다고 믿어서는 안 되는데, 왜냐하면 말해야만 하거나 글 써야만 하는 곳에서 우리가 어떤 자와 관계에 놓이기 위해서는, 설사 수많은 말들을 쏟아 내고 수많은 단어들을 써야만 한다 할지라도, 어느 시점에서 침묵으로 말하거나 써야만 하기 때문이다. 말문이 막히는 것, 말문이 막힐 줄 아는 것, 그것은 행동이 아니지만, 우리로 하여금 어떤 특별하거나 일상적인 상황으로 들어갈 수 있게 하는, 또는 진정으로 행동하거나 말하거나 글 쓸 수 있게 하는 행위, 모든 행동 이전의 수동적 행위이다.

자연의 총체성을 담론의 총체성으로 대체하기를 원했던 사상가들뿐만 아니라 수많은 사상가들과 수많은 이론가들이 자신들의 철학적 담론들이나 이론들을 정치의 핵심이나 중심에 가져다 놓기를 원했거나, 적어도 정치의 기본적인 좌표나 기준으로 제시하기를 원했지만, 모든 언어는 정치적인 것이―설사 필연적일 수밖에 없는 결과라 할지라도―퇴락한 결과라는 사실을 되돌려 보아야만 한다. "말들이 무기가, 행동의 수단이, 구원의 가능성이 되는 것이 끝나기를"(41). 또는 말 못하는 타자가 '말하는', 즉 다시 침묵하는, 정치적인 것의 정점으로부터 내려온 이후에 사회 내에서 우리의 의식에 호소할 수 있는 어떤 언어가 필연적으로 요청된다. 왜냐하면 침묵하는 타자를 대신해서 우리가 말해야만 하고, 우리가 사회와 의식 내에서 살아갈 수밖에 없는 한 그 타자에 대한 책임을 사회적·의식적 차원에서 떠맡아야만 하기 때문이다. 그 경우 그러나 우리에게 필요한 동시에 중요한 언어는 한 이론가의 정치적·철학적 담론에서가 아니라——과거에도 언제나 사실상 아니었다——, 오직 현실적 문제들이나 사안들에 대한 응답인 다수의 민중의 거부와 저항과 구체적 요구들에서만 표명된다는 사실을 되돌려 보아야만 한다.

(그러한 다수의 거부와 반란과 실질적 요구들을 표현하는 모든 언어들이 당연히 중요하며, 그러한 한에서 그 언어들이 수렴되어야 하는 지점인 법이 중요하다. 오직 법은 그 다수의 언어들 또는 복수적 언어들이 모이는 장소이기 때문에만 중요하며, 여기서 우리는 법을 그러한 장소라고 이해한다. 지금까지 우리에게 사회의 토대를 이루어야 할 보편적인 입법적 담론을 어떤 사변적·형이상학적 철학에서 구하는 경향이 있었던 것은 분명히 사실이지만, 그러한 철학의 문제는 그것이 언제나 소수의 지적 엘리트들에 의해 구성되고 '가르쳐져' 왔다는 데에, 그에 따라 너무나 자주 소수 지배층의 권익에 봉사해 왔다는 데에, 또한 그것이 갖고 있는 신비성이 바로 소수 지배층의 권위를 신비화해 왔다는 데에 있다. 가령 루소가 민중의 일반 의지volonté générale의 표현인 입법의 중요성을 그토록 강조했던 이유는——민중의 구체적 요청들이 수렴되어 반영되는——입법이 공화국의 구성과 다르지 않기 때문이기도 했지만, 공허하지만 결국 사회를 지배해 왔고 지배 계급에 봉사해 왔던 형이상학적·철학적 담론을 그러한 입법을 통해 무력화시키기를——법 이외의 어떠한 형이상학적·철학적 담론도 사회를 관리하는 보편적 담론으로 승격되지 않기를——원했기 때문이라는 사실을 생각해 봐야만 한다. 법은 루소에게서 반철학, 반종

교, 반형이상학을 위해 요청된 담론이다. 루소가 프랑스 대혁명 직전의 자신의 시대에 자연법학자들을 비판하면서 "대단한 이론가나 형이상학자가 아니고서는 자연의 법을 이해할 수도 따를 수도 없다는 것이다"[*]라고 지적했던 이유는, 당시의 철학자들이자 형이상학자들이었던 신학자들을 뒤따르면서 법학자들이 초월적 담론——당시의 신학이자 형이상학이자 철학——에 의존함으로써 그들의 법 이론을 통해 민중의 현실적이자 실질적인 고통들과 문제들을 무시하면서 지배 권력을 공고히 하는 데에 봉사했기 때문이다.

 루소에게서부터 형이상학적 철학은 확인되고 검증될 수 없는 고상하고 신비하지만 공허한 이론이기 때문에만 문제였던 것이 아니고, 근본적으로는, 은밀하게 상위의 지배집단의 부와 권력을 유지시키고 공고히 하는 데에 봉사하기 때문에 문제였다. 루소는, 사회가——나아가 모든 사회가——실제로는 어떠한 형이상학적 초월성에도 근거를 두고 있지 않다는 점을 최초로 폭로했다는 점에서, 즉 사회가 그 자체를 그럴듯하게 포장해 주는 어떠한 형이상학적 초월성과도 관계없이 사실상 이해관계들과 권력관계들로 짜여져 있음을 최초로 간파했다는 점에서 니체 이전에 '신의 죽음'을 표명한 사상가이다.[**]

 즉 루소는 최초로 신의 왕국과 사회를 분리시켜 놓은 사상가, 즉 사람들이 믿고 싶어 했고 믿었던, 그러나 사실상 부재했던 신의 왕국을 실제로 부재로 돌리면서 사회를 급진적으로 세속화시킨 최초의 사상가인데,

---

[*] 루소, 『인간 불평등 기원론』, 37쪽.
[**] J.-L. Nancy, *Politique et au-delà*, Galilée, 2011, p.12.

루소 이후에도 많은 사람들은 신의 왕국의 부재라는 공백을 참을 수 없어 했고 노스텔지어에 사로잡혀 이러저런 방법[결국 전체주의적 방법]으로 그 공백을 메우고자 했다. 사회가 신의 왕국이 육화된 공동체가 아니라 계약의 대상일 뿐이라는 사실을 강조하는, 루소의 『사회계약론』은, 개인들이 무신론적일 필요는 없더라도 왜 사회는 무신론적이어야만 하는가라는 물음에 대한 의미심장한 대답들 가운데 하나이다. 하지만 루소 바깥에서, 우리의 관점에서 말한다면, 사회 내에서 종교로 승격될 만한 것은 오직 한 어린아이를 향한 것밖에 없다. 또한 한 어린아이에 대한 종교, 종교화될 수 없는 그것은 그 자체로 정치적인 것이다.

    블랑쇼의 경우 모든 법이 한계에 이르는 지점에, 오직 글쓰기만이 때때로 접근할 수 있는 영역에 끊임없이 주목하는 것은 사실이지만, 그가 법에 단순히 이분법적으로 대립하는 또 다른 어떤 부정의 언어를 찾고자 하기 때문은 결코 아니다. 그에게 문제되는 것은, 다만 법이 긍정되지도 부정되지도 않는, 법 이전의 중성적인 것일 뿐이다. 말하자면 언제나 그에게 법에 반대하는 것이 아니라, 법의 '토대 없는 토대'로, 법의 바깥이자 법에 대한 타자인 어떤 자연적인 것으로 거슬러 올라가는 것이 관건이다. 가령 그가 "민중은 포착되도록 스스로를 내버려 두지 않는다. 민중은 사회적 현실의 와해를 통해 드러나지만, 동시에 민중은 법에 의해 한정될 수 없는 최고주권을 통해서 사회적 현실을 재창조하려는 비순응적 집요함 가운데 존재한다. 최고주권은 법에 의해 한정 지어질 수 없다. 왜냐하면 최고주권은 법의 기반으로 스스로를 유지하면서 법을 거부하기 때문이다"[*]라

---

[*] 모리스 블랑쇼/장-뤽 낭시, 『밝힐 수 없는 공동체/마주한 공동체』, 박준상 옮김, 문학과지

고 말할 때, 그는 민중의 최고주권이 법의 자연적 근거라는 점, 또한 완전한 법을 구성할 수 없다는 불가능성으로부터 따라 나오는 사회적 현실의 재창조 가능성을 말하고 있다. 그 두 가지는 이미 루소가 지적한 것들—법의 토대로서의 인간적 자연, 그리고 사회계약의 파기에까지 이를 수 있는, 법과 민중 사이의 필연적인 간격에서 비롯되는, 완전한 입법의 불가능성[*]—이지만, 루소와는 달리 어떠한 구성적 언어에도 집중적으로 관심을 기울이지 않았던 블랑쇼에게 입법의 문제는 본격적으로 제기되지 않은 채 남아 있다. 그러나 우리에게 권력을 벗어나고 권력에 저항하는 문학적 언어뿐만 아니라 권력과 정면으로 마주하고 그러함으로써 권력의 정당성을 구축할 수 있는 언어가 필요한 것이 사실이다.)

**언어와 몸**

결정적 죽음(생물학적 죽음)으로 끝장나지 않은 채, 따라서 여전히 삶 가운데 머물러 있는 채 겪게 되는 불가능한 죽음의 시련은 죽은 그 어린아이에게로 최대한 가까이 다가가는 과정과 다르지 않기에, 앞에서 말한 대로, 언어를 박탈당하게 되는 지점이다. 언어라는 칼을 휘둘러서 다시 그 어린아이를 살해하는 것이 불가능하게 되는 시점, 그러나 완결된 죽음에 이르지 못하는 한 삶은 이어지고 그 시점으로부터 돌아서서 의식과 자아와 언어를 되찾게 된다. 죽음의 불가능성의 시간성

---

성사, 2005, 55쪽.

[*] "성공[입법의 성공]이 매우 드문 이유는, 사회의 요구들에 자연의 단순성을 결합시키기가 불가능하기 때문이다"(장-자크 루소, 『사회계약론』, 이환 옮김, 서울대출판부, 1999, 68쪽). 번역 수정. 이 책의 옮긴이는 "불가능l'impossibilité하기"를 "매우 어렵기"로 옮겼다.

이, 죽음의 불가능성의 순간이 과거로 지나갈 수 있다는 사실이 언어를 되돌려 준다. 그러한 한에서만 글쓰기가 (다시) 시작될 수 있다. '내'가 어린아이와 일치되어 합일에 이른다는 것은 절대적으로 불가능하다. 당연한 말이지만, 어쨌든 '나'로 남아 있어야만, 의식으로 돌아와서 사유할 수 있고 단어들을 조립할 수 있는 한에서만 글쓰기가 시작될 수 있다. 그러나 불가능한 죽음의 시련은, 또한 죽음의 시간성의 전개는 다시 복구된 언어에, 글쓰기에 아무런 효과도 가져오지 않는가?

이러한 블랑쇼의 말에 주의를 기울여 보자. "레비나스는 주체의 주체성subjectivité du sujet에 대해 말한다. 우리가 그 단어를 보존하기를 원한다면——왜 그래야 하는가? 또한 왜 그러지 말아야 하는가?——, 아마도, 상처 입은 자리인, 어느 누구도 주인일 수 없고 말할 수 없는 이미 죽은 죽어가는 몸에 든 멍인, 주체 없는 주체성subjectivité sans sujet에 대해 말해야 할 것이다. 거기에 나, 나의 몸이 있다. 단 하나의 치명적 욕망——죽어감에 대한 욕망, 고유하지 못하게 죽어간다는 사실을 넘어서지지 못한 채 다만 그 사실을 통과해 가는 욕망——이 움직이게 만드는 그것이 있다"(69). 기억될 수 없는 가장 먼 과거의 그 어린아이는 보이지 않고 현전하지 않을뿐더러 어떠한 형태로도 경험 안으로 들어오지 않으며, 결코 어느 누구와도 동일한 존재가 될 수 없다. 그 어린아이는 다만 모든 삶의 필연적이자 선험적인 조건일 뿐이다. 죽음의 불가능성이라는 시련을 통해 돌아오는 그 어린아이는 사실상 (물론) 그 자신으로서가 아니라, 인간과 분리되어 있고 의식으로부터 소외되어 있으며 의식에 의해 결코 완전히 포착되지 않는 어떤 부분으로서, 주인(주체) 없는 어떤 익명적 장소로서, 즉 **몸(주체 없는 주체**

성의 장소)으로서 들어선다. 그 어린아이, 즉 원초적 나르시시즘의 대표 표상은 무의식 속에 남아 있지만 어떠한 형태로도 그 자체로 현전하지 않고 경험되지 않기 때문에 무의식을 파헤친다 할지라도 동일화될 수 없다. 완전히 망각되어 그 자체로 복원하는 것이 절대적으로 불가능한 자연 자체, 그러나 그것은 찢긴 존재인 인간 안에서 어떠한 효과도 가져오지 않는 고요한 무無로 남지 않고 어떤 흔적을 남기는데, 그 흔적이 의식에 포착될 수 없지만 의식에 영향을 주고, 언어로 규정될 수 없지만 언어 위에서 작동하고—읽히지는 않지만—'그려지거나 울리는' 것, 바로 몸이다. 정신에 속해 있지 않는 "비非-정신"(블랑쇼는 이 표현을 쓴다), 그렇다고 보이기에 가리킬 수 있는 구체적인 이 몸 또는 저 몸이 아닌 몸, 그것이 죽음의 불가능성으로부터 회귀하는 언어에, 글쓰기에 간여하면서 보이지 않게 각인된다. 몸은 단어들을 가동시키고 책과 명제들 바깥으로 이동시키는 동시에, 단어들 배후에서 마지막으로 울리는, 정념의 '추상적' 움직임일 것이다. "정신이 그 무엇보다 항상 능동적인 것이라면, 참을성은 비非-정신에 [······] 고통받는 수동적인 몸에, 말 아래에 놓여 있는 절규에, 쎠어진 것의 비정신적인 것에 있다"(83).

    몸, 즉 단어들의 수동성(참을성), 존재자들을 개념화해서 포착하고 정의하는 단어들의 능동적 작용에 대한 단순하고 이분법적인 어떤 반대 작용이 아니라, 단어들의 그 능동성이 실현되는 곳에서 단어들을 바깥으로 이끌고 나가 터지고 흩어져 가는 그것, 단어들을 단순히 이해와 해석의 대상이 되는 데에 머무르지 않도록 막으면서 우리로 하여금 단어들의 그 바깥으로의 궤적을 뒤쫓게 하는 그것. 단어들이 모든 것을 개념화해서 의식에 내재하도록 변형시키는 부정의 작용을 계속 추진시키는 곳에서 몸은 항상 그 부정의 작용을 거꾸로 돌리는 역작용을 주재하면서 단어들을 쓰거나 읽는 자를 의식 바깥으로 또한 내몬다. 또한 몸은 단어들을 읽거나 쓰는 자가 최종적으로 만나게 되는 시점이자, ──능동적으로── 읽을 수도 쓸 수도 없는 지점, 단어들이 수렴되면서 '지워지는'(단어들은 지워지는데, '지워지는 글쓰기'는 물론 흰 종이 한 장을 증거로 삼지 않을 것이며, 단어들 자체가 구성한 해석되는 의미들을 초과하는 무의미의 효과일 것이다) 지점일 것이다. 시점으로서의 지점, 즉 쓰여지고 읽히는 단어들이 파열되는 시간들(순간들)만이 가리킬 수 있는 지점일 것이다. 몸이 언어를 파편화시키는 동시에 언어를 통해 파편화되며 단어들을 이미지적인 것l'imaginaire으로 수렴되게 만든다. "몸은 어디에도 귀속되어 있지 않고, 죽을 수밖에 없지만 죽지 않으며, 비현실적이며 이미지적이고 파편화되어 있다"(91). 몸은 쓰여졌거나 읽을 수 있는 어떠한 단어에도, 의미를 간직하고 있으며 이해되고 해독되는 어떠한 단어에도 주어져 있지 않으며, 그렇다고 단순히 처음부터 모든 단어와 모든 의미로부터 떨어져 나와 있지도 않고, 단어들의 유통과 의미들의 전달을 통해서, 그러나 그것들을 초과해서 작가와 독자 사이의 궁극적 소통을, 오직 침묵(진공의 침묵이 아닌 작동하는 침묵)으로만 완전해지는 소통(『문학의 공간』에서의 한 대목대로 "작품은 그것이 작품을 쓰는 어느 누구와 작품을 읽는 어느 누구 사이의 열린 내밀성이, 말할 수 있는 힘과 이해할 수 있는 힘이 서로 부정함으로써 과격하게 펼쳐지는 공간이 될 때에만 작품이다")을 이끈다.

쓰는 자와 읽는 자 사이에서 침묵을 통해서만 소통될 수 있는 것,

소통되어야 하는 것이 바로 몸이다. 의식과 사회에 고유하다고 여겨지는 모든 자아의 부재, 의식의 본질을 구성할 수도 있고 한 사회 내에서 이상적 모델로 승격될 수도 있는 모든 자아의 부재, 사회의 주인(주체)이 될 수 있는 이상적 인간형의 부재, 인간 본질의 부재, 자아의 고유성과 단일성의 와해, 또한 의식과 사회의 울타리를 뛰어넘어 최초의 결코 기억될 수 없는 즉자적 자연과 합일(융합)에 이르는 것의 불가능성, 따라서 찢긴 존재로서의 인간 자체, 따라서 몸 자체, 몸은 단어들을 이끌어 나가고 단어들이 책 속에 조용히 고요하게 박혀 있지 않도록 그것들을 책 바깥으로 끄집어내 지우면서 타인에게로 향해 나아가도록 만들고, 그것들을 타인에게서 파편들이 되게 만드는──침묵의 소통을 추진시키는──정념의 움직임(탈존의 표식, 작가로 하여금 독자로 향해, 독자로 하여금 작가로 향해 나아가게 만드는 움직임)인 동시에, 그러한 소통에 따라 마지막으로 그려지는 그것이다. 몸은 고정되어 보이거나 읽히는 어떤 것이 아니고, 우리 각자 안에 속해 있는 어떤 부분일 수 없고, 움직임 가운데 있으며, 다만 그렇기에 '우리'와 결부된다. 몸, 분리되어 있는 우리로 하여금 서로가 서로를 향해 있게 만드는, 서로를 서로에게 가깝게 다가가게 만드는 공동의 움직임, 따라서 공동의 몸, 공동의 몸을 통한 소통, 우리는 모두 불행한 찢긴 존재들에 지나지 않지만, 바로 그렇기 때문에 서로에게로, 또한 타자에게로 향해 무한히 나아가는 자들인 것이다. 여전히, 언제나 몸은, 언어로 인해 찢긴 존재의 원초적 불행 가운데 생성하지만, 언어를 통과해 가면서 그 자신을 현시시키고 그 공동의 불행 또는 결핍을 모두에게 전달하는 것이다. 찢김의 빛, 찢김으로 드러나는 영광, 찢김으로 인해 열리는 공동의 영역, 몸은 태고로부터, 가장 늙은 기억될 수 없는 그 어린아이로부터 이어져온 과거의 시간을 글쓰기와 독서가 약속하는 가장 먼 미래의 시간(미래에 '도래할 책 le livre à venir')에 중첩시켜 놓음으로써 무한에 응답하고자 한다.

### 그 어린아이와 정치적인 것

몸에 의해 추진되고 궁극적으로 몸을 현시시키는 글쓰기는 침묵에, 언어에 의해 결코 오염되어 본 적이 순백의 침묵(우리는 그러한 침묵을 절대로 알 수 없고 경험할 수 없다)이 아니라 언어가 파편화되면서 열리게 되는 지점인 묵언에 이른다. 그 침묵은 그 자체로는 정치의 영역에 속해 있지 않으며, 다만 관계(그것이 '사랑'이라 불릴 수 있는 것이든, '우정'이라 불릴 수 있는 것이든, '동포애' 또는 '형제애'라 불릴 수 있는 것이든)에 더 이상 말이 필요 없는 순간을 가져온다는 의미에서 '정확하고' 급진적인 소통을 주재한다. 언어 이전의 과거로부터 전수되었고 언어 이후의 무한한 미래에까지 전달되어야 할 그 침묵이 바로, 언어가 아닌 공동의 언어이고, '우리'라는 공동의 표식, 우리 공동의 밑바닥의 표식이다. 그러한 한에서, 또한 이름 없는 자들의 거부·저항·이의제기·요청들 그리고 혁명을 정당화하는 '말 없는 말'이라는 점에서(혁명을 정당화하는 것은 한 지도자의 연설도 한 철학자의 이론도 아니고 익명적 침묵의 힘이다) 그것은 정치적인 것이다. 블랑쇼의 말대로 "만일 네가 '시대'를 듣는다면, 너는 시대가 네게 시대의 이름으로 말하지 말고 시대의 이름으로 입을 다물라고 낮은 목소리로 말한다는 것을 배우게 될 것이다"(121).

근현대의 수많은 철학들이 그 침묵을 듣지 못했던 것은 아니었지만, 그것으로부터 성급히 돌아서서 그것을 언어 안에, 그것도 지나칠 정도로 규정하는 언어인 이론 안에 가두어 놓고 '역사'라는 이름으로, '인간' 또는 '인간 본질'이라는 이름으로, '이념'이라는 이름으로 망각해 왔다. 모든 이론 또는 이론 자체가 문제가 아니라 어떠한 종류의 이론이 문제일 것이다. 현실의 어떤 문제들을 추적하고 분석하고 드러내면서 정식화하고, 우리가 갖고 있을 수도 있는 어떤 환상을 폭로하며, 소수가 주도하는 정치적·사회적 지배 권력의 일방적 흐름 바깥에 감추어진 다양하고 이질적인 현상들에 주목하는 이론이 문제가 아니다. 즉 우리에게 '문제'로 다가와서 우리로 하여금 어떤 상황을 직시하게 하면서 우리를 그 안에 들어가도록 부추기는 이론이 문제가 아니라, 모든 상황 이전의 답으로서 군림하기를, 진정한 공동의 언어인 침묵을 지우면서 우리에게 공통적이고 당위적이라고 여겨지는 정신적(이념적·사변적·변증법적)이고 형이상학적(역사주의적·목적론적)인 명제들로 대치시키는 이론이 문제이다. 언어 이전의 공동의 언어인 침묵을 무화시키면서, 또한 언어 이후의 보편적 언어인 법(그 주체가 반드시 복수의 민중이어야만 하고, 민중의 구체적이고 실질적인 요구들의 해결 방안들을 제시해야만 하는 법, 루소가 정확히 본 대로 자연 상태에서의 인간의 자유와 고독을 사회 내에서 보존하기 위해 필연적으로 요청되는 준거점으로서의 언어, 또한 루소가 말한 대로 그 완전한 정립이 불가능하기에 항상 열린 틈들을 항상 포함하고 있어야만 하는 언어)을 초월하거나 그 토대라고 자임하면서 그 자체로 공동체의 구성 원리로 격상되기를 원하는 이론이, 그 자체가 법 이전의 근본적 법이기를 원하며 상황들 이전 또는 그 위에 놓여 있다고 암암리에 확신하는 이론이, '밑바닥'의 공동의 언어를 가로막고 어떤 '이념'을 제시하는 지나치게 규정하는 명제들을 토대로 삼아 공동체의 원리로 승격되기를 원하는 담론이 문제이다.

블랑쇼가 『카오스의 글쓰기』, 나아가 자신의 모든 글쓰기에서 울리게 하기를 원하는 침묵은, 문학의 원천으로 거슬러 올라가는 그 시적詩的인 '말', '우리' 공동의 '말'은 법 이전에 입법적이기를 갈구했던 그러한 상위의 철학적 담론이 주도했던, 철학과 정치의 결합의 시대(곧 근현대)와 결별하기를 시도한다는 점에서 정치적인 것이다. 그 침묵은 미리 설정된 답으로서의 철학적 담론이, 즉 사회 구성이나 공동체 구성을 위한 토대로 여겨졌던 입법적 담론이 정치에서 중요하다는 우리의 오래된 환상을 깨뜨리는, 말 못하는 어떤 어린아이의 절규라는 점에서 정치적인 것이다. 그 침묵을 통해, 그 어린아이는 이미 죽은 자신이 과잉의 담론들을 통해 거듭 부당하게 살해당해 왔다고 항변하면서 우리에게로 되돌아온다. 그 어린아이가 언제나 그랬었던 것처럼 결코 자신을 언어에 내맡기지 않는 데에 따라, 그 침묵도 다만 침묵으로 남을 뿐 궁극적으로는 아무것도 가르치지 않고 아무것도 구성하지 않는다. 다만 우리는 그 침묵이 너무나 단순하게 우리의 단순한 공동의 목소리로 귀착되는 장면을 목도할 뿐이다.

박준상

모리스 블랑쇼 연보
모리스 블랑쇼 저작목록

# 모리스 블랑쇼 연보*

1907  9월 22일, 프랑스 손-에-루아르Saône-et-Loire 지방의 작은 마을 켕Quain에서 출생. 부친이 개인 교습을 하는 교수였던 관계로, 파리에서 엘뵈프Elbeuf로, 라 사르트La Sarthe에서 샬롱Chalon으로 자주 이사를 할 수밖에 없었다.

1923  바칼로레아(대학입학자격시험) 수험. 십이지장 수술 중 발생한 감염사고로 건강이 악화. 그로 인해 대학 입학이 1년 늦어짐. 평생 건강이 매우 좋지 않아 고통받음.

1925  스트라스부르 대학 입학. 전공은 철학과 독문학. 스트라스부르 대학에서 에마뉘엘 레비나스를 만남. 변함없는 우정이 시작되어 함께 독일 현상학을 공부하고, 프루스트와 발레리를 읽음.

1930  소르본에서 회의주의자들에 대한 석사 논문이 통과됨.

1931  생-안Sainte-Anne에서 의학을 공부하기 시작함. 그러나 대학보다는 저

---

* 『마가진 리테레르: 블랑쇼 특집호』(*Magazine littéraire: L'énigme Blanchot*, no. 424, 2003/10월)에 수록된 크리스토프 비덩이 쓴 블랑쇼 연보와 『뢰이 드 뵈프』 블랑쇼 특집호(*L'Œil de bœuf: Maurice Blanchot*, no. 14/15, 1998/05)에 수록된 블랑쇼 연보, 그리고 다른 텍스트를 참조해 작성되었음.

널리즘에 관심을 갖게 됨. 프랑수아 모리악François Mauriac에 대한 평론을 발표(그로서는 처음으로 발표한 글). 티에리 몰니에Thierry Molnier가 이끌고 있는 '악시옹 프랑세즈Action Française'의 청년 반대파와 특히 가깝게 지내면서, 극우 신문들과 잡지들에 기고함. 소설을 쓰기 시작하나, 틀림없이 여러 번 그 원고들을 폐기함.

1933 정신혁명을 위한 반자본주의·반의회주의·반공산주의가 기본적인 모토들. 동시에 반게르만주의와 반히틀러주의의 입장에 섬. 나치의 수탈을 고발하는 유대인 민족주의자 모임에 가담. 친구 폴 레비가 주관하던 일간지 『르 랑파르』(Le Rempart, '성벽')에 유대인들을 강제수용소에 처음으로 보낸 사건에 항거하는 기사를 씀. 정치에 일종의 정신성을 가져오기 위해 극우노선에 섰지만, 블랑쇼가 지지했던 극우사상은 이상주의(정신주의) 색채가 강했고, 당시의 나치주의와는 관계가 없었다.

1936 부친의 죽음. 장 드 파브레게스Jean de Fabrèguez와 티에리 몰니에가 주관하던 월간지 『콩바』Combat에 기고함.

1937 『랭쉬르제』(L'Insurgé, '반란자')에 신랄한 정치 기사를 쓰는 동시에 문학 관련 기사를 쓰기 시작함. 그러나 1년 내에 두 가지 모두를 포기. 극우파를 지지하는 정치 기사를 쓰기를 그만둠. 장 폴랑Jean Paulhan과 처음으로 만남.

1940 『주르날 드 데바』(Journal des débats, '토론 신문')의 편집자로서, 보르도Bordeaux와 이어서 비시Vichy에서 파탄에 이를 정도로 약화된 정부를 지켜봄. 이후 모든 논설위원직을 그만둠. 국가에서 재정 지원을 받던 문화단체인 '젊은 프랑스Jeune France'에서 '문학Littérature'이라는 연구소를 이끎. 12월에 조르주 바타유를 만남.

1941 『주르날 데 데바』에 문학 기사를 쓰기 시작함. 가을에 첫번째 작품인 『토마 알 수 없는 자』 출간. 나치로부터 레비나스의 부인과 딸을 피신시키고, 그녀들에게 보호처를 제공.

1942 소설 『아미나다브』 출간.

1943 디오니스 마스콜로의 요청으로, 『주르날 데 데바』에 실렸던 54편의 텍스트들을 모아 재수록한 평론집 『헛발』을 출간. 마스콜로와의 교제 이후로 블랑쇼는 정치적 관점에서 점점 더 좌익 쪽으로 기울기 시작.

1944 자신이 출생한 집의 담벼락에서 총살형의 위기에 놓였으나, 레지스탕스의 선제공격으로 간발의 차이로 구출됨. 블랑쇼는 이 기적적인 체험 이후로 덤으로 생존하고 있다는 느낌을 갖게 된다. 50년 후 이 체험을 바탕으로 『나의 죽음의 순간』을 쓰게 됨. "죽음 자체와 다르지 않은 이 감정만이, 보다 정확히 말해, 언제나 진행 중인 나의 죽음의 순간이 가져온 이 가벼움의 감정만이 남아 있을 것이다."(『나의 죽음의 순간』)

1946 『라르쉬』(*L'Arche*, '아치'), 『크리티크』(*Critique*, '비평'), 『레 탕 모데른』(*Les Temps modernes*, '현대') 등의 잡지에 기고하고, 여러 문학상 심사에 참여. 전후의 가장 중요한 비평가로 부각. 드니즈 롤랭Denise Rollin과의 연인 관계가 시작됨. 파리를 떠나 지중해 지역의 에즈Eze 마을에 정착. 그러나 이후에도 자주 파리에 머무름.

1946~1958 글의 형태가 보다 길고 압축적으로 바뀜. 1953년에는 *NNRF* 지에 매달 기고를 함. 블랑쇼 고유의 문학의 공간을 창조함("끝날 수 없는 것" l'interminable, "끊임없는 것"l'incessant, "중성적인 것"le neutre, "바깥"le dehors, "본질적 고독"la solitude essentielle). 1955년 『문학의 공간』 출간. 루이-르네 데 포레에 대해 쓴 텍스트의 도입부에 나오는 "작은 방"에서 여러 소설들을 씀. 『하느님』(1948), 『죽음의 선고』(1948) 출간. 『토마 알 수 없는 자』의 훨씬 간결해진 재판본 완성(1950). 『원하던 순간에』(1951), 『나를 동반하지 않았던 자』(1953), 『최후의 인간』(1957) 출간. 1957년 모친 사망.

1958 파리로 돌아옴. 드골 장군의 "쿠데타"에 반대하면서 잡지 『7월 14일』*Le 14 juillet*을 창간한 디오니스 마스콜로에게 다음과 같은 편지를 씀. "당신

에게 저의 동의를 표명하고 싶습니다. 저는 과거도 현재도 받아들일 수 없습니다." 그 잡지 2호에 「거부」(Le Refus)를 발표(『우정』에 재수록). 로베르 앙텔므와 그의 부인인 모니크와 가까워짐. 레지스탕스 활동 중 체포, 정치범으로 독일의 강제수용소에 수감되었던 앙텔므는 기아와 강제노역, 티푸스로 사경을 헤매다 구조되어 생환하였다. 수용소 체험을 기록한 그의 『인류』(L'espèce humaine, 1957)는 블랑쇼를 포함한 많은 사람들에게 충격을 주었고, 블랑쇼는 앙텔므의 이 책에 관한 중요한 글(「파괴될 수 없는 것」L'Indestructible)을 발표한다(『무한한 대화』에 재수록). 또한 마르그리트 뒤라스, 루이-르네 데 포레, 모리스 나도Maurice Nadeau, 엘리오 비토리니Elio Vittorini와 지네타 비토리니Ginetta Vittorini와 가까워짐.

1960 알제리에서의 불복종운동을 지지하기 위한 121인의 선언. 블랑쇼는 마스콜로·쉬스테르와 함께 그 선언의 주요 기안자였음. 마스콜로·비토리니와 함께 『국제잡지』를 창간할 계획을 세움. 뷔토르Butor, 데 포레, 뒤라스, 레리스Leiris, 나도, 칼비노Calvino, 파졸리니Pasolini, 바흐만Bachmann, 그라스Grass 등이 회합에 참석. 샤르, 주네Genet와 같은 다른 이들은 원고를 넘김. 4년 후 그 계획이 무산되어 실의에 빠짐.

1962 단상 형식으로 쓴 첫번째 작품 『기다림 망각』 출간. 조르주 바타유 사망. 사라진 친구에게 바치는 「우정」이라는 글을 발표(『우정』에 재수록). "우리가 한 모든 말들은 단 하나를 긍정하는 데에로 나아간다. 즉 모든 것이 지워져야 한다는 것. 우리 안에 있으면서 모든 기억을 거부하는 어떤 것이 이미 따라가고 있는 이 움직임에, 지워져 가는 이 움직임에 주목함으로써만 우리가 충실한 자로 남아 있을 수 있다는 것."(『우정』)

1964 자크 데리다Jacques Derrida에게 처음으로 편지를 씀. 계속 이어진 편지 교환의 시작.

1966 잡지 『크리티크』가 그에 대한 최초의 특집호를 발간. 샤르, 콜랭, 드 만de Man, 푸코, 라포르트, 레비나스, 페페르Pfeiffer, 풀레Poulet, 스타로뱅스

키Starobinski의 텍스트들이 실림. 푸코의 「바깥의 사유」(La Pensée du dehors)가 특히 반향을 불러일으킴. 엘리오 비토리니의 죽음. '베트남민중 지지 위원회'의 설립에 기여.

1968  68혁명. 거리 시위에 참가하고, 전단지를 만들고, 학생-작가 행동위원회의 회합을 주재함. 익명으로 잡지 『위원회』*Comité*의 창간호이자 마지막 호에 반 이상의 기사를 씀. 그것은 이후에 잡지 『리뉴』 33호(*Lignes: avec Dionys Mascolo, du Manifestes des 102 à Mai 68*, 1998년 3월)에 마스콜로의 글들과 함께 재수록됨.

1969  후기 사상을 가장 정확하게 보여 주는 주저이자 가장 철학적인 텍스트인 『무한한 대화』 출간. 이 책에는 타자에 대한 고유의 사유가 집약적으로 드러나 있으며, 레비나스, 니체, 바타유, 사뮈엘 베케트Samuel Beckett, 독일 낭만주의, 사드, 프로이트, 헤라클레이토스, 알베르 카뮈Albert Camus, 랭보Rimbaud, 앙토냉 아르토Antonin Artaud 등에 대한 논의가 담겨 있음.

1970  여러 이유로 건강 상태가 심각해짐.

1972  파울 첼란Paul Celan에 대한 글을 씀. 그것은 나중에 단행본으로 출간됨(『최후에 말해야 할 사람』).

1973  단상 형식으로 쓴 두번째 작품 『저 너머로의 발걸음』 출간.

1978  1월 형 르네René와 연인 드니즈 롤랭이 연이어 사망.

1980  단상 형식의 세번째 작품 『카오스의 글쓰기』 출간. 홀로코스트에 대한 반성에서 나온 극적인 철학적 성찰. 이 책에도 블랑쇼의 후기 사상이 잘 나타나 있음.

1983  장-뤽 낭시의 논문 「무위의 공동체」에 대한 화답으로 쓴 『밝힐 수 없는

공동체』를 출간(낭시의 논문 역시 나중에 낭시의 다른 글들을 모아 단행본으로 출간됨). 드물게 글을 쓰게 됨. 소책자들, 재판본들, 서문들, 질문들에 대한 응답들, 공개서한들, 정치적 개입들 등.

1986 『내가 상상하는 대로의 미셸 푸코』 출간.

1990 로베르 앙텔므 사망.

1995 레비나스 사망. 1996년 마르그리트 뒤라스 사망. 1997년 디오니스 마스콜로와 형 르네의 죽음 이후 함께 살아 왔던 형수 볼프Wolf 사망.

1996 『의문에 부쳐진 지식인들』 출간. 자신과 동료들에 대해 드러내 놓고 언급한 적이 거의 없었던 블랑쇼가 이 책에서는 자신의 시대와 그 인물들에 대해 상당히 직접적인 견해를 내놓고 있다.

2003 2월 20일 블랑쇼 사망. 4일 후 장례식에서 자크 데리다가 추도문「영원한 증인」을 낭독함.

2004 파리 퐁피두센터는 1월부터 6월까지 블랑쇼를 추모하기 위한 회합을 주재함.

2007 블랑쇼 탄생 100주년을 기념하여 7월 2일부터 9일까지 스리지-라-살Cerisy-la-Salle에서 '콜로그 모리스 블랑쇼'가 열림.

2008 『정치평론 1953~1993』 출간.

# 모리스 블랑쇼 저작목록

『토마 알 수 없는 자』(Thomas l'obscur, Gallimard, 1941 초판, 1950 개정판).
『어떻게 문학이 가능한가?』(Comment la littérature est-elle possible?, José Corti, 1942).
『아미나다브』(Aminadab, Gallimard, 1942).
『헛발』(Faux Pas, Gallimard, 1943).
『하느님』, 정의진 옮김, 그린비 근간(Le Très-Haut, Gallimard, 1948).
『죽음의 선고』, 고재정 옮김, 그린비, 2011(L'Arrêt de mort, Gallimard, 1948).
『불의 몫』(La Part du feu, Gallimard, 1949).
『로트레아몽과 사드』(Lautréamont et Sade, Minuit, 1949, 1963 재판).
『원하던 순간에』(Au moment voulu, Gallimard, 1951).
『영원한 되풀이』(Ressassement éternel, Minuit, 1951).
『나를 동반하지 않았던 자』(Celui qui ne m'accompagnait pas, Gallimard, 1953).
『문학의 공간』, 이달승 옮김, 그린비, 2010(L'Espace littéraire, Gallimard, 1955).
『최후의 인간』(Le Dernier homme, Gallimard, 1957).
『라스코의 짐승』(La Bête de Lascaux, G. L. M., 1958. Fata Morgana, 1982 재판).
『도래할 책』, 심세광 옮김, 그린비, 2011(Le Livre à venir, Gallimard, 1959).
『기다림 망각』, 박준상 옮김, 그린비, 2009(L'Attente l'oubli, Gallimard, 1962).
『무한한 대화』, 최정우 옮김, 그린비 근간(L'Entretien infini, Gallimard, 1969).

『우정』, 박규현 옮김, 그린비 근간(L'Amitié, Gallimard, 1971).

『낮의 광기』(La Folie du jour, Fata Morgana, 1973).

『저 너머로의 발걸음』, 이재형 옮김, 그린비 근간(Le Pas au-delà, Gallimard, 1973).

『카오스의 글쓰기』, 박준상 옮김, 그린비, 2012(L'Écriture du désastre, Gallimard, 1980).

『카프카에서 카프카로』, 이달승 옮김, 그린비 근간(De Kafka à Kafka, Gallimard, 1981).

『이후에』(Après coup), Minuit, 1983(『영원한 되풀이』Le ressassement éternel 재수록).

『베를린이라는 이름』(Le Nom de Berlin, Merve, 1983).

『밝힐 수 없는 공동체』, 박준상 옮김, 문학과지성사, 2005(La Communauté inavouable, Minuit, 1983).

『최후에 말해야 할 사람』(Le Dernier à parler, Fata Morgana, 1984).

『내가 상상하는 대로의 미셸 푸코』(Michel Foucault tel que je l'imagine, Fata Morgana, 1986).

『사드와 레티프 드 라 브르톤』(Sade et Restif de la Bretonne, Complexe, 1986).

『로트레아몽에 대하여』(Sur Lautréamont, Complexe, 1987. 쥘리앙 그락Julien Gracq과 르 클레지오Le Clézio의 텍스트 포함).

『조에 부스케』(Joë Bousquet, Fata Morgana, 1987. 조에 부스케의 블랑쇼에 대한 텍스트 포함).

『다른 곳으로부터 온 어떤 목소리』(Une voix venue d'ailleurs: sur les poémes de Louis René des Forêts, Ulysse Fin de Siècle, 1992).

『나의 죽음의 순간』(L'Instant de ma mort, Fata Morgana, 1994).

『의문에 부쳐진 지식인들』(Les Intellectuels en question, Fourbis, 1996).

『우정을 위하여』(Pour l'amitié, Fourbis, 1996).

『앙리 미쇼 또는 갇히기를 거부하기』(Henri Michaux ou le refus de l'enfermement, Farrango, 1999).

『정치평론 1958~1993』(*Écrits politiques 1958~1993*, Éditions Lignes & Manifestes, 2003).

『"토론지"의 문학 시평들: 1941년 4월~1944년 8월』(*Chroniques littéraires du Journal des débats : Avril 1941~août 1944*, Gallimard, 2007).

『정치평론 1953~1993』, 고재정 옮김, 그린비, 2009(*Écrits politiques: 1953~1993*, Gallimard, 2008).